U0448434

西政文库·青年篇

# 滥用市场支配地位规制中的正当理由抗辩研究

杨文明 著

图书在版编目(CIP)数据

滥用市场支配地位规制中的正当理由抗辩研究 / 杨文明著. — 北京：商务印书馆，2024
（西政文库）
ISBN 978-7-100-23034-6

Ⅰ. ①滥⋯ Ⅱ. ①杨⋯ Ⅲ. ①合同法－研究
Ⅳ. ①D912.290.4

中国国家版本馆CIP数据核字（2023）第178446号

权利保留，侵权必究。

西政文库
### 滥用市场支配地位规制中的正当理由抗辩研究
杨文明　著

商 务 印 书 馆 出 版
（北京王府井大街36号　邮政编码 100710）
商 务 印 书 馆 发 行
北京虎彩文化传播有限公司印刷
ISBN 978 - 7 - 100 - 23034 - 6

2024年1月第1版　　　开本 680×960 1/16
2024年1月第1次印刷　　印张 22

定价：120.00元

# 西政文库编委会

主　任：付子堂
副主任：唐　力　周尚君
委　员：（按姓氏笔画排序）

龙大轩　卢代富　付子堂　孙长永　李　珮
李雨峰　余劲松　邹东升　张永和　张晓君
陈　亮　岳彩申　周尚君　周祖成　周振超
胡尔贵　唐　力　黄胜忠　梅传强　盛学军
谭宗泽

# 总　序

"群山逶迤，两江回环；巍巍学府，屹立西南……"

2020年9月，西南政法大学将迎来建校七十周年华诞。孕育于烟雨山城的西政一路爬坡过坎，拾阶而上，演绎出而今的枝繁叶茂、欣欣向荣。

西政文库以集中出版的方式体现了我校学术的传承与创新。它既展示了西政从原来的法学单科性院校转型为"以法学为主，多学科协调发展"的大学后所积累的多元化学科成果，又反映了学有所成的西政校友心系天下、回馈母校的拳拳之心，还表达了承前启后、学以成人的年轻西政人对国家发展、社会进步、人民福祉的关切与探寻。

我们衷心地希望，西政文库的出版能够获得学术界对于西政学术研究的检视与指引，能够获得教育界对于西政人才培养的考评与建言，能够获得社会各界对于西政长期发展的关注与支持。

六十九年前，在重庆红岩村的一个大操场，西南人民革命大学的开学典礼隆重举行。西南人民革命大学是西政的前身，1950年在重庆红岩村八路军办事处旧址挂牌并开始招生，出生于重庆开州的西南军政委员会主席刘伯承兼任校长。1953年，以西南人民革命大学政法系为基础，在合并当时的四川大学法学院、贵州大学法律系、云南大学法律系、重庆大学法学院和重庆财经学院法律系的基础上，西南政法学院正式成立。中央任命抗日民族英雄、东北抗日联军第二路军总指挥、西南军政委员会政法委员会主任周保中将军为西南政法学院首任院长。1958年，中央公安学院重庆分院并入西南政法学院，使西政既会聚了法学名流，又吸纳了实务精英；既秉承了法学传统，又融入了公安特色。由此，学校获誉为新中国法学教育的"西南联大"。

20世纪60年代后期至70年代，西南政法学院于"文革"期间一度停办，老一辈西政人奔走呼号，反对撤校，为保留西政家园不屈斗争并终获胜利，为后来的"西政现象"奠定了基础。

20世纪70年代末，面对"文革"等带来的种种冲击与波折，西南政法学院全体师生和衷共济，逆境奋发。1977年，经中央批准，西南政法学院率先恢复招生。1978年，经国务院批准，西南政法学院成为全国重点大学，是司法部部属政法院校中唯一的重点大学。也是在70年代末，刚从"牛棚"返归讲坛不久的老师们，怀着对国家命运的忧患意识和对学术事业的执着虔诚，将只争朝夕的激情转化为传道授业的热心，学生们则为了弥补失去的青春，与时间赛跑，共同创造了"西政现象"。

20世纪80年代，中国的法制建设速度明显加快。在此背景下，满怀着憧憬和理想的西政师生励精图治，奋力推进第二次创业。学成于80年代的西政毕业生们，成为今日我国法治建设的重要力量。

20世纪90年代，西南政法学院于1995年更名为西南政法大学，这标志着西政开始由单科性的政法院校逐步转型为"以法学为主，多学科协调发展"的大学。

21世纪的第一个十年，西政师生以渝北校区建设的第三次创业为契机，克服各种困难和不利因素，凝心聚力，与时俱进。2003年，西政获得全国首批法学一级学科博士学位授予权；同年，我校法学以外的所有学科全部获得硕士学位授予权。2004年，我校在西部地区首先设立法学博士后科研流动站。2005年，我校获得国家社科基金重大项目（A级）"改革发展成果分享法律机制研究"，成为重庆市第一所承担此类项目的高校。2007年，我校在教育部本科教学工作水平评估中获得"优秀"的成绩，办学成就和办学特色受到教育部专家的高度评价。2008年，学校成为教育部和重庆市重点建设高校。2010年，学校在"转型升格"中喜迎六十周年校庆，全面开启创建研究型高水平大学的新征程。

21世纪的第二个十年，西政人恪守"博学、笃行、厚德、重法"的西政校训，弘扬"心系天下，自强不息，和衷共济，严谨求实"的西政精神，坚持"教学立校，人才兴校，科研强校，依法治校"的办学理念，推进学校发展取得新成绩：学校成为重庆市第一所教育部和重庆市共建高校，入选首批卓越法律人才教育培养基地（2012年）；获批与英国考文垂大学合作举办法学专业本科教育项目，6门课程获评"国家级精品资源共享课"，两门课程获评"国家级精品视频公开课"（2014年）；入选国家"中西部高校基础能力建设工程"院校，与美国凯斯西储大学合作举办法律硕士研究生教育项目（2016年）；法学学科在全国第四轮学科评估中获评A级，新闻传播学一级学科喜获博士学位授权点，法律专业硕士学位授权点在全国首次专业学位水平评估中获评A级，经济法教师团队入选教育部"全国高校黄大年式教师团队"（2018年）；喜获第九届世界华语辩论锦标赛总冠军（2019年）……

不断变迁的西政发展历程，既是一部披荆斩棘、攻坚克难的拓荒史，也是一部百折不回、逆境崛起的励志片。历代西政人薪火相传，以昂扬的浩然正气和强烈的家国情怀，共同书写着中国高等教育史上的传奇篇章。

如果对西政发展至今的历史加以挖掘和梳理，不难发现，学校在教学、科研上的成绩源自西政精神。"心系天下，自强不息，和衷共济,严谨求实"的西政精神,是西政的文化内核,是西政的镇校之宝,是西政的核心竞争力;是西政人特有的文化品格,是西政人共同的价值选择,也是西政人分享的心灵密码!

西政精神,首重"心系天下"。所谓"天下"者,不仅是八荒六合、四海九州,更是一种情怀、一种气质、一种境界、一种使命、一种梦想。"心系天下"的西政人始终以有大担当、大眼界、大格局作为自己的人生坐标。在西南人民革命大学的开学典礼上,刘伯承校长曾对学子们寄予厚望,他说:"我们打破旧世界之目的,就是要建设一个人民的新世界……"而后,从化龙桥披荆斩棘,到歌乐山破土开荒,再到渝北校区新建校园,几代西政人为推进国家的民主法治进程矢志前行。正是在不断的成长和发展过程中,西政见证了新中国法学教育的涅槃,有人因此称西政为"法学黄埔军校"。其实,这并非仅仅是一个称号,西政人之于共和国的法治建设,好比黄埔军人之于那场轰轰烈烈的北伐革命,这个美称更在于它恰如其分地描绘了西政为共和国的法治建设贡献了自己应尽的力量。岁月经年,西政人无论是位居"庙堂",还是远遁"江湖",无论是身在海外华都,还是立足塞外边关,都在用自己的豪气、勇气、锐气,立心修德,奋进争先。及至当下,正有愈来愈多的西政人,凭借家国情怀和全球视野,在国外高校的讲堂上,在外交事务的斡旋中,在国际经贸的商场上,在海外维和的军营里,实现着西政人胸怀世界的美好愿景,在各自的人生舞台上诠释着"心系天下"的西政精神。

西政精神,秉持"自强不息"。"自强不息"乃是西政精神的核心。西政师生从来不缺乏自强传统。在 20 世纪七八十年代,面对"文革"等带来的发展阻碍,西政人同心协力,战胜各种艰难困苦,玉汝于成,打造了响当当的"西政品牌",这正是自强精神的展现。随着时代的变迁,西政精神中"自强不息"的内涵不断丰富:修身乃自强之本——尽管地处西南,偏于一隅,西政人仍然脚踏实地,以埋头苦读、静心治学来消解地域因素对学校人才培养和科学研究带来的限制。西政人相信，"自强不息"会涵养我们的品性，锻造我们的风骨，是西政人安身立命、修身养德之本。坚持乃自强之基——在西政，常常可以遇见在校园里晨读的同学，也常常可以在学术报告厅里看到因没有座位而坐在地上或站在过道中专心听讲的学子，他们的身影折射出西政学子内心的坚守。西政人相信，"自强不息"是坚持的力量，任凭时光的冲刷，依然能聚合成巨大动能，所向披靡。担当乃自强之道——当今中国正处于一个深刻变革和快速转型的大时代，无论是在校期间的志愿扶贫，还是步入社会的承担重任，西政人都以强烈的责任感和实际的行动力一次次证明自身无愧于时代的期盼。西政人相信，"自强不息"是坚韧的种子，即使在坚硬贫瘠的岩石上，依然能生根发芽，绽放出倔强的花朵。

西政精神，倡导"和衷共济"。中国司法史上第一人，"上古四圣"之一的皋陶，最早提倡"和衷"，即有才者团结如钢；春秋时期以正直和才识见称于世的晋国大夫叔向，倾心砥砺"共济"，即有德者不离不弃。"和衷共济"的西政精神，指引我们与家人美美与共：西政人深知，大事业从小家起步，修身齐家，方可治国平天下。"和衷共济"的西政精神指引我们与团队甘苦与共：在身处困境时，西政举师生、校友之力，攻坚克难。"和衷共济"的西政精神指引我们与母校荣辱与共：沙坪坝校区历史厚重的壮志路、继业岛、东山大楼、七十二家，渝北校区郁郁葱葱的"七九香樟""八零花园""八一桂苑"，竞相争艳的"岭红樱"、"齐鲁丹若"、"豫园"月季，无不见证着西政的人和、心齐。"和衷共济"的西政精神指引我们与天下忧乐与共：西政人为实现中华民族伟大复兴的"中国梦"而万众一心；西政人身在大国，胸有大爱，遵循大道；西政人心系天下，志存高远，对国家、对社会、对民族始终怀着强烈的责任感和使命感。西政人将始终牢记：以"和衷共济"的人生态度，以人类命运共同体的思维高度，为民族复兴，为人类进步贡献西政人的智慧和力量。这是西政人应有的大格局。

西政精神，着力"严谨求实"。一切伟大的理想和高远的志向，都需要务实严谨、艰苦奋斗才能最终实现。东汉王符在《潜夫论》中写道："大人不华，君子务实。"就是说，卓越的人不追求虚有其表，有修养、有名望的人致力于实际。所谓"务实"，简而言之就是讲究实际，实事求是。它排斥虚妄，鄙视浮华。西政人历来保持着精思睿智、严谨求实的优良学风、教风。"严谨求实"的西政精神激励着西政人穷学术之浩瀚，致力于对知识掌握的弄通弄懂，致力于诚实、扎实的学术训练，致力于对学习、对生活的精益求精。"严谨求实"的西政精神提醒西政人在任何岗位上都秉持认真负责的耐劳态度，一丝不苟的耐烦性格，把每一件事都做精做细，在处理各种小事中练就干大事的本领，于精细之处见高水平，见大境界。"严谨求实"的西政精神，要求西政人厚爱、厚道、厚德、厚善，以严谨求实的生活态度助推严谨求实的生活实践。"严谨求实"的西政人以学业上的刻苦勤奋、学问中的厚积薄发、工作中的恪尽职守赢得了教育界、学术界和实务界的广泛好评。正是"严谨求实"的西政精神，感召着一代又一代西政人举大体不忘积微，务实效不图虚名，博学笃行，厚德重法，历经创业之艰辛，终成西政之美誉！

"心系天下，自强不息，和衷共济，严谨求实"的西政精神，乃是西政人文历史的积淀和凝练，见证着西政的春华秋实。西政精神，在西政人的血液里流淌，在西政人的骨子里生长，激励着一代代西政学子无问西东，勇敢前行。

西政文库的推出，寓意着对既往办学印记的总结，寓意着对可贵西政精神的阐释，而即将到来的下一个十年更蕴含着新的机遇、挑战和希望。当前，学校正处在改革发展的关键时期，学校将坚定不移地以教学为中心，以学科建设为龙头，以师资队伍建设为抓手，以"双一流"建设为契机，全面深化改革，促进学校内涵式发展。

世纪之交，中国法律法学界产生了一个特别的溢美之词——"西政现象"。应当讲，随着"西政精神"不断深入人心，这一现象的内涵正在不断得到丰富和完善；一代代西政校友，不断弘扬西政精神，传承西政文化，为经济社会发展，为法治中国建设，贡献出西政智慧。

是为序。

西南政法大学校长，教授、博士生导师
教育部高等学校法学类专业教学指导委员会副主任委员
2019 年 7 月 1 日

# 目 录

引 言 .................................................................................1

**第一章 滥用市场支配地位规制中的正当理由抗辩概述**.................18
 第一节 正当理由抗辩之缘起 .............................................18
  一、滥用市场支配地位规制思想之流变 ...........................19
  二、滥用市场支配地位规制中的公权限制 .........................26
  三、滥用市场支配地位规制中的私权保障 .........................29
 第二节 正当理由抗辩之界说 .............................................35
  一、正当理由 ...........................................................36
  二、正当理由抗辩 .....................................................39
  三、正当理由抗辩之限定 .............................................42
  四、正当理由抗辩之功能 .............................................46
 第三节 正当理由抗辩之渊源 .............................................49
  一、正当理由抗辩的国内法表达 .....................................49
  二、正当理由抗辩的域外法表达 .....................................52
  三、正当理由抗辩的规范形式 .........................................59

## 第二章　滥用市场支配地位规制中的正当理由抗辩理论基础............63

### 第一节　正当理由抗辩价值论..................................................63
一、价值多元论：正当理由抗辩的立论基础 ..................64
二、冲突与协调：正当理由抗辩的价值衡量 ..................70
三、选择与共识：正当理由抗辩的价值体系 ..................75

### 第二节　正当理由抗辩经验论..................................................83
一、实质理性：正当理由抗辩何以经验为基础 ..............84
二、竞争本质：正当理由抗辩的现实溯源 ......................88
三、商业习惯：正当理由抗辩的自发秩序 ......................94

### 第三节　正当理由抗辩方法论..................................................98
一、比例原则 ..................................................................100
二、合理原则 ..................................................................105
三、经济分析方法 ..........................................................110

## 第三章　滥用市场支配地位正当理由认定机制..................114

### 第一节　正当理由认定之困境................................................115
一、正当理由概念的不确定性 ......................................115
二、正当理由认定主体存在冲突或者不协调 ..............117
三、正当理由认定缺乏明确的标准和方法 ..................118

### 第二节　正当理由认定之模式................................................120
一、正当理由认定的行政模式 ......................................120
二、正当理由认定的司法模式 ......................................126
三、两种模式的冲突与协调 ..........................................132

### 第三节　正当理由认定的原则与标准....................................136
一、正当理由认定的功利原则与历史原则 ..................136
二、正当理由认定的标准 ..............................................140

### 第四节 正当理由的认定方法..................................150
　　一、正当理由认定方法选择之前提..................151
　　二、逐案分析方法..................................154
　　三、一般推定方法..................................155
　　四、序贯决策方法..................................157

## 第四章 滥用市场支配地位正当理由类型分析..................158
### 第一节 类型与正当理由类型化..................................158
　　一、类型思维与方法..................................158
　　二、正当理由类型分析的必要性..................161
　　三、正当理由类型分析的可能性..................163
### 第二节 正当理由的权利类型..................................174
　　一、知识产权..................................175
　　二、所有权..................................180
　　三、政治权利..................................187
### 第三节 正当理由的效率类型..................................193
　　一、效率内涵：争议以及作为一种类型..................194
　　二、配置效率类型：消费者福利..................197
　　三、生产效率类型：社会总福利..................203
　　四、动态效率类型：创新..................210
### 第四节 正当理由的客观必要类型..................................216
　　一、成本合理化..................................218
　　二、应对竞争..................................223
　　三、情势变迁..................................229
　　四、商业模式..................................231

## 第五章　滥用市场支配地位规制中的正当理由抗辩程序问题..........236

### 第一节　正当理由抗辩实施程序...............................................238
一、事前申请程序..............................................................239
二、陈述、说明程序..........................................................241
三、听证程序......................................................................243
四、异议程序......................................................................245
五、私人诉讼程序..............................................................247

### 第二节　正当理由抗辩的程序公正.......................................249
一、构建反垄断实施的准司法机构..................................253
二、裁判者中立..................................................................256
三、权利救济......................................................................259

### 第三节　正当理由抗辩证据规则...........................................261
一、经济分析意见及其可采性规则..................................262
二、证明责任......................................................................268
三、证明标准......................................................................275

## 第六章　滥用市场支配地位规制中的正当理由抗辩法律后果..........280

### 第一节　正当理由抗辩与滥用市场支配地位规制决策.................280
一、规制决策的错误成本..................................................281
二、正当理由抗辩克服错误成本的立场与机理..............287
三、规制决策的改进..........................................................290

### 第二节　正当理由抗辩与滥用市场支配地位构成.......................292
一、正当理由抗辩的逻辑地位..........................................293
二、正当理由抗辩与滥用市场支配地位违法性..............295
三、正当理由抗辩与滥用市场支配地位其他构成要素...........300

### 第三节　正当理由抗辩与滥用市场支配地位法律责任.................301

一、法律责任及其经济分析 ................................................................ 302
二、正当理由抗辩下的滥用市场支配地位法律责任 ............... 305

**结　论** ............................................................................................... 311
**参考文献** ........................................................................................... 315

# 引　言

## 一、研究目的与意义

### （一）研究目的

《中华人民共和国反垄断法》(以下简称《反垄断法》)第22条规定，搭售、拒绝交易、差别待遇、独家交易以及掠夺性定价等行为的认定均附有"不公平""没有正当理由"等前置要件。而《最高人民法院关于审理因垄断行为引发的民事纠纷案件应用法律若干问题的规定》第8条更是明确经营者可"以其行为具有正当性为由进行抗辩"。这一规定并非我国法律所独有，在美国《克莱顿法》、欧盟《欧盟运行条约》、日本《禁止私人垄断及确保公平交易法》、德国《反限制竞争法》、韩国《垄断规制与公平交易法》、巴西《反垄断法》、马来西亚《竞争法》、南非《竞争法》、瑞士《联邦反卡特尔和其他竞争限制法》以及加拿大《竞争法》等国家或地区立法中都有类似规定。上述规定乃正当理由抗辩在滥用市场支配地位规制中的直接渊源。

但是作为一项法律规则，正当理由抗辩并未受到应有的重视。其一，人们的反垄断思维存在误区。被称为"滥用"市场支配地位的行为在私法上不过是当事人意思自治、行为自由的正常表现。虽然反垄断法具有超越私法的功能，但是在理论和实践当中，人们往往将反垄断法与私法的对立绝对化，因而，私法与反垄断法的内在联系也被割裂。这种割裂一方面表现为忽视经营者行为的权利正当性，认为凡具备反竞争效果的滥用市场支配地位皆违法；另一方面则表现为拒绝普通法上的"合理原则"向反垄断法的自然演进，忽视经营者行为的合理性分析。由此导致的结果就是，正当理由抗辩被忽视。其二，正当理由抗辩规则本身具有抽象性、模糊性。正当理由内涵缺乏解释，内容尚未澄清。所谓"正当"的理由缺乏判断标准和进路。并且，滥用市场支配地位行为多样，不同行为的正当理由是否具备一致性？经营者实施正当理由抗辩的程序也亟待理顺。正当理由抗辩的法律后果也需要明确。正当理由抗辩对垄断行为违法性认定的影响，对其法律责任的影响，都需要作出科学的评估。因此，从总体上来讲，正当理由抗辩仍然是一项粗疏的法律规则。

基于这一判断，本书研究旨在解决以下四大问题。一是为正当理由抗辩规则建构坚实的理论基础。二是作为正当理由抗辩规则的内核，正当理由概念必须予以澄清，确定分析正当理由的标准、进路与方法。为便于实践，有必要通过类型化分析，确定正当理由的具体类型。三是理清正当理由抗辩的程序问题，将其构建为可供实施的法律规则。四是分析正当理由抗辩的法律后果，进而检视正当理由抗辩规则是否有效。

### （二）研究意义

从理论意义上看，由于反垄断法研究必须密切关注经营者的竞争行为，市场竞争状况的千变万化也造就学术研究的巨大空间。虽然滥用市场支配地位的相关研究层出不穷，国内外研究成果可谓汗牛充栋。但是具体到"滥用市场支配地位规制中的正当理由抗辩"这一命题，相关研究却极度匮乏，与滥用市场支配地位研究的繁荣现象形成鲜明对比。例如，笔者以"滥用市场支配地位＋正当理由"以及"反垄断法＋正当理由"为关键词进行知网检索，结果显示只有几篇论文（相关检索情况参见表1）。另外，以类似的方法在国家图书馆及其他权威系统进行查阅，相关成果也相当缺乏。这就说明，滥用市场支配地位规制中的正当理由抗辩问题几乎是个尚未开辟的学术领地。因而以此为题进行研究，存在以下几个方面的理论价值。

表1　本课题相关关键词知网检索情况

| 关键词 | 滥用市场支配地位 | 滥用市场支配地位 + 正当理由 |
| --- | --- | --- |
| 主题 | 1015 | 23 |
| 篇名 | 328 | 2 |

第一，一定程度上填补研究空白。

关于滥用市场支配地位的反垄断规制已经形成较为成熟的思路：市场支配地位认定→行为一般性构成→行为违法性判定。其中，行为违法性判定又包括反竞争效果分析和正当理由分析。上述思路在美国《知识产权许可的反托拉斯指南》以及欧盟《适用欧共体条约第82条执法重点指南》[①]也先后得到验证。作为完整的制度体系，上述三个步骤均不可或缺。但实际情况是，对于市场支配地位认定、行为一般性构成以及反竞争效果的研究非常成熟，相关成果十分丰硕，并且权威性成果不在少数。但对于正当理由问题的研究却极度匮乏，缺乏作为完整法律规则意义上的系统性研究。因此，笔者以"滥用市场支配地位规制中的正当理由抗辩研究"为题，意在建构经营者正当理由抗辩的完整法律规则，从而在理论方面填补这一研究的空白。另外，从反垄断法经营者抗辩体系而言，正当理由抗辩问题也是一个学术空白（参见图1）。通过《反垄断法》第20条、第34条豁免制度的具体规定看，《反垄断法》对协议垄断经营者、并购经营者都提供了明确的抗

---

[①] 全称为《欧盟委员会适用欧共体条约第82条查处市场支配地位企业滥用性排他行为的执法重点指南》（2009/C 45/02）。

辩制度基础。但是滥用市场支配地位经营者抗辩尚缺乏明确的制度支撑，在理论上也远未形成系统的研究。因此，从这个层面上讲，本书填补理论空白的意义也就更为明显。

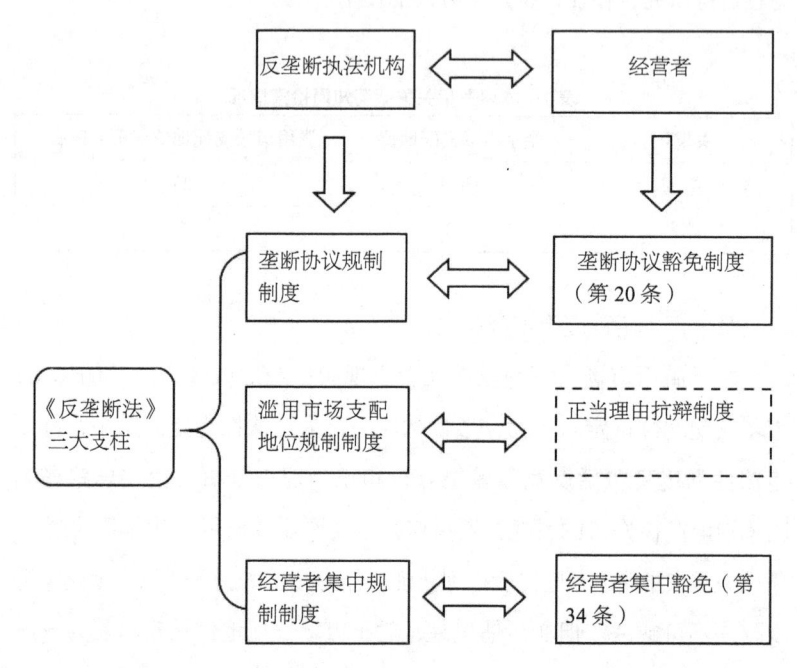

```
                    反垄断执法机构 ⇔ 经营者
                           ⇓              ⇓
              ┌─ 垄断协议规制制度    ⇔  垄断协议豁免制度（第20条）
《反垄断法》 ─┤
  三大支柱    ├─ 滥用市场支配地位规制制度 ⇔ 正当理由抗辩制度
              │
              └─ 经营者集中规制制度  ⇔  经营者集中豁免（第34条）
```

**图1　滥用市场支配地位经营者正当理由抗辩在反垄断法制度体系中的地位**

第二，一定程度上提供知识增量。

鉴于滥用市场支配地位规制中的正当理由抗辩研究的空白情况，本研究还能提供一定的知识增长。就内容而言，笔者能够在滥用市场支配地位经营者正当理由抗辩的实体内容、程序规则以及法律后果三个方面作出自己的贡献，并形成以下几个方面的知识增量：滥用市场支配地位正当理由的认定模式、进路与方法；正当理由内涵的具体类型；经营者实施正当理由抗辩的程序运行、控制与保障；经营者实施正当理由抗辩产生的法律后果；等等。这些可以为学者们的后续研究提供一定的理论基础和知识铺垫。

第三，一定程度上推动理论创新。

从法律规定看，正当理由抗辩高度抽象，其内涵并不确定。另外，实践中经营者实施抗辩的理由又是千差万别、层出不穷。那么，如何在抽象与具体之间搭建有效的途径是本书所要解决的主要问题。因而，笔者借鉴类型学成果以解决上述问题。迪尔凯姆（Émile Durkheim）在《社会学方法的准则》中强调，我们已有的知识、观念都需要通过类型思维而逐渐形成条理，我们有关新的知识的产生也来源于类型分析。因而，如果能通过类型化分析发现正当理由的本质，那么在理论上应当是一大创新之处。在本书的研究过程中，少不了各种价值、利益的衡量，因而有可能陷入见仁见智的选择困境。对此，科斯（R. H. Coase）教授给我们提供了解决方案：放弃价值问题的争议，转而求诸法律程序。但就目前的研究而言，学者们对反垄断法实体研究过多，对程序关注严重不足。因而，笔者研究滥用市场支配地位规制中的正当理由抗辩程序规则也蕴藏着创新的可能。不仅如此，笔者的研究在方法选择方面也有一定理论意义。本书在方法上选择合理分析方法、比例适用方法、经济分析方法等，而且这种类似衡平的方法一直贯彻文章写作的始终。例如在滥用市场支配地位规制中的正当理由抗辩法律后果研究中，笔者拟摆脱绝对的"是—非"二元思维，将合理原则也应用到滥用市场支配地位经营者法律责任的承担中。假如滥用市场支配地位构成违法，但经营者又具有一定的正当理由，其法律责任就应当适当减轻。因而这种方法论思维的应用也有一定的理论意义。

从实践上看，滥用市场支配地位立法存在疏漏，相关执法和司法实践中，经营者也难以提出正当理由抗辩，因而本书的研究还可能具有一定的实践意义。具体而言：

第一，有利于出台《反垄断法》相关执法指南，形成完整的滥用市场支配地位规制规则。就立法而言，滥用市场支配地位经营者正当理由抗辩仅有规则框架，并无实质内容，这就导致高度抽象的法律规则几无实施的可能。因而，本书通过剖析正当理由内涵，理顺正当理由抗辩的规则，能够为滥用市场支配地位正当理由抗辩规则提供理论基础和具体建议。那么在此努力下，滥用市场支配地位规制体系也趋近完善。结合我国滥用市场支配地位规制规则看，国家发改委、原国家工商总局分别出台过《反价格垄断规定》《禁止滥用市场支配地位行为的规定》，国家市场监管总局整合反垄断执法权限后出台了《禁止滥用市场支配地位行为规定》，对滥用市场支配地位行为的正当理由作出了规定，但实践中适用正当理由抗辩规则的情形非常少见。因而，本书的研究成果可以为日后出台统一的《滥用市场支配地位反垄断指南》提供镜鉴。同时，从更长远的角度讲，实施协议垄断、滥用市场支配地位或者进行并购的经营者在抗辩制度体系中应当具有一致的价值目标和程序规则。因而，通过正当理由抗辩的研究，可以为统一经营者抗辩规则提供条件，从而为日后《反垄断法》的修订提供基础。

第二，为反垄断执法和司法活动提供必要的借鉴，同时也为经营者抗辩执法机构、原告的指控提供有力的支撑。一方面由于立法疏漏，相关法条难以适用到具体实践；另一方面，执法者和法官也缺乏应有的法解释学功底。因而他们在面对经营者正当理由抗辩时无法确定正当理由的具体含义。本书的研究从合理原则、比例原则以及经济分析方法出发，分析了正当理由认定的标准、进路和方法，相当程度上为执法者、法官正确认定滥用市场支配地位正当理由提供了必要借鉴。另外，经营者在面对滥用市场支配地位指控时也无法有效提出正当理由抗辩。本书拟对实践案例中的经营者正当理由进行梳理，在反垄断法基本价值的指引下，对正当理由进行类型化分析，以明确经营者正当理由抗辩的内容。同时，本书对经营者正当理由抗辩规则运行、证明责任以及保障程序的研究，也为经营者维护自身权利提供了有力的支撑。

第三，有利于竞争文化的倡导。本书虽然从正面分析什么是正当理由，但其实隐含着正当理由判断的标准，也即经营者也能从反面认识到非正当理由的面目。因而，本书能够起到明是非、辨真伪的作用，而这正是竞争文化倡导的前提。目前市场中，一方面竞争混乱、自由不彰的现象有之；另一方面执法张弛无度、裁量失去衡平的现象亦有之。因而急需在反垄断国家干预与市场自由之间确立行为合法的尺度，引导经营者的竞争行为趋向合理、正当。笔者通过对滥用市场支配地位规制中的正当理由抗辩进行研究，确立判断正当理由的标准或者分析正当理由的维度，就说明行为必须遵循效率、公平原则，必须有益于社会福利特别是消费者福利。在此指引下，经营者必须遵循上述价值原则。所以本书润物无声，于竞争文化之倡导也大有裨益。

## 二、国内外研究综述

滥用市场支配地位规制研究已取得较为丰硕的成果（Herbert Hovenkamp, 1985；文学国，2003；尚明，2006）。特别是对于相关市场、市场支配地位等板块的研究，已经形成较为成熟的理论体系，正如费雪（Franklin M. Fisher）给出的确定市场力的一般步骤：首先是界定相关市场，其次是确定企业市场份额，最后结合对市场竞争环境的综合考量和市场份额来分析。[①] 全球主要司法管辖区也遵循这一思路分析相关市场和市场支配地位。与之相比，正当理由抗辩作为滥用市场支配地位规制的重要内容却成果寥寥。不过值得庆幸的是，国内外学者们从不同角度出发，仍然为这项研究提供了有益智识。比如，有学者根据反垄断法合理原则推断，滥用市场支配地位规制应当考虑经营

---

[①] Franklin M. Fisher, "Horizontal Mergers: Triage and Treatment", *Journal of Economic Perspective* 1, 1987.

者行为的合理性；有的学者指出，某些滥用市场支配地位行为可能是经营者策略，并不会产生反竞争效果。

关于滥用市场支配地位规制中的正当理由抗辩，这方面专门研究成果非常少，仅有肖江平（2009）、徐丽枝（2013）等学者的几篇论文。而国外也尚未见专门研究。肖江平先生在《滥用市场支配地位行为认定中的"正当理由"》一文中指出，对"正当理由"，至少可以从主体、主观方面、行为后果和认定程序等方面进行考察，从而为正当理由的认定提供了思维框架。[1] 徐丽枝女士在《论滥用市场支配地位行为中的正当理由》一文中指出，正当理由的认定应当重点以提高经济效益与社会公共利益和促进社会公平与竞争为考查要素。[2] 虽然这两篇文章首先提出了滥用市场支配地位正当理由问题，但是也仅限于提出一些要素、举上几个实例来验证正当理由。这种研究尚未形成完成的理论体系，距离形成完整的规则体系还很远。另外也有学者在研究滥用市场支配地位制度时谈及正当理由抗辩问题。比如，王晓晔教授在《〈中华人民共和国反垄断法〉析评》一文中指出，滥用市场支配地位行为应当满足三项要件：一是具备市场支配地位；二是行为严重损害竞争；三是行为不具有"正当性或合理性"。[3] 其中第三项要件就是要求经营者实现正当理由抗辩。王先林教授在《论滥用市场支配地位行为的法律规制——〈中华人民共和国反垄断法（草案）〉相关部分评析》一文中强调，"抗辩"是规制滥用市场支配地位行为的必要环节，按王教授所指，"抗辩"乃提出经营者行为的"合理性"。[4]

---

[1] 肖江平：《滥用市场支配地位行为认定中的"正当理由"》，《法商研究》2009年第5期，第88—96页。
[2] 徐丽枝：《论滥用市场支配地位行为中的正当理由》，《山东财经学院学报》2013年第2期，第85—91页。
[3] 王晓晔：《〈中华人民共和国反垄断法〉析评》，《法学研究》2008年第4期，第72页。
[4] 王先林：《论滥用市场支配地位行为的法律规制——〈中华人民共和国反垄断法（草案）〉相关部分评析》，《法商研究》2007年第4期，第16页。

关于合理原则的研究。经营者正当理由抗辩研究实际是合理原则在滥用行为规制中的具体化，因而不少学者（Robert H. Bork, 1978；王先林，2007；郑鹏程，2005）对合理原则适用问题的研究实际为本书的研究提供了思想基础。其中，博克（Robert H. Bork）教授在其著作《反垄断法的悖论》一书中指出，合理原则是一种分析模式，一种引导调查和判决的制度。[1] 王先林教授在《论滥用市场支配地位行为的法律规制——〈中华人民共和国反垄断法（草案）〉相关部分评析》中提出，市场支配地位本身并不违法，对滥用市场支配地位行为的规制应采取"合理原则"，被指控实施滥用市场支配地位行为的企业可以对有关指控进行抗辩。[2] 郑鹏程教授在《美国反垄断法"本身违法"与"合理法则"适用范围探讨》中提出，"合理法则"是反垄断法经济效率价值目标的集中体现，能对变动不居的市场行为作出及时回应。[3] 并且合理法则对我们的借鉴意义不在于其概念本身，而在于由此法则所派生出来的更具体的判断行为合法与否的标准。笔者认为，学者们对合理原则的研究为本书提供了思想基础，但正如郑鹏程教授所说，合理法则其实还未形成具体的行为判断标准，而这将是本书所重点研究的内容，也即经营者的抗辩理由在何种标准下是正当的。

关于行为判断标准的研究。其实，关于反垄断法的基本立场也即经营者行为合法性判断的标准，历来都不缺乏关注。其中，以伊斯特布鲁克（Frank H. Easterbrook）(1984)、博克(1992)以及波斯纳（Richard A. Posner）(2001)为代表，他们坚持以效率为核心的社会总福利标准。例如，波斯纳在《反托拉斯法》一书中指出，反垄断法的

---

[1] Robert H. Bork, *The Antitrust Paradox: A Policy at War with Itself*, New York: Basic Books, 1978, p.37.

[2] 王先林：《论滥用市场支配地位行为的法律规制——〈中华人民共和国反垄断法（草案）〉相关部分评析》，《法商研究》2007年第4期，第16页。

[3] 郑鹏程：《美国反垄断法"本身违法"与"合理法则"适用范围探讨》，《河北法学》2005年第10期，第122页。

唯一目标应当是促进经济福利，并且应当根据经济学家的效率概念来理解经济福利。[1] 对此观点，另外一些学者、法官却并不认同。例如，塔夫脱（Taft）法官在 Addyston Pipe & Steel 案中，执行反垄断政策的司法标准是"消费者利益至上"。[2] 保罗·纽尔（Paul Nihoul）（2003）在《竞争与法律：权力机构、企业和消费者所处的地位》中甚至认为，美国 100 多年的反垄断历史只有一条，就是保护消费者，保护消费者的福利。[3] 国内学者如兰磊（2014）在《反垄断法唯效率论质疑》中也反对"唯效率论"，认为应当从反垄断法入手积极发展平衡理论。[4] 由此可见，笔者在判断滥用市场支配地位经营者抗辩理由是否正当时就会面临不同标准的选择，并且还需要在反垄断价值目标中作出符合上述标准的判断。

关于正当理由内容的研究。肖江平（2009）在《滥用市场支配地位行为认定中的"正当理由"》中提出了认识滥用市场支配地位正当理由的一般思路，并重点分析了经营者提高效率、增进公平以及促进竞争方面的正当理由。在正当理由的认定程序上，肖江平教授也进行了初步探索，他提出司法机关与行政机关在正当理由认定程序中的权力划分，并提出保障经营者程序权利的必要性问题。[5] 除了肖江平等少数几个学者对正当理由的内容进行了专门研究，其他学者都是在滥用市场支配地位具体行为的研究中，对正当理由抗辩进行了讨论。例如，在对搭售行为的研究中，鲍曼（Ward S. Bowman）（1957）在《搭售协议与杠杆问题》一文中指出，搭售在许多情况下可以减少销售成本，

---

[1] Richard A. Posner, *Antitrust Law*, Chicago: University of Chicago Press, 2001, p.2.
[2] United States v. Addyston Pipe & Steel Co., 85 F. 271 (6th Cir. 1898).
[3] 保罗·纽尔：《竞争与法律：权力机构、企业和消费者所处的地位》，刘利译，法律出版社 2004 年版，第 15 页。
[4] 兰磊：《反垄断法唯效率论质疑》，《华东政法大学学报》2014 年第 4 期，第 116 页。
[5] 肖江平：《滥用市场支配地位行为认定中的"正当理由"》，《法商研究》2009 年第 5 期，第 88 页。

增加生产或配置的效率。[1] 施瓦茨（Marius Schwarts）和威尔（Gregory J. Werden）（1996）在《售后市场搭售的质量信号原理》一文中强调搭售能够有效传递信息，解决信息不对称问题，从而保证产品品质。[2] 郑茜纯（2003）在《搭售行为之分析》中提出，新产品、新市场的风险分担原则也可能使搭售趋于正当。[3] 杨宏晖在《竞争法对于搭售行为之规范》也提出，降低产品销售风险可能是搭售行为的正当理由。[4] 上述论证基本因循芝加哥学派的分析思路，主要从效率角度分析搭售行为合理性问题。对于价格歧视，由于《克莱顿法》第2条以及《罗宾逊-帕特曼法》对此有较为明确的规定，实际也表明对于价格歧视经营者正当理由的研究也较为成熟。例如，布莱利（Michael M. Briley）（1964）在《罗宾逊-帕特曼法案下的价格歧视》一文中指出，价格歧视经营者可以基于应对竞争而提出抗辩，并且该抗辩建立在传统反托拉斯法促进卖方合理竞争的目标之上。[5] 国内学者肖伟志（2012）在《价格歧视的反垄断法规制》中专门就价格歧视的合理化抗辩问题进行了研究。他提出，成本合理化抗辩、应对竞争抗辩以及地区性差异抗辩是经营者行为合理化抗辩的主要方式。[6] 叶高芬（2013）则在《认定违法价格歧视行为的既定框架及其思考》中指出，"欠缺正当理由"是价格歧视行为违法构成要件，对此，经营者可以提出抗辩，其中，可抗辩的理由主要是成本辩护和应对竞争。[7] 对于掠夺性定价，一般认

---

[1] Ward S. Bowman, "Tying Arrangements and the Leverage Problem", *The Yale Law Journal* 19, 1957.

[2] Marius Schwarts, Gregory J. Werden, "A Quality-Signaling Rationale for Aftermarket Tying", *Antitrust Law Journal* 62, 1996.

[3] 郑茜纯：《搭售行为之分析》，台湾中原大学2003年硕士论文。

[4] 杨宏晖：《竞争法对于搭售行为之规范》，台湾政治大学2001年硕士论文。

[5] Michael M. Briley, "Price Discrimination under the Robinson-Patman Act", *The University of Chicago Law Review* 30, 1996.

[6] 肖伟志：《价格歧视的反垄断法规制》，中国政法大学出版社2012年版，第177页。

[7] 叶高芬：《认定违法价格歧视行为的既定框架及其思考》，《法商研究》2013年第6期。

为很难找到其行为的正当理由。但是伴随着新经济的发展，传统的掠夺性定价理论面临困境，即便以往被视为掠夺性定价的行为也有合理存在的理由。例如在双边市场条件下对掠夺性定价的研究表明，免费产品存在合理的理由。经济学家埃文斯（David S. Evans）（2003）在《多边平台市场的反垄断经济学》中认为，双边市场实施倾斜性定价，一边市场的定价不能被视为掠夺性定价。[1] 怀特（Julian Wright）（2004）在《双边市场中的单边逻辑》中认为，在双边市场条件下，把低于边际成本定价视为掠夺性定价的认识存在误区，是单边市场逻辑下的错误思维。[2] 双边市场模式在互联网行业普遍流行，因此企业采取免费甚至负价格并不奇怪，而且这也是企业利润最大化的选择，其目的也并不一定是排挤竞争对手。笔者在拙文《互联网平台企业免费定价反垄断规制批判》中也提出，由于在市场结构、行为构成以及竞争效果上，免费定价都难以成为反垄断法上的违法行为。[3] 对于其他滥用市场支配地位行为如拒绝交易、独家交易以及垄断高价与垄断低价等，学者们也从法学、经济学的视角提出行为可能的正当性。比如，李剑教授在《百度"竞价排名"非滥用市场支配地位行为》中指出，百度实施竞价排名能够避免搭便车的非效率行为，对下游市场竞争也无影响，而且竞价排名属于经营者契约自由范畴，实为特殊的商业模式所决定。[4] 另外，对正当理由内容的研究有个特点，就是学者们关注经营者行为的出发点，从行为策略角度分析正当理由。这种思想实际源于产业组织理论，特别是从博弈论方法出发，对正当理由的认识可能会更为深入。

学者们虽然提供了较为有益的见解，但是关于滥用市场支配地位

---

[1] David S. Evans, "The Antitrust Economics of Multi-Sided Platform Markets", *Yale Journal on Regulation* 20, 2003.

[2] Julian Wright, "One-Sided Logic in Two-Sided Markets", *Review of Network Economics* 3, 2004.

[3] 杨文明:《互联网平台企业免费定价反垄断规制批判》，《广东财经大学学报》2015年第1期，第104页。

[4] 李剑:《百度"竞价排名"非滥用市场支配地位行为》，《法学》2009年第3期，第56页。

经营者正当理由抗辩的研究仍存在不少缺陷。一是将正当理由抗辩与一般的经营者抗辩理由混淆,例如肖江平(2009)教授在研究中就把主体、程序等方面的理由也作为经营者抗辩的正当理由。这实际上扩大了正当理由抗辩规则的适用范围,而这种扩大将导致该研究与一般的滥用市场支配地位反垄断规制研究毫无二致。二是缺少对正当理由抗辩规则理论基础的深度挖掘。三是对正当理由的研究求诸反垄断法价值论但却未能找出其有效的适用之道,因而对正当理由的适用成为道德口号。四是不同滥用市场支配地位行为具有不同的正当理由,因而未能在一般性与特殊性之间将正当理由类型化。五是正当理由抗辩规则缺乏适当的实施机制,特别是责任分配、程序控制等方面缺乏相应指引。正当理由抗辩规则研究的不足也为本人提供了相应的研究空间,围绕上述问题,笔者将进行系统的研究。

### 三、研究方法与创新

#### (一)研究方法

1. 法解释学方法

法解释学方法是研究法学问题最基本的方法。无论是宏观的法律制度还是具体的法律规则,法学问题必然徘徊于规范与事实之间。因而,通过对法律制度或者规则的内涵和外延的阐释,笔者能够对自己研究的问题有更深刻的认识。具体到滥用市场支配地位正当理由抗辩研究这个主题,正当理由是最需要解释的法律概念。因而笔者采用了法解释学方法对本课题予以研究,运用文义解释、目的解释、价值分析、利益衡量等方法深入分析滥用市场支配地位规制中的正当理由抗辩规则自身内容,分析该规则与滥用市场支配地位规制规则、反垄断法经营者抗辩规则以及法律责任规则的关系。通过类型化思维打通规则与实践的纠结,从而对正当理由抗辩规则作出恰当解释。

2. 经济分析方法

法学研究的经济分析方法滥觞于功利主义法学思想：一切增进社会福利的行为都能获得道德和法律上的正当性。因而这种思想带有明显的效率优先色彩。那么从效率标准对行为进行分析自然演化为经济分析方法，特别是芝加哥学派产业组织理论的发展，将经济分析方法推向顶峰。因而至今反垄断法研究仍离不开经济分析方法。其中成本—收益分析是经济分析最常见的思路。本书的相关研究特别是对经营者行为正当性的判断，都需要从成本—收益角度出发，分析行为的社会福利效应，如果产生剩余，那么行为就会基于效率抗辩而获得合法性。经济分析方法不仅仅局限于成本—收益的分析思路，它的重要性还在于提供了合理原则，这就为本书研究经营者滥用市场支配地位行为提供了基本思路。特别是对滥用市场支配地位正当理由的考察，必然要运用合理原则，从而给予经营者抗辩的可能。

3. 比较分析方法

比较分析方法对于法律制度性研究非常有必要，特别是对《反垄断法》这一本土资源严重不足的法律而言，借鉴域外制度的经验就更为重要。比较分析方法首先比较的是制度或规则本身的异同。例如，就本研究而言，滥用市场支配地位正当理由抗辩的程序规则在各国明显不同。在具有英美法系色彩的国家，原告提出经营者违法的指控只需具备表面证据即可，而正当理由当然就属于经营者抗辩内容，并由经营者负担证明责任；而在具有大陆法系色彩的国家中，包括我国，正当理由的证明责任尚不明确。而进一步分析这种不同，则可以追溯到各国反垄断法实施模式、制度环境上的差异。接着，国外经验的镜鉴如果产生积极效果的话，则必须分析我国反垄断法的制度环境和本土资源，否则缺乏本土化调试的制度经验难免陷入南橘北枳的困境。

4. 案例分析方法

滥用市场支配地位经营者正当理由抗辩与具体执法和司法实践密

不可分，因而本书研究工作需要把案例分析作为主要切入点，从中汲取研究所必需的内容。特别是所涉及的法律规则本身，学者们对此并无系统的规范研究，因而笔者需要整理大量的案例资料作为研究的素材。具体而言，案例分析方法能够为笔者提供以下便利。通过整理、归纳不同的案例，发现滥用市场支配地位案例中经营者正当理由的共同之处，从而摆脱案例的个体性，为正当理由类型化研究提供基础。通过分析案例也可以发现法官或者执法者裁判的思维轨迹，从而在研究中贴近实践，摆脱理论的空洞性。通过分析案例，还可以对不同时代、不同地域进行比较研究，使不同研究方法相得益彰。

**（二）创新之处**

1. 从经营者视角研究滥用市场支配地位的正当理由

反垄断法研究具有很强的"规制思维"，也即往往将经营者垄断或竞争行为置于如何认定其违法的思路上。因而，无形当中，学者们站在了"执法者"的立场上，并总想以苛刻的眼光判定经营者行为的违法性，否则他的研究就没有意义。当然，这种思路也无可厚非，毕竟《反垄断法》本身就是限制经营者垄断行为的法律，但这种立场很容易导致学者们对经营者的正当诉求视而不见。因为经营者才是市场的真正主体，无论其行为是否违法，他们对自己的行为最清楚。因而从经营者视角出发研究垄断行为或许有不一样的发现，特别是对滥用市场支配地位正当理由的研究。另外，从经营者视角研究滥用市场支配地位正当理由在思维上也更为顺畅。滥用市场支配地位正当理由隐藏于经营者的主观意图中，并与经营者经营活动密不可分，因而正当理由属于案件事实中最难调查的部分，这就导致执法机构排除经营者正当理由面临较高的成本。而且正当理由证据距离经营者最近，因而由经营者提出最为方便。所以，赋予经营者提出自身行为正当理由的抗辩权利成为发现案件事实的关键。经营者对此也有较强的冲动和激情。

所以，笔者从经营者视角研究滥用市场支配地位正当理由符合思维规律。

2. 注重实体和程序相结合的研究思路

反垄断法既非单纯的实体法，也不是简单的程序法，而是实体内容与程序规则并存的法律。但是学者的研究却往往偏重某个方面，例如，类似"滥用市场支配地位的反垄断法规制研究"这样的题目比比皆是，笔者发现，该类选题无非讨论市场支配地位如何认定、滥用行为的具体构成、滥用行为的违法性等实体问题，但对于执法程序如何展开、司法程序如何运行等程序问题缺乏关注。近年来，随着反垄断实施的不断展开，研究反垄断法程序问题的成果不断增加，但也只是局限于公共实施、私人实施等问题领域，具体的程序细节仍乏人问津。笔者认为，这与学者们的知识背景有很大关系，反垄断法学者鲜有习练程序法出身，因而往往回避程序问题。而研究程序法的学者又不会特别关注反垄断法这一特殊领域。因而反垄断法的程序问题被久久搁置，反垄断法的研究也脱离了问题意识。因而，笔者拟从实体和程序相结合的思路研究滥用市场支配地位经营者正当理由抗辩问题。对于这一问题，笔者既要弄清正当理由的实体内容，也会对经营者正当理由抗辩的程序规则予以关注。

3. 本课题在内容和方法上有一定的创新之处

笔者选择这个题目的原因一方面是在理论和实践上都有一定价值，另一方面则是考虑到正当理由的开放性与包容性。因而，在内容上，笔者拟研究传统反垄断法较少涉及的问题。比如，商业习惯如何对抗反垄断指控，契约自由与反垄断国家干预的边界如何划分，商业模式能否成为滥用市场支配地位经营者的正当理由，等等。另外，由于专门研究正当理由这个问题，笔者也可以集中精力将研究进一步深化，例如对反垄断法中大家喜闻乐见的一些概念如效率、公平、创新等进行详细解释。那么面对内容上极为开放的正当理由问题，笔者需要较为实用的工具，例如经济分析方法。通过对正当理由实体内容的经济分析，对正当理由程序规则的经济分析，辅之以法解释学方法、比较分析方法以及案例分析方法等理论工具，最终实现对滥用市场支配地位经营者正当理由抗辩的系统研究。

# 第一章 滥用市场支配地位规制中的正当理由抗辩概述

## 第一节 正当理由抗辩之缘起

作为反垄断法三大支柱之一[①]，滥用市场支配地位规制业已写入各国成文法或在判例法中，其地位得以彰显。实践中，规制滥用市场支配地位通常分为三大步骤：认定市场支配地位、确定行为构成、判定行为违法性。而行为违法性判定又包括反竞争效果分析和行为正当理由分析。在固化的"规制"思维影响下，执法机构一般倾向于按照滥用市场支配地位"违法性证成"的思路进行规制，而阻却行为违法的正当理由却容易被忽视。但实际上，面对汹涌的公权力机关执法活动，正当理由抗辩成为经营者对抗违法指控的少有手段。因此，正当理由抗辩一方面成为经营者维护自身利益的权利基石；另一方面，也成为防止规制部门"过度规制"的权力藩篱。正当理由抗辩规则虽在滥用市场支配地位规制中占有一席之地，但它并非自始有之，而是伴随滥用市场支配地位规制思想的流变而产生，并在政府干预与市场自由的拉锯中形成独特的地位。

---

① 王晓晔：《〈中华人民共和国反垄断法〉析评》，《法学研究》2008年第4期，第72页。

## 一、滥用市场支配地位规制思想之流变

从历史发展来看，滥用市场支配地位规制经历了结构主义向行为主义的转变，具体的规制原则也经历了本身违法原则向合理原则更替的过程。而从根本上来讲，这主要源于滥用市场支配地位规制思想的流变。

### （一）哈佛学派规制思想

在反垄断法产生早期，政府干预思想深入人心，尤其是在凯恩斯主义影响下，政府的影子活跃在经济生活的各个领域。此时，对滥用市场支配地位的规制较为严格，结构主义规制非常盛行，大企业成为执法机构监控的重点，不少具有市场支配地位的经营者难逃被制裁甚至是分拆的命运。例如，在"美国铝业公司案"[1]中，政府指控美国铝业公司在初级铝制造和某些铝产品销售过程中存在垄断行为，但法院作出美国铝业公司违法的判决却是基于该公司的市场支配地位。法院认为，美国铝业公司在初级铝产品市场占有超过90%的市场份额，这显然构成垄断。尽管汉德法官承认该公司算是个"好的托拉斯"，但国会制定的《谢尔曼法》针对的是所有的垄断，而不是只禁止"坏的"垄断。

严格的结构规制一方面回应了自《谢尔曼法》诞生时就与其相伴的"平民主义"思想；另一方面则反映了哈佛学派"市场结构—市场行为—市场绩效"（SCP）范式的强大影响。按照经济史学者的观点，《谢尔曼法》产生前后，美国社会的"平民主义"思想在经济政治生活中占据主导地位。[2]也即民众从伦理观念上同情中小企业，敌视大企业，主张经济民主和分权，反对垄断。因而，从某种意义上讲，《谢尔

---

[1] United States v. Aluminum Company of America, 148 F. 2d 416 (1945).
[2] 杰里米·阿塔克、彼得·帕塞尔：《新美国经济史：从殖民地时期到1940年》，罗涛等译，中国社会科学出版社2000年版，第457页。

曼法》就是专门针对大企业的一部法律。而作为"平民主义"思想在经济理论方面的延伸[①]，哈佛学派的产业组织学说为严格的结构规制提供了理论基础。按照 SCP 范式，市场效果由企业行为所致，而企业行为又来源于市场结构的影响，此三者存在直接相关的因果关系。由此看来，市场结构在哈佛学派的研究中居于核心地位。在哈佛学派的影响下，反垄断执法也始终围绕市场结构进行。垄断的认定基于经营者市场份额、进入壁垒等结构因素，垄断的规制也围绕降低市场集中度进行。因而根据结构规制主义，滥用市场支配地位行为并非重点，关键在于市场支配地位的认定。而市场结构作为明显的事实认定，很难给经营者抗辩提供有利机会。

严格规制思想还体现在对垄断行为的规制方法上。早期对滥用市场支配地位的规制一般遵从本身违法原则，执法者并不会过多考虑行为是否存在正当理由，只要存在垄断行为，就被视为当然违法。例如，"美国诉阿迪斯顿管子与钢铁公司案"[②]中，塔夫托法官将本身违法原则描述为，垄断行为合理性审查并非法院的工作，因为从根本上讲，垄断行为都限制自由贸易，它们并非通过辛勤劳动以获得最低成本，因而是非法的。因此，滥用市场支配地位行为被视为非法并非依据其不合理性，而是在结论上早已毋庸置疑地被推定为不合理。[③]所以在本身违法原则指导下的反垄断执法不会考虑滥用市场支配地位具备行为正当理由，因而也就不存在正当理由抗辩的制度空间了。

### （二）芝加哥学派规制思想

20 世纪 70 年代以后，伴随市场经济国家发展逐渐陷入滞胀困境，

---

① 臧旭恒：《从哈佛学派、芝加哥学派到后芝加哥学派——反托拉斯与竞争政策的产业经济学理论基础的发展与展望》，《东岳论丛》2007 年第 1 期，第 17 页。
② United States v. Addyston Pipe & Steel Co., 85 F. 271 (6th Cir. 1898).
③ United States v. Addyston Pipe & Steel Co., 85 F. 271 (6th Cir. 1898).

从理论学者到政府官员都对此前的反垄断政策进行反思并展开批判。例如，博克法官认为，此前的反垄断观点放弃国家立法而转向法庭政治选择，游离竞争理念而奔向保护每个生产者状况的古老理念，不再关注社会福利而转向对利益集团的关注，置自由理念于不顾而空谈平等。[1] 甚至有学者称这一时期的反垄断思维"荒诞不经"[2]，因而反垄断法在立法目标和实施效果间彻底陷入悖论（paradox）。对此，以芝加哥学派为代表的经济学家和法学家在对哈佛学派批判的基础上重新架构反垄断法理论。

在规制思想上，芝加哥学派坚持放松规制，倡导自由主义思想。这一方面源于70年代市场经济国家尤其是美国国内面临经济滞胀，国外面临各国贸易竞争带来的压力，因此促进经济发展成为经济政策特别是竞争政策的重要目标。另一方面，政府规制过严带来的信息不对称、社会福利损失以及规制俘获等问题，造成市场缺乏活力、效率低下。因而，这一时期，效率成为反垄断政策的首要甚至是唯一目标。[3] 在此指引下，学者们对垄断的认识也在发生颠覆性改变。

首先，市场规模本身不再受到非议。例如，阿尔钦（Armen A. Alchain）和德姆塞茨（Harold Demsetz）认为，之所以要扩大企业规模，是因为企业能够带来比它的每个成员本身带来效益之和更大的效益。[4] 在本杰明·克莱因（Benjiamin Klein）等人看来，扩大企业规模（包括横向或纵向一体化）能够化解市场敲竹杠或卸责行为，内化市场外部性。[5] 在一些特殊行业或领域，还存在网络效应，也即网络规模越

---

[1] Robert H. Bork, *The Antitrust Paradox: A Policy at War With Itself*, New York: Free Press, 1993, p.50.

[2] 薛兆丰：《商业无边界：反垄断法的经济学革命》，法律出版社2008年版，第1页。

[3] 理查德·波斯纳：《反托拉斯法》，孙秋宁译，中国政法大学出版社2003年版，第2页。

[4] Armen A. Alchain, Harold Demsetz, "Production, Information Costs, and Economic Organization", *The American Economic Review* 62, 1972.

[5] Benjiamin Klein, Robert G. Crawford, Armen A. Alchain, "Vertical Integration, Appropriable Rents, and the Competitive Contracting Process", *The Journal of Law and Economics* 21, 1978.

大,构成网络的每个节点所享受的价值也就越大。[1] 因此,市场规模成为效率的代名词,而不再是垄断的潜台词。不再应当通过市场结构评判是否存在垄断。其次,在芝加哥学派看来,长期以来被视为垄断的行为如搭售、掠夺性定价以及价格歧视等,不过是经营者的正当策略,不会对竞争产生危害。例如,关于搭售,有学者认为搭售不过是垄断者市场力量无效率的使用,因为搭售降低了消费者对产品的需求,就总利润而言,搭售所能获得的利润与单独销售商品获得的利润其实相等。[2] 而关于掠夺性定价,在芝加哥学派看来,它本身存在的可能性极低。因为根据价格逻辑,企业通过兼并比掠夺性定价取得市场份额的成本要低得多,博克通过对美国历史上发生的掠夺性定价案例进行实证研究也发现,它们本质上是兼并而并非掠夺。[3] 在伊斯特布鲁克看来,掠夺性定价不仅成本极高,而且经营者实施削价后还面临消费者和被掠夺者的抵制,因而很难获得价格补偿的机会。[4] 因而,芝加哥学派坚信:价格的降低几乎毫无例外地反映了成本的下降和合理的竞争行为,而非掠夺性定价。[5] 关于价格歧视的违法性,芝加哥学派同样存在质疑。博克认为,在竞争市场中禁止价格歧视将使经营者丧失对市场的敏感和反应,甚至持久的禁止价格歧视也会损害消费者利益。[6] 最后,芝加哥学派在批判结构主义基础上,提出了行为主义规制理论,强调行为

---

[1] Michael L. Katz, Carl Shapiro, "Network Externalities, Competition, and Compatibility", *The American Economic Review* 75, 1985.

[2] Keith K. Wollenberg, "An Economica Analysis of Tie-in Sale: Re-examining The Leverage Theory", *Stanford Law Review* 39, 1987.

[3] Robert H. Bork, *The Antitrust Paradox: A Policy at War with Itself*, New York: Basic Books, 1978, pp.144-148.

[4] Frank H. Easterbrook, "Predatory Strategies and Counter Strategies", *University of Chicago Law Review* 48, 1981.

[5] J. E. 克伍卡、L. J. 怀特编著:《反托拉斯革命——经济学、竞争与政策》,林平、臧旭恒等译,经济科学出版社 2007 年版,第 1 页。

[6] Robert H. Bork, *The Antitrust Paradox: A Policy at War with Itself*, New York: Basic Books, 1978, pp.391-392.

而非结构才是判断垄断行为违法与否的标准。正如他们对传统理论的批判思维一样,对滥用市场支配地位的规制也转向对具体行为的分析。行为分析的优点在于可以全面考察经营者的主观目的,行为一般构成与效果,以及经营者决策制定和实施的市场背景与企业自身状况。那么在这一过程中,除了那些赤裸裸的限制竞争的行为,大部分行为都存在一定的合理性。并且,在这一时期,美国法院在大多数情况下都给予了占支配地位的企业"足够的自主权、自行定价和制定产品发展以及促销战略"[1]。

而伴随芝加哥学派学术影响转化为反垄断实践力量,本身违法原则在反垄断法的适用范围逐渐被合理原则蚕食,合理原则取而代之成为法官审查滥用市场支配地位违法性的主要工具。按照王晓晔教授的解释,应当根据市场具体情形分析垄断行为的合法性,这是合理原则的基本方法论。当有些行为在形式上限制竞争,但在实质上又能推动市场竞争,或者推动福利改进,给消费者和社会带来利益,那么这些行为就是合理、合法的。[2] 合理原则顺应了芝加哥学派的理论主张,是其学术观点在反垄断实施方法上的延伸与应用。第一,合理原则符合行为主义规制思路,摒弃了本身违法原则对市场结构的偏爱,将滥用市场支配地位规制深入到对具体行为效果的评价。因而,在合理原则指导下,滥用市场支配地位违法性判断转移到行为分析而不再取决于市场结构本身。第二,合理原则突出了效率价值。效率分析是合理原则适用的重要内容,滥用市场支配地位在财富生产或配置上能否产生社会剩余,是行为是否具备正当性的关键因素。第三,合理原则为滥用市场支配地位正当理由抗辩提供了契机。在合理原则指引下,滥用市场支配地位经营者可就相关指控进行抗辩,提供行为合理性依据。

---

[1] 尚明:《反垄断法之滥用市场支配地位规则研究》,对外经济贸易大学2006年博士论文,第132页。

[2] 王晓晔:《竞争法研究》,中国法制出版社1999年版,第212页。

因此，在芝加哥学派倡导的放松规制阶段，滥用市场支配地位规制更为理性，效率至上让经营者追求利润的策略行为不再遭受拘束，行为规制开启了事实判断与价值判断分离的行为违法认定模式，合理原则的广泛适用孕育了正当理由抗辩的制度依据。

### （三）后芝加哥学派规制思想

进入 20 世纪 90 年代，一些学者开始运用博弈论工具和新实证产业组织理论研究企业的策略行为，并得出与芝加哥学派不一样的结论。这些学者被称为后芝加哥学派，因为他们的理论工具、观点都是对芝加哥学派的修正。在后芝加哥学派看来，芝加哥学派的假设不切实际，比如芝加哥学派倡导完全竞争，但这在真实的市场竞争中很难实现。[1]这是因为在后芝加哥学派看来，市场并不完美，存在大量的信息不完全、信息不对称以及市场沉没成本，企业是市场博弈的参与者而非市场价格被动的接受者。[2] 由此，后芝加哥学派提出，企业的策略行为如掠夺性定价等可能产生垄断，有必要进行规制。但是，这种规制既不同于哈佛学派主张的政府积极干预，也不同于芝加哥学派提倡的市场自由放任，后芝加哥学派主张对厂商的策略行为进行具体的理论和实证分析，既考虑其促进竞争的一面，也考虑其限制竞争的一面。[3]

具体而言，后芝加哥学派的反垄断规制思想主要集中在以下几个方面。一是垄断认定的消费者福利标准。与芝加哥学派坚持社会总福利标准不同，后芝加哥学派则坚持消费者福利标准，警惕因垄断行为产生的消费者向经营者方向的财富转移效应。按照社会总福利标准，

---

[1] Sean M. Royall, "Symposium: Post-Chicago Economics", *Antitrust Law Journal* 63, 1995.

[2] Robert H. Lande, "Beyond Chicago: Will Activist Antitrust Arise again?" *Antitrust Bulletin* 39, 1994.

[3] 任剑新：《美国反垄断思想的新发展——芝加哥学派与后芝加哥学派的比较》，《环球法律评论》2004 年第 2 期，第 236 页。

即便消费者福利受损，但经营者生产足以弥补消费者的财富损失，那么经营者行为也是有效率的，并不构成垄断。但是，根据施马兰西（Richard Schmalensee）等人的研究，现实中的垄断主要表现为财富转移而非资源配置无效率，前者几乎是后者的2倍到40倍。[①] 也即经营者通常将消费者福利转移为自己的垄断利润。二是广泛引入博弈论、信息经济学等实证分析工具，改变了过去完全依赖经验分析和理论分析的局面，使得垄断行为分析逐渐从定性向定量分析转变。三是对策略行为的认识趋于理性。不同于芝加哥学派对企业策略行为的赞赏与支持，后芝加哥学派通过博弈论分析，论证了某些策略行为存在的可能与危害。例如，科瑞普斯（David M. Kreps）与威尔逊（Robert Wilson）建立声誉掠夺模型，指出掠夺性定价的前期投入是经营者的声誉投资，在市场上树立起"强硬"名声，遏制潜在竞争者进入。[②] 鲍尔顿（Patrick Bolton）等人指出，在市场信息不完全、不对称的现实经济生活中，竞争者很容易被经营者的掠夺性行为迷惑，掠夺者往往比竞争者的报价更有吸引力。[③]

无论从价值选择还是规制思路、方法，后芝加哥学派的学术思想都对滥用市场支配地位规制产生重大影响。其中，"柯达公司诉图像技术服务公司案"就很好体现了这一点。本案中，柯达公司生产、销售复印机微缩产品，同时也提供该产品的维修与保养服务。但是20世纪80年代早期，一些独立的维修服务商开始进入柯达产品维修服务市场，并提供了更低的价格。于是在1985年，柯达公司采取一系列措施排斥独立维修商：一是要求零部件生产商只能向自己提供配件；二是

---

① Richard Schmalensee, "Another Look at Market Power in Antitrust", *Harvard Law Review* 95, 1982.

② David M. Kreps, Robert Wilson, "Reputation and Imperfect Information", *Journal of Economic Theory* 27, 1982.

③ Patrick Bolton, Joseph F. Brodley, Michael H. Riordan, "Predatory Pricing: Strategic Theory and Legal Policy", *Georgetown Law Journal* 88, 2000.

柯达公司只向自己维修或者请柯达维修的消费者提供零部件；三是阻止消费者以及零部件分销商向独立维修商提供配件。因此，图像技术服务公司等独立维修商指控柯达将零配件与维修服务捆绑以及垄断产品维修服务市场的行为违反《谢尔曼法》。这起诉讼一直进行到最高法院，柯达公司辩称，其策略行为一是避免不合格维修商进入市场；二是降低库存成本；三是防止独立维修商搭便车，获取自身的投资收益。而最高法院认为，上述理由并不充分，难以成立，最终判决柯达公司败诉。最高法院的判决理由有两个：一是认定柯达将零部件与维修保养服务搭售事实存在；二是搭售侵犯了客户选择权，损害消费者利益。

由此可见，在后芝加哥学派影响下，正当理由抗辩在形式上仍然存在，但在内容上却发生很大变化。消费者福利标准要求经营者必须向消费者提供更多剩余，否则其行为很难获得正当性。定量研究将使得反垄断执法机构与经营者的拉锯更为激烈，对经营者策略行为的分析将更为细致。当然，滥用市场支配地位正当理由抗辩也需要建立在更为科学的实证研究基础之上。

## 二、滥用市场支配地位规制中的公权限制

滥用市场支配地位规制思想流变揭示了一条重要规律：政府干预与市场自由处于动态平衡状态。市场失灵构成政府干预的逻辑起点，但政府失灵又为政府干预提出了限制。在处理市场失灵的问题上，政府并没有表现得比市场更为有效。因此，政府干预不能擅自越过雷池，取代市场机制或者桎梏市场自由，相反，应当为市场自由留出足够的余地。故而，滥用市场支配地位规制应当保持对公权的限制以及对私权的保障，进而实现规制者与被规制者间的规制均衡。

政府规制市场的权力如果不加限制，将演化为可怕的暴力，最终，政府规制机器也将面临失灵。这是因为在政策决策和实施中，政府的

行为更符合经济人角色,它并未按照社会福利最大化的原则行事,相反,政府规制往往扭曲了资源配置。正如诺思(Douglass C. North)所言,国家(政府)的存在是经济增长的关键,然而,国家又是人为经济衰退的根源。[①] 一方面,政府权力是保护个人权利的有效工具,能够创造社会福利;另一方面,政府又并非中立,为实现垄断租金,政府会不惜牺牲个人权利。因此,限制公权一直是法治政府克服自身失灵的必要手段。

在英美法早期,政府规制中的公权限制通常依赖普通法上的"自然公正原则",早在17世纪,英国爱德华·柯克爵士就指出,普通法衍生出的权利与自由是绝对的,任何制定法与其相抵触都应视为无效。[②] 其后,霍巴特爵士和高等法院王座法庭的首席大法官约翰·霍尔特爵士继承了这一思想,如果在案件中,自己成为自己的法官,这就是违背自然公正原则的,这样的法律就应当被废除。[③] 其中,议会制定的法律或称为制定法自然是张扬政府权力,对经济、政治生活作出人为安排的法律。因此,自然公正原则所阐明的法理可简要归纳为:政府权力应当受自然正义的约束。但是,自然公正概念具有模糊性,而政府行使权力莫不标榜其目的正当、合理。因而,自然公正原则逐渐演化为两条基本的程序规则。[④] 其一,任何人都不得在自己的案件中担当法官。这条规则的意义在于,政府权力行使时若发生争议,就应当避免由自己裁决。根据这一规则,公民在其权利或利益受到行政决定不利影响时,有权要求其意见必须由没有偏私的官员作出。其二,任

---

① 道格拉斯·C. 诺思:《经济史中的结构与变迁》,陈郁等译,上海人民出版社1994年版,第20页。

② 约翰·V. 奥尔特:《正当法律程序简史》,杨明成、陈霜玲译,商务印书馆2006年版,第22页。

③ 约翰·V. 奥尔特:《正当法律程序简史》,杨明成、陈霜玲译,商务印书馆2006年版,第18页。

④ T. J. Grout, *Public Law*, London: Macdonald & Evans, 1998, p. 127.

何人可就所受到的不利指控进行辩护。这条规则为当事人的辩护权利提供了保障,具体包含三项内容,即公民应当获得相应通知,并获知通知的依据,在此基础上公民可以进行辩护。① 到 1932 年,英国大臣权力委员会又提出了两条新的规则:其一,在争议裁决程序时,当事人应获知裁判理由;其二,当事人可以提出质疑,并要求裁决机构公开其质疑。② 此规则就是后来彪炳行政法史的听证制度雏形。

自然公正原则后来通过成文法的方式确定下来,逐渐演化为正当程序规则。③ 正当程序规则要求行政行为必须符合正义目的以及正当程序。同理,滥用市场支配地位规制是政府规制市场竞争与垄断问题的重要内容,规制活动自然应当受到正当程序规则的约束。

一方面,滥用市场支配地位规制应当遵循正义目的。从规制机构的立场而言,社会公共利益是其权力行使的指南,而具体到反垄断法领域,社会公共利益一般转化为效率、公平以及自由竞争等价值目标。也即规制机构将反垄断法价值作为规制滥用市场支配地位的依据,同时要求经营者行为回到反垄断法价值铺就的正确轨道上来。而从被规制者也即经营者的立场来看,反垄断法价值同样也是自身市场行为的基本准则(至少在名义上是),或者即便自身行为违背反垄断法价值,但也有不得已而为之的合理理由。因此,规制者与被规制者实际存在价值问题博弈。规制者必须以反垄断价值目标为规矩,衡量经营者行为正当性;同时,经营者也通过论证自身行为正当性来证伪规制机构的行为认定。因此,在制度上,规制机构为经营者预留了论证自身行为正当性的空间,也即正当理由抗辩规则。

另一方面,滥用市场支配地位规制应当符合正当程序。规制机构

---

① 王名扬:《英国行政法》,中国政法大学出版社 1987 年版,第 153 页。
② 彼得·斯坦、约翰·香德:《西方社会的法律价值》,王献平译,中国人民公安大学出版社 1990 年版,第 97 页。
③ 刘东亮:《什么是正当法律程序》,《中国法学》2010 年第 4 期,第 77 页。

的权力行使应当受到正当程序的限制，正当理由抗辩就是对抗公权力的重要规则。在欧盟委员会竞争总司官员托本·陶夫特（Toben Toft）看来，竞争法中的违法行为将使当事人承受严重的制裁，因而他们应当获得相应的抗辩权利。[①]根据这一规则，经营者行为存在正当理由就不构成滥用市场支配地位。从制度比较来看，垄断协议规制制度、经营者集中规制制度也都为经营者抗辩提供了依据。例如，按照我国《反垄断法》第20条规定，技术研发、标准、中小企业、社会公共利益、不景气以及对外贸易等卡特尔可以排除反垄断法适用。根据《反垄断法》第34条规定，经营者可以依集中效率提出抗辩。而正当理由抗辩规则与上述制度具有相似性，都是经营者对抗反垄断机构规制权力的有效保障。

除了赋予经营者提出正当理由抗辩的程序权利外，为保证程序公正，滥用市场支配地位案件当事人还享有听证权利。根据《欧共体条约第81条和第82条竞争规则实施条例》，在作出垄断行为违法认定和处罚决定前，欧盟委员会应当给予经营者表达异议和自我辩护的权利，必要情况下可召开听证会。启动听证程序的必要性体现在能够为经营者公开表达意见提供契机，并将案件争议的事实和价值问题付诸"公众审判"，避免反垄断执法机构的专断。

### 三、滥用市场支配地位规制中的私权保障

反垄断法的产生及其发展意味着市民社会不再是完全独立的自治堡垒，意味着市场自由不能够脱离限制而独立存在。但是这种限制有时却走得如此之远，以至于忘却了权利限制的本心。正如科斯所抱怨的，"我被反垄断法烦透了，假如价格涨了，它就说是'垄断性定价'；

---

[①] 托本·陶夫特：《垄断案件调查程序与方法》，《工商行政管理》2008年第2期，第34页。

价格跌了，它就说是'掠夺性定价'；价格不变，它又说是'合谋性定价'"。应当说，反垄断法通过规制卡特尔、滥用市场支配地位以及经营者集中等具体制度，对按市场主体意思进行自治的限制达到无以复加的地步，经营者的契约自由受到严格的管制。可见，自反垄断法产生，就一直伴随着限制私权的思路。难怪美国私法泰斗吉尔莫（Grant Gilmore）评价道，反垄断法等特殊形态公共政策采取了依法对缔约自由、契约内容自由加以限制的形式，把原本属于"契约法"范畴的许多交易和境况，划归到自己的调整范围。他进而宣称，"契约和上帝一样，已经死亡了"[1]。但正如自由是人类的永恒价值追求，契约自由虽然受到限制，但其保障私权的基本功能并不会丧失。正如月明星稀的夜空，星光黯淡仅仅是因为月光清朗。连吉尔莫也承认："契约确实死了——但谁又能够保证在这复活节的季节，它不会复活呢？"[2]私权不能在反垄断法的实施中被抹杀，相反，它更应当得到保护，这是因为"法律一日为人类社会之规范，则可以断言，个人观念、权利观念必有其一日之存在"[3]。反垄断法之所以为正当理由抗辩提供制度空间，也正是出于私权保障的考虑，契约自由与个人权利实际构成了正当理由的权利内核。因此，从私权自由、限制与保障的发展历史能够探源滥用市场支配地位正当理由抗辩规则的产生与发展。

### （一）契约自由的兴起

自市民社会与政治国家分野以来，契约自由就一直作为私法自治、私权至上的主要象征。近现代意义上的契约自由兴盛于自由资本主义时代，从经济学角度而言，这主要源于以下理论假设。首先是经济人假设，正如亚当·斯密在《国富论》中所论述的："我们每天所需要的

---

[1] 格兰特·吉尔莫：《契约的死亡》，曹士兵等译，中国法制出版社2005年版，第1—7页。
[2] 格兰特·吉尔莫：《契约的死亡》，曹士兵等译，中国法制出版社2005年版，第136页。
[3] 梁慧星：《民法总论》，法律出版社2001年版，第44页。

食物和饮料，不是出自屠户、酿酒家和面包师的恩惠，而是出于他们自利的打算。我们不说唤起他们利他心的话，而说唤起他们利己心的话，我们不说我们自己需要，而说对他们有好处。"每个人都站在利己立场安排市场活动，唯此才符合人们的理性判断。经济人通常追求利润最大化，从而激发市场主体降低成本的动力。因而，效率成为经济人的价值追求。所以，经济人出于理性判断指导自己活动的行为就体现为契约自由。并且在效果上，通过自由缔约，经济学家相信可以实现经营者、消费者以及市场自身的均衡。其次是完全竞争假设。完全竞争指的是生产者数量众多，竞争足够充分，以至于任何生产者的市场规模都没有大到影响市场价格的程度。而自由资本主义阶段的经济事实也一定程度上佐证了完全竞争假设的存在与合理性。在完全竞争条件下，经营者是被动的接受市场价格，市场足以协调一切生产、消费和分配关系。因而，公权力在完全竞争市场条件下受到最大限度的抑制，经营者不需要受到任何制约，它只需要对自己负责，市场可以安排好一切。契约自由就是顺应市场安排的"黄金法则"。

经济生活中的契约自由原则在这一阶段载入成文法，它形成于《法国民法典》，并在《德国民法典》"潘德克顿"体系中实现逻辑的自足。[①]通过法典的宣告、认可与保护，契约自由观念深入人心。这时的司法不是要充当当事人的上帝，因为当事人自己就可以充当自己的上帝，法官在案件中不过是将双方的合意公示出来。相反，公权力干涉契约自由是不存在什么合法理由的。例如，在"罗科勒诉纽约州案"中，美国纽约州制定了一部劳动法用以保护工人的健康，其中规定，面包店的工人每天工作不应超过十个小时，或者每周不超过六十个小时。店主罗科勒曾两次违反这一规定，被处以五十美元的罚款。罗科勒对此不服而提起诉讼，诉讼一直进行到最高法院。罗科勒认为

---

① 例如，19世纪，《法国民法典》《德国民法典》相继颁布，契约精神得到前所未有的张扬。

自己制定的工时规定系与店员自由协商的结果，属于契约自由的范畴。并且，美国宪法规定，"任何州不得未经法律的正当程序即剥夺人的生命、自由或财产"，罗科勒认为，纽约州制定的工时法律制度不仅违背宪法，还侵犯了他的自由权利。结果，美国联邦最高法院支持了罗科勒的诉求，判决纽约州立法违宪。其中，裴卡穆大法官强调，契约自由式宪法赋予每个公民的权利，任何公权力机关不得以制定法侵犯这一权利。况且，纽约州的工时制度也不能证明它与工人健康存在直接关系。因而他重申，立法机构无权干涉个人契约自由的权利。①

### （二）契约自由衰落

20世纪以来，契约自由的衰落正如它的兴起一样，伴随着经济生活的变化。首先，20世纪进入了垄断资本主义阶段，古典经济学理论倡导的完全竞争理论正在失效。大量垄断企业以及消费者受害案件的出现，使人们相信，垄断正在打破均衡，造成财富分配失衡和消费者福利损失。尤其是产业经济学的理论和实证研究表明，垄断的危害是现实存在的。其次，经济人神话破灭。传统理论所宣扬的经济人理性假设被经济现实无情地击垮。信息不对称、不完全，市场负外部性等现象的存在反而使看似理性的个人选择走向集体非理性的危险境地。最后，形式平等造成实质不平等。契约自由的一个理论基础就是当事人平等，只有具有平等地位的当事人才可能实现契约的真正自由。但是，契约自由理论的"平等观"形式主义色彩严重，它把一切具备意思能力的市场主体都看成平等主体。实际上，在垄断企业与中小企业间，在经营者与消费者间，在雇主与劳动者间，形式上的平等地位恰恰掩盖了它们之间的强弱势差异。因而，契约自由在双方实际地位不平等的情况下，反而成为强者恃强凌弱的工具。契约自由原则不得不

---

① 张千帆：《宪法学导论》，法律出版社2004年版，第577页。

进行修正。

因此,公权力开始深入私法自治的领地,对契约自由进行广泛限制,反垄断法就是契约自由衰落的重要体现。按照刘凯湘教授的说法,契约自由的衰落在立法上承认不以自由协商和双方合意为基础的契约存在;在司法上,探求当事人真意的原则为维护社会公正的需要所代替。[①]

反垄断法对契约自由的限制,一方面体现为法律目的的社会化,另一方面体现为法律方法的实质化。就法律目的而言,双方意思自治并非法律实现的目的,社会公共利益取代私法至上的理念,成为立法和法律实施的主要目的。而且,这一时期,风起云涌的消费者保护运动促使市场交易的规制更有利于消费者,而不论契约是否出自双方真意。大量强制性契约出于保护社会公共利益的目的而丧失了契约自由精神。就法律方法来讲,法律解释的实质化倾向导致契约自由要受到来自公共政策的制约。例如,一份契约事实的判断,不仅要考虑当事人及其意思表示,还要引入道德、政治以及社会经济生活因素,才能对契约的合法性作出全面判断。这种实质化的法律方法必然限制了契约自由。在反垄断法领域,契约自由的衰落是个不可避免的趋势。

### (三)契约自由的复兴

吉尔莫宣告了"契约的死亡",但是并未终结人们对契约以及契约自由的认识,而且有大批学者试图让契约自由精神"再生"。例如,新自由主义学者波斯纳从效率原理重述自由的价值与正当性,对古典契约理论所依赖的自由思想大加赞赏。但是,对契约自由限制的论据显然比波斯纳教授的效率主张更为充分。因而,波斯纳的观点并非完全站得住脚。尤其是,契约自由所赖以存在的社会基础已经发生变化。因此,从契约自由兴衰的历史来看,契约自由或限制的理论主张无不

---

① 刘凯湘、张云平:《意思自治原则的变迁及其经济分析》,《中外法学》1997年第4期,第72页。

与社会生活密切相关。而在契约死亡、自由衰落之风逐渐蔓延之际，美国契约法专家麦克尼尔（R. Macneil）则重整古典学说，提出新的契约理论——关系契约理论。在《新社会契约论》中，麦克尼尔提出，契约的源头自始至终都是社会，而这在现代契约研究中往往被忽视，人们只注意到市场中的个别性交易。要理解什么是契约，就必须接受这样一些事实：没有社会创造的共同需求和爱好，契约是不可想象的；在完全孤立、追求功利最大化的个人之间的契约不是契约，而是战争；没有社会的结构和稳定，契约也是不可思议的。[①] 因此，按照麦克尼尔的理论，无论契约自由还是限制都与特定的社会关系相关，脱离特定的社会生活讨论契约毫无意义。在这一点上，他的观点与反垄断法"时势观"颇为相合。因为无论哈佛学派、芝加哥学派还是后芝加哥学派时代，反垄断都是伴随社会生活而进行的。反垄断思想、理论、制度与方法等，与其说由法学家、立法者和法官创造，毋宁说诞生于相应的社会生活。总而言之，反垄断法具有鲜明的时代特色。

进入21世纪，伴随技术革命，经济社会生活无不感受着互联网产品或服务带来的变化，市场产生了有别于传统经济业态的"新经济"。同时，"新经济"（或称为"网络经济"）给传统法律带来理论窘境和实践难题，而这主要源于新经济不同于传统经济的独特特征。首先，新经济呈现明显的网络外部性特征。网络外部性指的是网络价值以网络节点数平方的速度增长，网络对每个人的价值与网络中其他参与者的数量呈正比。因此，对于网络企业而言，要么就做大规模，要么就被市场淘汰。新经济中的"胜者全得，败者全无"规律不允许企业走中间路线。其次，新经济市场垄断与竞争并存，形成竞争性垄断市场结构。信息产品几乎不产生物质成本，再加上信息技术的不相容性，导致新经济领域的垄断是个普遍现象。但同时，垄断也是众多企业竞争

---

[①] 麦克尼尔：《新社会契约论》，雷喜宁、潘勤译，中国政法大学出版社1994年版，第1—2页。

产生的市场结果。在新经济中，竞争程度越高，垄断程度也就越高，甚至形成寡头垄断；而垄断程度越高，竞争就越激烈，创新的频率也就越快，因为垄断地位所带来的经济利润是最强有力的激励。[1] 最后，创新是新经济发展的决定因素。新经济竞争激烈，企业的核心竞争力就来自技术创新。占领市场需要企业贡献良好的技术产品，打破技术标准或技术垄断也靠技术创新。新经济的独特特征要求反垄断规制必须深入地分析市场结构，审慎地对待创新行为。看似垄断的市场结构与市场行为实则为新经济发展的必然要求。

因此，新经济的时代特征为突破反垄断限制、争取经营者契约自由创造了需求。正是从这个意义上，笔者认为，契约自由的复兴是新经济时代反垄断法实施的必然要求。反垄断法中被称为滥用市场支配地位的行为，如搭售、拒绝或限制交易、垄断定价行为等，站在契约自由的立场上，无不是经营者意思自治的体现。虽然出于社会公共利益的考量，必须对具备市场支配地位的经营者进行私权限制。但是，私权限制不能泯灭契约自由精神，更不能违背公权保护私权的立法初衷。因此，基于私权保障的立场，经营者的契约自由不能被完全否定。也正是基于契约自由的理念，滥用市场支配地位规制才允许经营者提出正当理由抗辩。经营者正当理由抗辩的意义在于，为反垄断法实施机构与经营者构建平等的对话平台，为公权限制与私权保障提供有效的制约机制，为社会公共利益与个人利益均衡提供公正的裁判方法。

## 第二节　正当理由抗辩之界说

正当理由抗辩表达的是经营者就自身行为具备正当性、合理性而

---

[1] 李怀、高良谋：《新经济的冲击与竞争性垄断市场结构的出现——观察微软案例的一个理论框架》，《经济研究》2001 年第 10 期，第 32 页。

抗辩规制机构滥用市场支配地位指控的规则体系。在这一规则体系中，核心概念当属"正当理由"，它是正当理由抗辩规则的内容要件。而"抗辩"概念则为经营者对抗规制机构的指控提供了程序指南，构成了正当理由抗辩规则的程序要件。当然，正当理由抗辩规则生成于滥用市场支配地位规制制度，这是笔者研究这一问题的制度背景。

## 一、正当理由

经营者反对垄断指控而提出抗辩意见，而抗辩意见的证立则必然依赖可靠的事实材料与合理的逻辑判断。因此，从这个意义上讲，正当理由事关滥用市场支配地位案件的事实真伪，它应当是关系经营者行为合法与否的事实因素。但是当事实因素涉及"正当性"判断，那么正当理由概念就不仅仅是个事实问题了。因为"正当"一词是指人们基于某种特定的价值标准对于行为、观念，乃至社会制度所作的一种评判：凡是符合该价值标准的，该行为、观念、制度即被认为是正当的，或者说具有正当性；凡是不符合该价值标准的，该行为、观念、制度即被认为是不正当的，或者说不具有正当性。[1] 因此，对正当理由概念的认识就转化为价值问题。

所谓"正当"，从古至今就像长着普罗透斯面庞的正义一样，人们对其从未形成一致的认识。自然法学派认为，行为符合自然或神意就是正当的；实证法学派则认为正当应当是符合实在法的规定与当权者的权威；而在社会法学派看来，正当应当是民众的合意与认可。各学派的阐释实际勾画出正当观念的不同图景，在这不同图景的背后则隐藏着不同的意识形态。不同的意识形态并无优劣对错之分，它们不过是认识问题的立场不同。而恰恰是这些不同的立场，为我们探寻"正

---

[1] 高鸿钧：《现代法治的出路》，清华大学出版社2003年版，第128页。

当"概念提供了不同的路径。从古至今，人们至少在三个层面讨论"正当"概念，并形成认识正当性的三个范式。一是道德哲学范式上的"正当"。道德哲学上的正当要求行为要遵循道德原则，无法得到道德上的证明就被视为不正当。因此，行为正当性不是来源于实在法，也不是来源于当权者的命令，而应当是深藏在亘古宇宙中的永恒价值与道德原则。二是法学范式上的"正当"。在法学范式下，正当等同于合法，即便一个不符合道德标准的行为，只要合乎立法的关照，那么它就是正当的。换句话说，这种正当性是一种法教义学意义上的正当性[①]，它就是指符合法律的规定，而且这种法律规定必须在实证主义法的意义上来理解，即权威机关所颁布的实在法。三是社会学范式上的"正当"。它是指在经验事实上获得民众的合意而取得正当性。社会学上的正当强调社会成员基于习惯或者自然而认同某种行为的正当性。它体现了市民社会对行为认识的自发性，无论是否经过法律的认可，在市民社会中约定俗成的观念认识构成了行为正当性的基础。

后来，哈贝马斯（Jürgen Habermas）将正当性研究路径进一步归纳为规范性范式和经验性范式。规范性范式的"正当"概念以是否符合正义或道德标准来判断行为的正当性。因而，规范性范式中的正当性以价值为导向，强调正当性判断的形而上学标准。这种特定的形而上学判准在不同的时代、不同的思想家那里有着不同的面相：有时它是一种特定的伦理—道德观念；有时它是一种特定的善的观念；有时它是一种特定的正义的观念；有时它是一种特定的福利观念。[②] 而经验性范式的"正当"概念则建立在事实与价值分野的前提之下。在经验性范式下，正当性判断应当坚持价值中立，应当从客观的视角观察、解释现存社会秩序，也就是通过事实描述的方法将正当概念表达出来。

---

[①] 刘杨：《法律正当性观念的转变》，北京大学出版社2008年版，第67页。
[②] 尤尔根·哈贝马斯：《重建历史唯物主义》，郭官义译，社会科学文献出版社2000年版，第289页。

不同范式表达出的正当概念也有所不同，而梳理这些研究范式的意义并不是一定要对"正当"下一个明确的定义，而是能够为本书的"正当理由"分析提供有效路径。从规范性范式来看，所谓"正当理由"应当符合反垄断法价值要求，对竞争有所裨益，体现自由价值，或者能够产生社会福利的行为才能获得反垄断法的"正当性"评价。总之，正当理由的内涵离不开价值哲学的指导。而从经验性范式出发，"正当理由"是经营者行为实现生产与收益均衡的客观因素，无论赋予任何价值诉求，这些客观因素都不可或缺。换句话说，经验范式下的滥用市场支配地位"正当理由"是实现其经营自发秩序的外在表现，这些"正当理由"或来自商业习惯，或遵循商业规则。因此，从规范性和经验性两种范式探索出的"正当"概念，同样适用于对正当理由概念的理解，其中，价值之维与事实之维是理解正当理由概念的基本路径。

因此，从价值维度判断，滥用市场支配地位经营者提出的行为正当理由应当遵循反垄断法价值原则；从事实维度分析，滥用市场支配地位经营者提出的行为正当理由应当符合市场的历史与现实。就价值维度而言，我们需要先考虑这样一个问题：滥用市场支配地位正当理由抗辩制度以价值多元论为基础。这是因为我们在日常经验中遭遇的是这样一个世界，我们在其中面临着在同样终极而且其要求同样绝对的目标之间的选择，其中有些目标的实现必定会不可避免地牺牲其他的目标。[①] 如果在反垄断法坚持价值一元或绝对价值，就不会存在经营者提出（实质）抗辩的可能，经营者能够提出正当理由抗辩恰恰是对价值一元论的否定。但是，价值多元论则意味着人们关于反垄断法存在不同的意识形态和主张，进而产生价值冲突。这也就要求，从价值维度界定正当理由必须协调价值冲突。换句话说，正当理由抗辩规则

---

① Isaiah Berlin, *Four Essays on Liberty*, London: Oxford University Press, 1969, p. 168.

是反垄断法价值衡平的结果。因而，正当理由的"正当性"判断逐渐转化为"合理性"判断，也即在反垄断法价值目标多元化且无高低排序之分的情况下，必须从"合理"角度判断经营者行为的正当性。"合理性"判断的意义更多的是框架性的，为判断经营者行为的正当性提供更多契机，凡是符合自由、公平、效率等反垄断法价值要求的行为因素都具有获得正当理由抗辩的机会，或者属于正当理由范畴。

而从事实维度界定正当理由的思路与价值维度完全不同。价值维度强调正当性判断的主观性，起源于道德哲学；事实维度则强调正当性判断的客观性，滥觞于实证科学。价值维度是规范意义的，要求行为满足"人们在相互关系中应怎样合乎道德地行事的共识"[①]；事实维度则是经验意义的，它要求从经验科学的客观性和价值中立性对行为正当性作出判断。因此，从事实维度界定正当理由则需要分析滥用市场支配地位经营者行为存在的客观事实与理由。反垄断法领域普遍采用的经济分析方法就很好体现了这一点。经济分析将正当理由的界定导向经营者市场活动的成本与收益比较，凡是产生经济效益的行为则获得相应的合理性评价。

## 二、正当理由抗辩

正当理由抗辩表达的是经营者提出正当理由的方式或程序。因此，本书"抗辩"概念指的是程序法意义上的抗辩制度，与作为和请求权相对的民事实体法意义上的抗辩（权）有所不同。狭义的抗辩，专指民事诉讼中被告防御原告指控的方法，与反驳的含义相当；但是从广义上讲，抗辩概念的外延显然已不仅仅局限于民事诉讼范围。在行政执法程序、仲裁以及诉讼程序中，凡被指控一方提出反驳意见的程序

---

① 迈克尔·曼：《社会权力的来源》第一卷，刘北成、李少军译，上海人民出版社2002年版，第30页。

均可称之为"抗辩"。尤其是反垄断法，反垄断法实施程序多样，既包括行政执法程序，又包括诉讼程序，在诉讼程序中既包括由当事人提起的诉讼，也包括由反垄断执法机构提起的诉讼。因此，经营者有权就不同程序中的垄断指控提出抗辩。从某种意义上讲，提出抗辩是经营者维护自身利益必不可少的权利。例如，在垄断协议规制程序中，经营者可提出反垄断法抗辩；在经营者集中规制程序中，经营者可针对垄断指控提出效率抗辩；而在滥用市场支配地位规制程序中，经营者除就滥用市场支配地位行为构成提出抗辩之外，还可以提出正当理由抗辩。应当说，抗辩权利为经营者对抗反垄断规制提供了程序保障，而之所以赋予经营者通过抗辩程序而不是其他途径提出正当理由，主要源于以下几点考虑。

一是经营者属于滥用市场支配地位规制的对象，他在案件中的角色定位决定了抗辩程序的适用。无论是行政执法程序还是诉讼程序，经营者都是受指控一方，对方提出的一系列事实与证据无一例外，都指向经营者行为违法。而作为受指控一方，维护自身权利的形式包括否认、反驳与抗辩。正当理由属于证明经营者行为合法的重要事实，提出行为具备正当理由显然属于抗辩的范畴。因而在案件中，正当理由只能由经营者提出，并通过抗辩的程序呈现。虽然经营者提出抗辩理由的正当性最终要由反垄断执法机构或者法官来判断，但很难要求他们能够主动指出经营者行为存在哪些正当理由。因为就反垄断执法机构而言，它作为规制主体，不可能有发现垄断性为正当理由的动机；就法官而言，司法中立与司法被动的原则决定了他不可能干预到经营者行为正当理由的发现活动中去。

二是正当理由信息分布不对称。由于正当理由是从经营者的市场活动中呈现并抽象出来的，因而，经营者自身才是正当理由信息的占有者、支配者。相反，无论是执法机构、法官还是对方当事人，都对正当理由信息无从得知。而且，从证明责任角度而言，正当理由证据距离被告更近，因而由经营者承担举证责任更为方便。有学者指出，证明责任的分配取决于对一个或多个因素的衡量，其中"方便""公平"就是其衡量因素。不仅如此，"有关争点的事实独为一当事人所熟知时"，则该当事人应当就此负担证明责任。[①] 在就正当理由提出的方式进行选择时，有必要考虑正当理由信息距离当事人的远近。正当理由事实存在于被告从事涉嫌滥用市场支配地位的主客观因素中，因而由经营者提出正当理由抗辩进而证明该事实才是合理的安排。

三是现代当事人主义诉讼模式也决定了正当理由应当由经营者提出。在传统的职权主义诉讼模式下，法官在诉讼程序进行、实体权利处分以及案件事实调查取证等方面都具有主动权，即便经营者不提供行为正当理由，法官也会基于"公平合理"的精神探求案件的实质公正。而在当事人主义诉讼模式下，法院秉持"你给我事实，我给你法律"的原则，当事人的主张、反驳与否认，必须由自己提供证据材料予以证明，否则将面临败诉风险。因此，在当事人主义诉讼模式下，经营者必须积极地提出正当理由抗辩以维护自身实体和程序权利。

正当理由对于排除经营者行为违法至关重要，并且只有经营者通过抗辩的方式提出正当理由才是现实的途径。而紧接着这个问题的疑问是，正当理由抗辩在何种情况下成为必要。一般而言，滥用市场支配地位的规制程序包括行政程序和司法程序。行政程序指的是由反垄断执法机构通过决议或决定的方式对经营者违法行为作出认定、纠正以及处罚。司法程序则是指反垄断执法机构或者受害人就经营者违法行为向法院提起诉讼。滥用市场支配地位规制的行政程序包括调查、处罚、听证等程序。在不同的阶段，经营者都可能会提出正当理由抗辩。在调查程序阶段，反垄断执法机构主要任务在于搜集垄断行为可能违法的信息，并且有权进入经营者场所或者要求经营者提供相关信

---

[①] 约翰·W. 斯特龙主编：《麦考密克论证据》，汤维建等译，中国政法大学出版社2004年版，第651—652页。

息。此时，经营者已经面临违法指控的危险，经营者有必要向执法机构提交证明自身行为正当的事实材料，以便执法机构作出更为全面的判断，避免悬在头顶的指控之剑落在自己头上。如果执法机构认定垄断行为违法就会作出相应的处罚决定，而在处罚决定作出前，经营者仍有机会通过听证程序提出正当理由抗辩。例如，根据《欧共体条约第81条和第82条竞争规则实施条例》第27条之规定，包括经营者在内的相关各方的辩护权应当在听证程序中得到充分尊重，在委员会作出垄断行为违法决定前，委员会应当给予程序所针对的企业或者企业协会就委员会已表示异议的事宜表达意见的机会。为此，经营者可通过听证程序全面阐述自身行为的正当理由并提出相关事实与证据。除此之外，正当理由抗辩还发生在后续行政程序或诉讼程序中。虽然这两个程序都是经营者提出，但其本质还是对反垄断执法机构的指控不满而进行抗辩。

除了在行政程序中提出正当理由抗辩，经营者还可以在司法程序中抗辩对方当事人指控而提出正当理由。司法程序与行政程序的不同之处在于裁判中立性。在行政程序中，无论经营者的违法证据还是行为正当理由证据，最终都要取决于反垄断执法机构的认定，作为与经营者对立的规制主体，反垄断执法机构的中立性会受到较大质疑。而司法程序则与此不同，法官对于两造并无偏袒动机，无论经营者行为是否具有正当性，只要经营者提出正当理由抗辩，法官都会进行审查并作出中立判断。因而，司法程序对于正当理由抗辩的实施效果会更好。所以，目前各国反垄断执法机构的准司法性越来越强，程序规范性也越来越严格，目的就在于能够公正地对待经营者的合理诉求。

### 三、正当理由抗辩之限定

没有抗辩就没有讼争，就像一方持矛一方持盾的战争，如果丧失盾牌的保护，战争将发生一边倒的结局。因此，抗辩应当是受指控一方的基本权利，抗辩在滥用市场支配地位规制中是个普遍现象，凡是存在指控的地方就存在经营者抗辩。滥用市场支配地位行为如果构成违法，至少要具备四项要件：经营者具有市场支配地位；经营者从事了滥用行为；行为损害竞争；行为不具有正当理由。而对于每项构成要件，经营者都可以提出抗辩。首先，经营者不具有市场支配地位。由于市场支配地位的认定涉及经营者市场份额以及相关市场竞争状况、纵向一体化能力、经济实力以及技术条件、市场壁垒等多种因素，经营者很容易就上述因素作出抗辩。况且，界定相关市场是所有竞争类型分析的起点，市场支配地位的认定先从界定相关市场开始，因此，经营者从相关市场界定就可以提出抗辩。其次，经营者可以就滥用行为的具体形式提出抗辩。例如，掠夺性定价以经营者定价低于成本为前提，而所谓"成本"是社会平均成本还是企业边际成本，是短期成本还是长期成本，这在理论上仍然有较多纷争，因此，经营者可以就成本的认定进行抗辩，使反垄断执法机构在滥用行为界定时就处于被动境地。再次，经营者还可以就行为的竞争效果作出抗辩。例如，经营者可以提出，竞争者并未因为策略行为而退出市场，或者市场进入并未受到严重影响。最后，经营者还可以提出自身行为具有正当理由，阻却反垄断执法机构对滥用市场支配地位行为的认定。

由此可见，经营者有多种抗辩滥用市场支配地位规制的理由，并伴随规制形成相应的抗辩体系。而正当理由抗辩就是这一体系的重要一环，也即正当理由是经营者众多抗辩理由的一种。不过，对于正当理由抗辩的外延，理论界存在的一些观点则值得商榷。例如，肖江平教授认为，对于"正当理由"，至少可以从主体、主观方面、行为后果和认定程序等方面进行考察。其中，主体要件的正当理由至少包括经营者是否适格、市场支配地位是否存在，以及适用除外能否适用。主观方面的正当理由则包括行为"被动性"。行为程序的正当理由包括反垄断执法机构的程序错误和瑕疵。行为后果方面的正当理由则需要从

"提高效率、增进公平、维护竞争"等三个方面来考虑。①按照这一说法，不仅在实体上，而且包括程序上的抗辩，凡是能为经营者所提出的抗辩理由都纳入了正当理由抗辩的范畴。但是笔者认为，将正当理由与所有的抗辩理由混同的认识并不恰当。正当理由抗辩的外延应当予以限定，不宜作扩大解释。

首先，正当理由抗辩的符号化意义要求对其外延作出限定。从形式上讲，"正当理由抗辩"具有明显的符号意义，它代表了各国反垄断法中滥用市场支配地位抗辩的一种抗辩形式。而这一抗辩规则与反垄断法其他制度是严格分开的。按照肖江平教授的观点，可以纳入滥用市场支配地位正当理由抗辩范畴的因素实际整合了适用除外制度、豁免制度以及滥用市场支配地位违法阻却抗辩制度。但是这些制度内容和法律后果不尽相同，将这些不同的制度杂糅到正当理由范畴难免会产生制度抵牾。适用除外制度主要产生于产业政策法或者其他法律与反垄断法的抵触，基于产业保护等目的，在其他部门法中可能会出现允许垄断的现象，对此，反垄断法予以除外适用。因此，其他法律法规对垄断的保护可以成为垄断行为抗辩的理由。豁免制度主要适用于垄断协议和经营者集中规制，在认定某些垄断行为违法的前提下，基于这些行为在效率、创新等方面的突出表现而给予其豁免反垄断法责任的待遇。而正当理由抗辩则发生在滥用市场支配地位行为违法性认定过程中，也就是说，滥用市场支配地位正当理由可以作为阻却行为违法的要件。虽然适用除外制度、豁免制度也可能适用于滥用市场支配地位规制，但它们与正当理由抗辩规则的功能完全不同，不宜混同。②

---

① 肖江平：《滥用市场支配地位行为认定中的"正当理由"》，《法商研究》2009年第5期，第88—96页。
② 在此还可以列举一项制度范例来说明正当理由抗辩与豁免制度的区别。南非《竞争法》第二章前两部分分别规定了垄断协议、滥用市场支配地位两种垄断行为。其中第二部分在规制滥用市场支配地位时强调行为若存在"正当理由"，则不构成滥用市场支配地位。同时，在本章第三部分对垄断协议、滥用市场支配地位又规定了豁免。由此可以直观地看出正当理由抗辩与豁免的差异。

其次，正当理由抗辩的结构化意义要求对其外延作出限定。前文曾经提到，正当理由抗辩应当是滥用市场支配地位抗辩体系中的一环。之所以作出这样的判断，取决于滥用市场支配地位的规制结构。学者们对于滥用市场支配地位的规制结构虽然认识不尽相同，但总的思路大同小异。例如，王晓晔教授认为，规制滥用市场支配地位，应当按照相关市场、市场支配地位、行为滥用这三个步骤进行。其中认定滥用市场支配地位行为不仅要求行为"严重损害竞争，甚至排除竞争"，而且要求"这种排他不具有正当性或合理性"。[①] 王先林教授认为，"抗辩"是规制滥用市场支配地位的重要步骤，其中王教授所界定的抗辩就是指行为客观合理性抗辩和效率抗辩。[②] 叶高芬教授则通过分析违法价格歧视行为的认定，确定了实施主体、客观表现、行为后果与抗辩理由四个构成要件在内的既定框架，其中抗辩理由就是指正当理由抗辩。[③] 从不同学者的分析可以看出，正当理由抗辩与市场支配地位认定、滥用行为界定、行为后果判定并列，属于滥用市场支配地位规制结构的重要组成部分。但是如果将经营者关于市场支配地位认定、滥用行为界定以及行为后果判定的抗辩与正当理由抗辩混同，那么，正当理由抗辩将在滥用市场支配地位规制结构中丧失独立地位。这也背离了滥用市场支配地位规制形成的既定框架。因此，限定正当理由抗辩的外延也是尊重滥用市场支配地位规制结构的合理选择。

最后，限定正当理由抗辩的外延也是学术研究的需要。一方面，市场支配地位认定、滥用行为界定以及行为后果判定的研究都呈现大量的学术成果，并形成较为成熟的理论和方法。相比之下，正当理由抗辩在滥用市场支配地位的研究中尚属空白领域。因此，将正当理由

---

[①] 王晓晔：《〈中华人民共和国反垄断法〉析评》，《法学研究》2008年第4期，第71—74页。
[②] 王先林：《论滥用市场支配地位行为的法律规制——〈中华人民共和国反垄断法（草案）〉相关部分评析》，《法商研究》2007年第4期，第16页。
[③] 叶高芬：《认定违法价格歧视行为的既定框架及其思考》，《法商研究》2013年第6期，第115页。

抗辩在滥用市场支配地位抗辩体系中独立出来进行专门研究能够集中精力解决学术中的突出问题，而不必再对已有大量研究成果的市场支配地位认定、滥用行为界定以及行为后果判定进行重复论证。另一方面，如果将经营者关于市场支配地位认定、滥用行为界定以及行为后果判定的抗辩纳入正当理由抗辩，也不会产生新的知识。例如，反垄断执法机构通过市场集中度方法认定经营者具备市场支配地位，而经营者抗辩也不过是就自己的市场份额作出不同解释。但就本质而言，反垄断执法机构的指控与经营者抗辩不过都是市场集中度方法的反复适用，而这并不会产生知识增量。

### 四、正当理由抗辩之功能

功能是法所固有的功用和性能，是法的天然的和内在的属性。[1] 因而，研究一项法律规则的功能可以拓展认识范围和深度，从而对其内涵产生更为深刻的认识。正当理由抗辩作为滥用市场支配地位规制的重要规则，一方面具有规范性和周延性，能够在反垄断法规则体系中合理地将经营者抗辩事由纳入正当理由范畴；另一方面它还具有开放性和包容性，吸纳伦理、经济与社会因素作为经营者抗辩理由正当性判断的依据。根据这一区别，可将正当理由抗辩的功能区分为形式功能与实质功能。按照韦伯（Max Weber）的说法，法的"形式"指追求"最高度的形式上的法律精确性，从而使得正确预测法律后果和程序理性系统化的机会最大化"，而法的"实质"则与此相反，其目标在于"发现一种最适合当局通达权变和道德目标的法律类型"。[2] 因此，正当理由抗辩的形式功能就在于维持规则的稳定性、确定性和预测性；

---

[1] 周旺生：《法的功能和法的作用辨异》，《政法论坛》2006年第5期，第112页。

[2] 马克斯·韦伯：《经济与社会》（第二卷上册），阎克文译，上海人民出版社2010年版，第945页。

而实质功能则在于协调规则与现实的冲突,为规则的适用而展现对社会生活的开放与包容。因此,正当理由抗辩功能的发现、发掘和利用一方面可促使立法者作出有利于法律规则功能实现的制度安排;另一方面也可以为法律规则的实施提供有效的注解与指引。

### (一)形式功能

正当理由是个具有高度抽象性的概念,这就保证正当理由抗辩规则面对变动不居的现实生活能够维持规则的规范性和周延性。一方面,正当理由抗辩规则与其他法律规则、法律原则具有协调性。在解释正当理由概念时离不开对法律价值和目的的关照。正如法学家耶林(Rudolf von Jhering)所言,寻求目的是法学的最高任务,反垄断法价值与目的是解释正当理由的首要根据。而正当理由概念的抽象性使得反垄断法价值与目的能够自由嵌入正当理由内涵,何谓"正当理由",不过是对其作出符合反垄断法价值与目的的解释。同时,正当理由概念虽然具有抽象性,但并非具有任意混淆规则界限的特权。这也就意味着,正当理由抗辩的形式功能能够保证反垄断法规则体系的安宁与稳定。这使得正当理由抗辩规则置身反垄断法规则体系,与豁免规则、适用除外规则以及滥用市场支配地位其他抗辩规则区分开来,进而实现反垄断法的精确性和预测性。

另一方面,正当理由抗辩的形式功能还能保证这一规则的周延性。正当理由概念的抽象性虽能保持规则的稳定性,但不可避免地造成了适用难题。因而,立法者往往通过类型化的方式对正当理由作出进一步解释。例如,关于掠夺性定价的正当理由,《禁止滥用市场支配地位行为规定》就将其划分为三个类型和一个兜底条款,主要涉及因商品性质特殊而可以低于成本销售的情形。[1] 这种类型分析一方面方便了正

---

[1] 参见《禁止滥用市场支配地位行为规定》第15条,该条主要涉及鲜活商品、时令商品、临期商品以及其他特殊商品的低价销售。

当理由抗辩规则的适用，但另一方面也不可避免地存在挂一漏万或者以偏概全的问题。而解决这一问题无疑要依赖正当理由抗辩的形式功能。虽然立法者列举了若干正当理由类型，但并未否定现实生活中仍存在其他正当理由类型的可能性。这就保证了正当理由抗辩规则的周延性，如有法定类型之外的正当理由类型，只要具备正当性要求都可以纳入正当理由抗辩的范畴。

**（二）实质功能**

除了法律的指引，经营者的竞争行为往往遵从经济规律或者受到商业伦理、道德的约束。正当理由抽象性的另一个功能就是使正当理由抗辩规则保持开放性和包容性，经济、伦理、道德等法外因素得以构成正当理由的内涵。因而，实质功能实际起到沟通正当理由抗辩规则与社会意识的渠道作用。在实质功能的指引下，滥用市场支配地位抗辩理由的正当性不仅仅源于反垄断法的自治，法外因素也能成为论证正当理由的依据。

实质功能的首要表现就是引导正当理由抗辩从规则到生活，从"纸上的法"到"活法"的转变。无论在理论上有多么周延，抑或在规则上多么精致，正当理由抗辩规则所要解决的突出问题就是能否适用于社会生活。社会生活中的经营者行为动机多元，也并非完全出于排挤竞争对手的目的。社会生活中的经营者行为形态多样，也并非与反垄断法所规定的滥用市场支配地位类型完全一致。如果不加区别地忽视经营者行为可能存在的合理性，那么，正当理由抗辩规则脱离社会生活将始终是镜花水月。因而，正当理由抗辩规则不能是僵化教条，它必须具有回应性，通过提升法律之外因素的地位以更多地回应社会生活需要。

实质功能还表现为引导正当理由抗辩规则从封闭走向开放。现实生活变动不居，确定性不再是法律的唯一属性，甚至在一些情况下确定性反而导致法律保守倾向，难以追及社会生活的脚步。因此在这种情况下，法律规则不能在封闭的自我循环论证中求得自治，它必须向法外因素开放，包容经济、伦理以及道德因素进入。法外因素进入规则体系并非是要取代法律控制社会的模式，而是在法律规则的形式外衣下填充内容与方法。其中，内容指的是确定经济、伦理以及道德可以作为正当理由抗辩的依据；方法则是指通过目的解释将正当理由概念置于社会背景之下。应当说，正当理由抗辩规则的开放性能够缓和规则确定性与现实生活变动性的冲突，增强规则的适用性。

## 第三节 正当理由抗辩之渊源

### 一、正当理由抗辩的国内法表达

滥用市场支配地位正当理由抗辩的直接渊源体现在我国《反垄断法》第22条之规定。[1] 该条规定了垄断高价、垄断低价、掠夺性定价、拒绝交易、独家交易、搭售以及差别待遇等行为的规制条件。从上述条文不难看出，除兜底条款外，《反垄断法》所列举的滥用市场支配地位行为类型无不附加"不公平""不合理"以及"没有正当理由"等条件。鉴于"正当"概念的内涵能够包容"公平""合理"等含义，因此，对于《反垄断法》规定的滥用市场支配地位类型可以理解为欠缺"正当理由"的行为。因此，如果经营者能就滥用市场支配地位抗辩提出正当理由抗辩，显然可以阻却行为的违法性认定。

《反垄断法》虽然提出了经营者正当理由抗辩规则，但是正当理由

---

[1] 参见《反垄断法》第22条规定，该条主要涉及垄断价格行为、搭售、拒绝交易、独家交易以及差别待遇等行为的规制。

的具体内涵尚缺乏明确规定。对此，国家市场监管总局出台了《禁止滥用市场支配地位行为规定》，提出分析正当理由类型的原则和经营者正当理由抗辩的具体类型。鉴于这部分内容较为分散、繁杂，笔者采取列表方式将相关内容予以呈现，参见表2：

表2 《禁止滥用市场支配地位行为规定》关于正当理由的规定

| 法条 | 行为 | 正当理由类型 | 认定原则 |
|---|---|---|---|
| 第14条 | 超高/低定价 | （一）销售价格或者购买价格未明显高于或者明显低于其他经营者在相同或者相似市场条件下销售或者购买同种商品或者可比较商品的价格；<br>（二）销售价格或者购买价格未明显高于或者明显低于同一经营者在其他相同或者相似市场条件区域销售或者购买商品的价格；<br>（三）在成本基本稳定的情况下，未超过正常幅度提高销售价格或者降低购买价格；<br>（四）销售商品的提价幅度未明显高于成本增长幅度，或者购买商品的降价幅度是否明显高于交易相对人成本降低幅度；<br>（五）需要考虑的其他相关因素。 | （一）有关行为是否为法律、法规所规定；<br>（二）有关行为对社会公共利益的影响；<br>（三）有关行为对经济运行效率、经济发展的影响；<br>（四）有关行为是否为经营者正常经营及实现正常效益所必须；<br>（五）有关行为对经营者业务发展、未来投资、创新方面的影响；<br>（六）有关行为是否能够使交易相对人或者消费者获益。 |
| 第15条 | 掠夺性定价 | （一）降价处理鲜活商品、季节性商品、有效期限即将到期的商品和积压商品的；<br>（二）因清偿债务、转产、歇业降价销售商品的；<br>（三）在合理期限内为推广新商品进行促销的；<br>（四）能够证明行为具有正当性的其他理由。 | |
| 第16条 | 拒绝交易 | （一）因不可抗力等客观原因无法进行交易；<br>（二）交易相对人有不良信用记录或者出现经营状况恶化等情况，影响交易安全；<br>（三）与交易相对人进行交易将使经营者利益发生不当减损；<br>（四）能够证明行为具有正当性的其他理由。 | |

续表

| 法条 | 行为 | 正当理由类型 | 认定原则 |
|---|---|---|---|
| 第17条 | 限定交易 | （一）为满足产品安全要求所必须；<br>（二）为保护知识产权所必须；<br>（三）为保护针对交易进行的特定投资所必须；<br>（四）能够证明行为具有正当性的其他理由。 | （一）有关行为是否为法律、法规所规定；<br>（二）有关行为对社会公共利益的影响；<br>（三）有关行为对经济运行效率、经济发展的影响；<br>（四）有关行为是否为经营者正常经营及实现正常效益所必须；<br>（五）有关行为对经营者业务发展、未来投资、创新方面的影响；<br>（六）有关行为是否能够使交易相对人或者消费者获益。 |
| 第18条 | 搭售或附加不合理条件 | （一）符合正当的行业惯例和交易习惯；<br>（二）为满足产品安全要求所必须；<br>（三）为实现特定技术所必须；<br>（四）能够证明行为具有正当性的其他理由。 | |
| 第19条 | 差别待遇 | （一）根据交易相对人实际需求且符合正当的交易习惯和行业惯例，实行不同交易条件；<br>（二）针对新用户的首次交易在合理期限内开展的优惠活动；<br>（三）能够证明行为具有正当性的其他理由。 | |

《反垄断法》保护特定垄断行业经营者的垄断地位，但是经营者如果滥用其"控制地位或专营专卖地位"[①]（即垄断地位）也会受到《反垄断法》规制。因此，在一些行业立法当中也存在对经营者滥用市场支配地位的规制。并且无一例外，正当理由抗辩规则也与上述规制相伴而行。例如，《中华人民共和国电信条例》第41条规定，电信业务经营者不得"无正当理由拒绝、拖延或者中止对电信用户的电信服务"；第42条规定，电信业务经营者不得"对其经营的不同业务进行不合理的交叉补贴"。由此看来，经营者从事拒绝交易、交叉补贴等滥用市场支配地位行为同样以行为"无正当理由"或者"不合理"为条件。这与《反垄断法》的规制思路一脉相承。又如，《中华人民共和国电力法》（以下简称《电力法》）第22条规定，电网经营者不得拒绝电力生

---

① 参见《反垄断法》第8条。

产者的入网要求,但电力品质必须达到相应要求;该法第 29 条规定,供电经营者不得无故停止服务,但特殊情形除外,这些除外情形包括电力设备修整等。这两条规定从正面强调了供电企业不得拒绝交易的义务,但同时,如果电力生产企业并网运行不符合国家或行业标准,或者存在"供电设施检修、依法限电或者用户违法用电等原因"[①],供电企业的拒绝交易行为就获得了正当性。

由于我国出租车行业实施数量管制、费率管制以及标准管制,因而,各大城市出租车行业市场结构基本属于寡头垄断状态。因而为防止经营者由结构垄断转化为行为垄断,立法规定出租车经营者不得拒绝交易。但是,在一些特殊情况下,具备垄断地位的经营者有权实施拒绝交易行为。例如,《出租汽车经营服务管理规定》第 27 条规定,乘客的特殊要求可能危及出租车司机安全,司机有权拒绝服务。

## 二、正当理由抗辩的域外法表达

### (一)美国反垄断法中的正当理由抗辩

《谢尔曼法》是美国乃至世界第一部反垄断法,滥用市场支配地位在《谢尔曼法》中被称为"垄断"或者"企图垄断"。对于滥用市场支配地位的规制体现在《谢尔曼法》第 2 条,该条规定,"任何人垄断或者企图垄断,或与他人联合、共谋垄断州际或与外国间的商业与贸易,是严重的犯罪"。但是由于《谢尔曼法》规定简单、概念抽象,并未形成垄断规制的一般原则和方法。正如谢尔曼议员所期待的,他希望法院根据普通法精神和"人类经验"适用该法。由此看来,国会在制定该法时也没能设定明确的适用原则。相反,垄断规制的原则是在司法实践中逐渐形成,特别是在"标准石油公司诉美国案"中,形成了影

---

① 参见《电力法》第 29 条。

响至今的合理原则。在阐明著名的"合理原则"含义时,法院接受了被告的观点:《谢尔曼法》并不谴责合理的商业行为。[①]虽然该案被告标准石油公司由于从事非法限制贸易,并在州际和国际石油贸易中攫取非法垄断地位而遭遇败诉。但是怀特法官在本案中适用的合理原则分析方法却垂范至今,并成为滥用市场支配地位正当理由抗辩的渊源所在。

在"标准石油公司诉美国"一案中,怀特法官先明确了自英国普通法以来的关于垄断和企图垄断等概念的确切含义和法律原则。他进而指出,反垄断法所禁止或认为非法的协议或行为是对竞争状况不合理的限制。紧接着他提出,无论协议或者行为的性质特征还是相关背景都要证实这一结论:"立法目的并不排除具有合理性的私人利益和对贸易的发展。"[②]怀特法官认为,垄断是企业发展的高级形式,是一个自然发展的结果,政府对此干涉不仅不符合经济规律还侵害了私人财产权。而且就后果而言,许多垄断实际提高了生产效率,降低了价格,并增加了就业。因此,《谢尔曼法》的立法目的应当是禁止阻碍贸易发展的不合理行为。那么为保护竞争和贸易自由,法院应当使用一种"理性的标准"判断立法所规定的商业行为。归纳怀特法官的观点,我们可以得出三点要义。其一,所有的贸易限制包括垄断和企图垄断并不能被一概视为非法,要以"理性的标准"将其划分为合理的和不合理的。其二,按照怀特法官的观点,垄断的本质取决于对垄断意图、垄断后果以及公共利益的判断。因此,不合理的垄断必然具有损害公众和限制个人权利的意图,具有限制贸易流通和契约自由的后果,并且损害社会公共利益。那么这种判断就是"理性标准"或者"合理原则"。其三,在判例法上,怀特法官将合理原则确定为界定垄断违法性

---

[①] 欧内斯特·盖尔霍恩等:《反垄断法与经济学》,任勇等译,法律出版社2009年版,第170页。

[②] Standard Oil Company of New Jersey v. United States, 221 U. S. 1 (1911).

的实质性标准,确定为分析垄断行为的一般方法;同时怀特法官还提供了判定违法的合理分析要素。

值得注意的是,从判例法中衍生出的合理原则与本书所讨论的经营者正当理由抗辩规则并非完全一致。合理原则更多是为垄断和垄断行为分析提供了一种框架,包括经营者主体、行为以及后果都是合理原则分析的内容;但正当理由抗辩规则建立在现代滥用市场支配地位规制构成划分的基础上,它仅仅是合理原则关照下的一项精致规则。但无论如何,合理原则仍是滥用市场支配地位经营者正当理由抗辩的最早出处。而诞生合理原则的"标准石油公司诉美国"一案无愧在反垄断史上具有里程碑意义。

由于《谢尔曼法》中的规定过于原则,部分垄断行为在1914年出台的《克莱顿法》受到更为明确的规制。其中,正当理由抗辩的内容与程序更是首次得到立法承认。《克莱顿法》第2条规定,直接或间接的排除竞争价格歧视行为是非法的。[1]但是在大部分情况下,价格歧视与价格差异在形式上并无任何区别。并且,在现实生活中存在形形色色的价格歧视,很多情况下也不过是经营者的促销策略。因此,《克莱顿法》对于一些不限制竞争的价格歧视给予合法待遇,构成正当理由抗辩的主要内容。一是《克莱顿法》不限制那些因制造、销售、运输成本不同所做的合理补贴。二是一些商品交易基本不存在采购大量商品的购买者,因而经营者往往给予这样的购买者以价格优惠。这是因为购买者存在规模优势,无疑能够降低交易成本,因此,经营者的价格优惠不过是合理的让利行为。对此,联邦贸易委员会认为,可设定一定的数量标准,准许经营者按照数量标准设定差别价格。因而《克莱顿法》并不限制超过联邦贸易委员会规定的数量标准的数量差异所准许的差价。三是《克莱顿法》不限制销售商在真正的私人财产交易

---

[1] 参见《克莱顿法》第2条(a)款。

中不限制贸易地挑选客户。四是《克莱顿法》不限制随市场条件变化而产生的价格变化,也不限制容易变质腐烂的商品、司法扣押品以及停业中善意的销售商品。除此之外,《克莱顿法》还规定了经营者提出抗辩的程序和步骤。该法第2条(b)款规定,被诉经营者负有根据歧视的公正性证据初步立案进行辩驳的责任,经营者可以提出低价是出于自身成本的合理化控制,或者是为了应对竞争对手的竞争的原因。

应当说,《克莱顿法》对价格歧视的规定也同样适用于掠夺性定价等垄断行为,并且《克莱顿法》并未将价格歧视行为一概视为非法,而是为正当理由抗辩提供了充分的条件。因此,该法是滥用市场支配地位正当理由抗辩规则的重要渊源。值得一提的是,美国对价格歧视的规制还体现在《罗宾逊-帕特曼法》,鉴于该法与《克莱顿法》关于价格歧视的规制基本一致,笔者在此就不再赘述。

**(二)欧盟反垄断法中的正当理由抗辩**

欧盟关于滥用市场支配地位的规制体现在《欧盟运行条约》[①]以及实施该条约的现代化一揽子方案。其中,《欧盟运行条约》第102条严格控制滥用市场支配地位行为,但该条规定除此之外并无规定正当理由抗辩规则,这反映了欧盟对滥用市场支配地位的严厉态度。话虽如此,以一项法律规则的完整性为评价标准,立法者不可能不为违法行为的抗辩提供制度依据。于是,在《适用欧共体条约第82条执法重点指南》中,欧盟委员会提供了正当理由抗辩的完整内容与程序。该指南出台的目的在于为欧盟委员会决定是否追究各种形式的排他性行为,以及企业更好评估其行为是否将受到委员会的干预而提供明晰的分析框架。在这一框架中,欧盟委员会明确提出了滥用市场支配地位行为

---

① 其前身为《欧共体条约》,规制滥用市场支配地位的原《欧共体条约》第82条现为《欧盟运行条约》第102条。

客观必然性和效率抗辩的内容与方法。

欧盟委员会先提出，受指控经营者可能会证明其行为是客观必要的，或者其行为产生的效率大于对消费者产生的反竞争效果。因此，在依据《适用欧共体条约第82条执法重点指南》执法时，委员会应当对受指控经营者所提出的行为正当性主张予以调查，并对涉案行为是否必要以及是否与垄断行为所追求的目标相称进行评估。同时，委员会还提出，受指控经营者负有提供证明其行为客观合理以及具有效率的证明责任。由此看来，经营者据以抗辩的正当理由被划分为客观必然性和效率。

关于客观必然性的认定，委员会指出，应当以外部因素为基础进行确定。例如，排他性行为可能由于与产品性质有关的健康和安全原因而被认为具有客观必要性。但是，这类行为的客观必要性必须以政府为正常履职而制定的健康和安全标准为依据。也即所谓健康和安全的认定必须由政府部门完成，经营者无权依照自己的判断，封锁与其产品相比被正确或错误地认为是危险或劣质的产品。

关于滥用市场支配地位效率，委员会认为，经营者应当提供充分的证据或者效率具有足够的可能性。因此，委员会规定，效率抗辩应当满足下列条件。一是经营者行为已经或者可能实现效率，包括产品品质方面的技术进步，或者降低生产和分销的成本。二是为实现上述效率，经营者行为不可或缺。如果存在能够产生同样效率却具有更低限制竞争效应的可替代行为，那么经营者的效率抗辩也不会成立。三是经营者行为产生或可能产生的效率应能够弥补相关市场中竞争者和消费者的福利损失。四是经营者行为方式并未清除所有或大部分实际或潜在竞争者并排除有效竞争。因为委员会认为，竞争对手和竞争过程的保护比效率本身更为重要，维系、创建或者加强市场地位的排他性行为通常不能以其也创造效率为理由进行抗辩。

总的来看，欧盟关于正当理由抗辩的规定较为严格，经营者提出抗辩理由受到严格的控制和约束，尤其是对于效率，欧盟虽然认可效率的正当性，但持审慎态度。这是因为从《欧盟运行条约》的宗旨来看，建立统一的欧盟市场是包括竞争立法在内的所有法律的目标，而实现市场统一的唯一手段就是保护竞争，包括竞争者和竞争过程。因为在欧盟市场内部，各国产业基础和工业能力有强弱之分。如果一味地强调效率将导致弱肉强食，这将导致各国重新竖起贸易藩篱，建立统一市场的愿景也将成为泡影。所以，在讲求民主色彩的欧盟，实施正当理由抗辩应当更加注重行为的竞争促进作用而非仅仅是效率。

### （三）其他国家或地区反垄断法中的正当理由抗辩

目前，世界上有近百个国家或地区制定了竞争法典，除了反垄断立法与实践相对发达的美国和欧盟外，滥用市场支配地位正当理由抗辩规则在其他国家或地区立法也有体现。例如，德国《反限制竞争法》第19条禁止经营者滥用市场支配地位，但对规制也附加一定的条件，在形式上体现为"无实质性正当理由"[1]。另外，该条款情形之（4）虽然未出现"无实质性正当理由"用语，但通过但书规定否定了拒绝交易行为非法性的条件，也即经营者"能够证明因为运营条件或者其他原因导致网络或其他基础设施的共同使用不可能或者不可期待"。同时，该法第20条对歧视、不公平阻碍等行为也给予正当理由抗辩的机会，经营者如有正当理由，其行为将不构成滥用。由此可见，在德国，滥用市场支配地位行为以"无实质性正当理由"为构成要件，因而经营者可以据此实施抗辩。

俄罗斯《关于商品市场竞争与限制垄断活动的俄罗斯联邦第948-1号法》对正当理由抗辩的规定体现在两个方面。一是在具体行为类型中规定"无正当理由"作为滥用市场支配地位构成要件。例如该法

---

[1] 参见德国《反限制竞争法》第19条。

第 5 条第 1 款规定，禁止从事"无正当理由地要求转让金融资产、其他财产、产权、人力"以及"无正当理由地拒绝就该商品与特定购买者缔结供货合同"等行为。二是设置概括性的正当理由抗辩条款。该法第 5 条第 2 款规定，"在特殊情况下，若经济实体能证明其行为的积极效应，包括在社会经济范围内的积极效应大于对特定商品市场的负面影响"，则被指控为滥用市场支配地位的行为将被视为合法。

韩国《垄断规制与公平交易法》也对滥用市场支配地位行为附加"不合理""无理"以及"不公平"等要件。该法第 3 条第 2 款规定，具有市场支配地位经营者不得实施下列行为：不合理地制定、维持或变更商品或服务价格；不合理地控制商品销售或提供服务的行为；无理干涉其他经营者业务活动的行为；无理妨碍新竞争对手参与竞争的行为；以不公平方式排挤参与竞争的经营者，进行交易或严重损害消费者利益的行为。韩国滥用市场支配地位正当理由抗辩与我国类似，都面临着如何解释"合理""公平"等正当理由概念。与之类似，我国台湾地区《公平交易法》第 10 条也以"不公平""无正当理由"等概念排除滥用市场支配地位的非法性。但是"公平""正当理由"的内涵及类型，各国立法并未作出进一步解释。

除了上述国家或地区，以英国为首的原英联邦国家对正当理由抗辩也提供了有效的规则指引。例如，英国《竞争法》第 18 条对搭售的规制强调搭售的非法性源于该行为不符合"合同性质或商业惯例"。南非《竞争法》第 8 节规定了排他性行为的正当理由：经营者能够证明其行为促进技术、效率或其他有利于竞争的效果超过对竞争造成的破坏。同时该法第 9 节也规定了价格歧视正当理由类型，包括成本合理化、应对竞争、情势变更、处理特殊商品等。马来西亚《竞争法》第 10 条首先禁止滥用市场支配地位，但同时又规定，"本条并不禁止处于支配地位的经营者采取具有合理商业理由的任何措施，或者对竞争对手的市场进入或市场行为采取合理的商业反应"。

## 三、正当理由抗辩的规范形式

法治要求规则的统治，同时，规则必须具备形式规范性和构造合理性才能实现善治。为实现《反垄断法》确定、合乎逻辑的规范经营者行为，正当理由抗辩规则应当在形式和内容上具备合理性。当然，由于各国法律传统、市场环境存在差异，正当理由抗辩规则的规范形式也有所不同。

根据我国《反垄断法》第22条规定，从结构上分析，如果将正当理由视为P，将滥用市场支配地位视为Q，并且在具备其他条件情况下，我国滥用市场支配地位正当理由抗辩规制结构呈现为"非P，则Q"的逻辑形式。由此看来，非P（没有正当理由）是Q（滥用市场支配地位）的构成要件。应当说，此种立法例并非我国独有。例如，德国将"无实质正当理由"作为认定滥用市场支配地位的要件[1]；日本以"不正当""不公正""不公平"作为私人垄断行为违法的条件[2]；韩国认定滥用市场支配地位也以行为"不合理""无理""不公平"为条件[3]；其他国家如巴西、俄罗斯、瑞典等也都作出了相似规定[4]。其他国家或地区，有的虽然没有直接以"没有正当理由"（No-Reason）否定滥用行为的合法性，但是在法律实践中，执法机构仍然需要考虑经营者行为的正当性。[5] 欧盟委员会也在《适用欧共体条约第82条执法重点指南》第28段中强调经营者行为的客观必要性和实质性效率需要委员会予以评估。

正当理由抗辩规则在另外一些国家立法中则表现为"若P，则非

---

[1] 参见德国《反限制竞争法》第19、20条。
[2] 参见日本《禁止私人垄断及确保公平交易法》第2条第9款。
[3] 参见韩国《垄断规制与公平交易法》第3条第2款。
[4] 参见巴西《反垄断法》第21条、俄罗斯《保护竞争法》第10条、瑞典《竞争法》第19条。
[5] 参见 United Brands v. Commission of the European Communities, Case 27/76 [1978] ECR 207, Para. 184。

Q"的逻辑形式。也即，立法者先通过概括性条款规定滥用市场支配地位的构成 Q，然后再通过"但书"规定否定 Q 的正当理由条件 P。经营者因而可依但书规定提出正当理由抗辩。例如在美国，经营者实施价格歧视是非法的。但如果价格歧视是由于"制造、销售、运输成本不同"而作出的补贴，或者是因对方交易数量有别而采取的价格差别，抑或是交易涉及私人财产、市场条件发生变化、易腐烂商品、司法扣押品以及停业中的商品销售，那么该行为就不涉及非法。[①] 也就是说，经营者行为满足上述条件 P，则不构成价格歧视 Q。瑞士《联邦反卡特尔和其他竞争限制法》第 8 条也规定，若因"有力的公共利益理由"，则具有市场支配地位的经营者的违法行为可申请联邦委员会批准。南非《竞争法》第 8 节也规定滥用市场支配地位的行为若能"促进技术、效率或其他有利于竞争的效果"，则该行为不被视为非法。马来西亚《竞争法》第 10 条第 3 款也规定，处于支配地位的经营者采取的具有合理商业理由的措施或者对竞争者采取的合理商业反应并不受禁止。

正当理由抗辩规则的两种逻辑形式规定了不同的事实判断程序。在两种逻辑形式下，正当理由抗辩的程序启动、当事人证明责任分配以及法律后果都明显不同。首先，在"非 P，则 Q"的逻辑形式下，滥用市场支配地位规制程序主导权掌握在指控者一方，经营者则是在被动防御中提出正当理由抗辩；而在"若 P，则非 Q"的逻辑形式下，制度直接赋予经营者防御指控的权利，正当理由的提出是经营者主动启动抗辩程序的体现。其次，在"非 P，则 Q"的逻辑形式下，缺乏正当理由是认定经营者违法行为的法律要件，因而必须由指控者证明。这使得反垄断法的适用相对审慎，但由于掌握"正当理由"的信息劣势，执法机构很难发现案件事实。因而，实践中往往对正当理由的证

---

① 参见美国《克莱顿法》第 2 条 (a) 款、《罗宾逊-帕特曼法》第 1 条 (a) 款。

明采取举证责任倒置,交由经营者举证。但是实践中的"变通做法"显然与立法规定存在抵牾。而在"若 P,则非 Q"形式下,正当理由抗辩规则成为经营者抗辩指控的权利妨碍规范,自然应当由经营者负担正当理由证明责任。虽然通过经营者信息上的优势能够使裁判者掌握正当理由事实,但是也"激励"了经营者创造更多于己有利的"理由"。在执法机构或者裁判者处于信息劣势的前提下,经营者提供的正当理由事实也并非真正的案件事实。但好在两种逻辑形式在价值判断上保持了一致,那就是经营者行为在反垄断法价值多元化背景下有可能是合理的,而合理的理由可能源于《反垄断法》内在价值与规则的统一,也可能来自外部经济、社会的现实需求。这种价值判断使得正当理由规则能够在"形式"和"实质"①上都满足合理性要求。从而保证滥用市场支配地位规制不至出现偏颇。最后,两种逻辑形式的法律后果也不相同。从逻辑上讲,"非 P,则 Q"并不能推导出"若 P,则非 Q",这也就是说,经营者提出正当理由抗辩也并不一定产生排除滥用市场支配地位非法的后果。但是在"若 P,则非 Q"的逻辑形式下,只要经营者提出正当理由抗辩(除非正当理由在实体上没有被确认),就一定会产生排除滥用市场支配地位非法的后果。

另外,值得一提的是,两种逻辑形式关于正当理由的立法表述也不尽相同。由于"非 P,则 Q"在语词上对正当理由加以否定性前缀,因而,正当理由概念本身却模糊化了。综观采取这一形式的立法,极

---

① 这里主要借鉴韦伯关于法的形式合理性和实质合理性的划分。按照韦伯及其追随者的解释,人类历史上的法律可以划分为形式的不合理的、实质的不合理的、形式的合理的和实质的合理的四种类型。其中,"形式"可被认为是决定所采用的判断标准内在于法律制度之中,"实质"则表明决定的裁判标准来自于经济、社会、伦理道德等法外因素。而"合理性"(rationality)也称为"理性"意味着决定遵循的某些判断标准适用于所有类似案件,并因此衡量制度所采用的规则的一般性和普遍性。参见马克斯·韦伯:《论经济与社会中的法律》,张乃根译,中国大百科全书出版社 1998 年版,第 60 页;Dvaid M. Trubek, "Max Weber on Law and the Rise of Capitalism", *Wisconsin Law Review* 3, 1972。

少有对正当理由具体类型进行列举的规定。相反，在"若P，则非Q"的逻辑形式中，正当理由则是必须要明确的概念，否则，经营者提出的抗辩将缺乏明确的指引。因此，采取这一形式的立法无不列举正当理由的具体类型。总的来看，两种逻辑形式因应了不同国家反垄断立法的特点，但从便于经营者提出正当理由抗辩的角度而言，"若P，则非Q"的逻辑形式无疑具有更大优势。[①]

---

[①] 杨文明：《滥用市场支配地位规制中的正当理由规则研究》，《河南财经政法大学学报》2015年第5期，第115页。

# 第二章 滥用市场支配地位规制中的正当理由抗辩理论基础

## 第一节 正当理由抗辩价值论

价值问题是从古希腊贯穿至今都不断被研究、不断有争议的话题。人们之所以乐此不疲,就在于价值关乎人心向背,关乎制度应然,关乎人类的共同理想。从形而上学的角度解释价值,其内涵主要体现在两个方面。[①]一是人学观念形态的价值内涵。一方面,人因创造性而追求理想,通过人生设计、预测以及行动获得目的论意义上的价值;另一方面,人类生活本身也是有意义的,也即现实生活创造出的存在意义。二是作为社会文化观念形态之内涵。它是指某一特定社会的政治、经济与文化所共同指向的社会价值目标。这一层面的价值萌生于道德、伦理与文化的孕育,代表了社会集体的意识形态。因此,法律作为一种社会控制方式,它首先贯彻了人类价值目标,其次它还是人类共同理想的实现工具。因而在价值的指引下,法律实现了目的性与工具性的统一。因此,有学者指出,法的目的或使命是价值问题所关注的核心,法的价值具有自足性,为法律本身所固有,它表明法律的意义所

---

① 万俊人:《论价值一元论与价值多元论》,《哲学研究》1990年第2期,第33页。

在。而且只有法律实现其固有目的，那么它才是有价值的。[①]

从价值的内涵来看，正当理由抗辩以价值立论有两层含义。一方面，正当理由抗辩规则必然体现人类追求理想的目的。特别是在市场经济条件下，维护市场自由、公平竞争、追求经济效率，应是市场主体的共同理想。反垄断法作为调节市场结构、行为与绩效的"经济宪法"，自然承担着上述价值，正当理由抗辩就是实现上述价值的重要规则之一。另一方面，价值的实现需要选择合适的规则，因此，正当理由抗辩需要不断调试以应对价值的多元化与冲突，并作出符合市场经济主体共同理想的规则安排。

## 一、价值多元论：正当理由抗辩的立论基础

价值多元论意味着人类对存在意义不同的认识和对生活目的的不同选择。它最早源于对人类宗教生活经验的探讨。韦伯曾总结，希腊人时而向阿芙罗狄蒂献祭，时而向阿波罗献祭，所有的人又都向其城邦的诸神献祭，今日之情形也如出一辙。[②] 古希腊的多神论现象实际反映了价值来源多元化这一信念。古希腊人所尊奉、崇尚的最佳生活状态"是一种崇尚许多各不相同并有时相互冲突的价值源泉的生活"[③]。虽然在经验上，人类生活表现为价值多元化，但不同民族、社会以及团体却并未表现出对自己以外人群价值的尊重与宽容。历史上的宗教迫害、征伐就足以证明这一点。于是洛克（John Locke）在《论宗教的宽容》中强调，一个真正的基督徒的品格，应是以仁慈、善良、谦恭、

---

[①] 张骐：《价值共识与法律合意——从法的价值看宪政的意义与条件》，载北京大学法学院编：《价值共识与法律合意》，法律出版社 2002 年版，第 13 页。

[②] 马克斯·韦伯：《学术与政治》，冯克利译，生活·读书·新知三联书店 1998 年版，第 39 页。

[③] 约翰·格雷：《自由主义的两张面孔》，顾爱彬、李瑞华译，江苏人民出版社 2002 年版，第 4 页。

关爱之心对待人类,包括非基督徒。[1]这是因为每个人都坚信自己的信仰为"真"、为"善",但是通向天堂的路只有一条,而解决办法唯有宽容。而宽容即意味着对多元价值的认可。因此,近代意义上的价值多元化先从宗教生活的转变开始。

及至现代,伴随理性主义的增长,人类意识领域已然"除魅","人神揖别"后的价值领域不可避免地呈现"诸神之争"。人类的现实生活不可避免地出现这样的事实:人类的目标是多样的,它们并不是可以公度的,而且它们相互之间往往处于永久的敌对状态。[2]在伯林(Isaiah Berlin)看来,人类生活面临着两难困境:"在某些特定情形下,是不是要以牺牲个人自由作为代价来促进民主?或者牺牲平等以成就艺术,牺牲公正以促成仁慈,牺牲效率以促成自发性,牺牲真理与知识而促成幸福、忠诚与纯洁?"[3]因此,人类的现实生活不仅面临着"善"与"恶"的冲突,还不得不受到"善"与"善"张力的困扰。而这一问题在伯林看来并没有完美的解决方案。伯林不得不遗憾却笃定地指出,"不存在无缺憾的完备性世界"。伯林的论断触及了"人类社会根本制度设置的合理性问题"。[4]伯林建议:"少一些弥赛亚式的热诚,多一些开明的怀疑主义,多一些对特异性的宽容,在可预见的将来特别地多一些达到目标的方法,为那些其趣味与信念(对错姑且不论)在多数人中很难找到共鸣的个体或少数人实现他们的目的多留出一些空间。"[5]实际上,韦伯也提出了这一问题,"那些最高贵的终极价值观,已从公共生活中销声匿迹,它们或者遁入神秘生活的超验领域,

---

[1] 洛克:《论宗教宽容》,吴云贵译,商务印书馆1982年版,第12页。
[2] 以赛亚·伯林:《自由论》,胡传胜译,译林出版社2003年版,第244—245页。
[3] 以赛亚·伯林:《自由论》,胡传胜译,译林出版社2003年版,第47页。
[4] 张国清:《在善与善之间:伯林的价值多元论难题及其批判》,《哲学研究》2004年第7期,第75页。
[5] 以赛亚·伯林:《自由论》,胡传胜译,译林出版社2003年版,第102页。

或者进入了个人之间直接的私人交往的友爱之中"[1]。因此，价值多元化导致了公共领域与私人生活的分野。在公共领域，强调唯一的价值目标将不合时宜，公共部门也应当遵守价值中立，否则社会将遁入法西斯式的生活体验。韦伯继续批判道，假如我们忽视价值多元这一基本命题，那么无论何种信仰占据了统治地位，它只会是"一些不堪入目的怪物"。结果，我们所认为的绝对真知或者所笃信的某种信仰"只会是狂热的宗派，而绝对不会是真正的共同体"[2]。伯林和韦伯在这里都强调了价值多元化背景下的行为准则，那就是拒绝绝对价值在公共生活的实践，相反，公共生活应当保持价值多元、价值宽容与尊重。

归结起来，价值多元化的理论要点主要集中在以下几个方面。[3]第一，价值多元化是作为规范体系事实结构的描述而被提出。它是对该结构的真理性表达，而非要描述何谓价值的不同解释而产生的困惑。所以，价值多元化不容混淆于情绪论、非认知论以及休谟（David Hume）对道德命题理性地位的反对意见。第二，价值多元化不同于相对主义。哲学的反思支持一般经验所反映的：审慎合理地区分好与坏或者善与恶。价值多元化的地位举足轻重，拯救生命还是无辜流血，都是它评估体系客观结构的一部分。第三，在基本善的领地外，尚存在大量真正的善。而它们在性质上完全不同且不能被简化为一般的价值尺度。并非所有的善都是道德（即便穷尽这一术语可能的意义）。第四，这些性质有别的价值并不能完全按照等级排列，没有一种至善能够对所有人拥有合理的优先等级。这并不是说个人围绕一个单一占主导地位的善而组织自己的生活就是不合理的，而只是说，如果一个人

---

[1] 马克斯·韦伯：《学术与政治》，冯克利译，生活·读书·新知三联书店1998年版，第48页。

[2] 马克斯·韦伯：《学术与政治》，冯克利译，生活·读书·新知三联书店1998年版，第48页。

[3] William A. Galston, *Liberal Pluralism: The Implications of Value Pluralism for Political Theory and Practice*, New York: Cambridge University Press, 2002, pp.30-31.

扩展他所认为的"善"的范围，或者将其强加给与其观点不同的人，那么，这一做法将缺乏合理基础。第五，"没有一种善或价值，抑或是善或价值的组合，在指导行动时具有任何情况下压倒一切的地位。即使 A 在多数标准下证明比 B 更崇高，但也不妨碍存在 B 比 A 更为紧急的特殊情形，在这种情况下，给予 B 更为优先的地位或许是合理的选择"[①]。

反观反垄断法，其理论思想与制度实践，无不打上价值多元化的深深烙印。从历史上看，围绕反垄断法的价值，学术界的争议就不曾断绝。归结起来，学者们的讨论主要集中于效率、公平与民主理念。1966 年，博克法官在《谢尔曼法的立法目的与政策》一文中强调，该法制定者唯一关注的就是新古典经济学家所说的"配置效率"（allocative efficiency）。[②] 持相同观点的还有波斯纳法官，他认为，反垄断法唯一目标就是追求经济福利，而判断商业行为是否与经济福利相一致的经济原则就是经济学家的效率概念。[③] 因此，归根结底，在波斯纳法官看来，效率才是反垄断法的唯一价值目标。主张效率价值的学者主要来自芝加哥学派，其学术观点的立论无不出自自由主义理念，他们强调效率来源于市场自由，市场具备自我调节的能力，主张减少政府干预。其他学者对此并不认同，例如，宾夕法尼亚大学施瓦茨教授认为，尽管反垄断法"保护竞争而非竞争者"似乎已成为无可辩驳的信条，但因为"正义"目标，反垄断法有时需要保护竞争者。国会通常对商业行为的"正义"或者公平更为关切，但并未明确提出过效率概念。[④] 联邦贸易委员会官员兰德（Robert H. Lande）证明，"《谢

---

[①] William A. Galston, *Liberal Pluralism: The Implications of Value Pluralism for Political Theory and Practice*, New York: Cambridge University Press, 2002, p.31.

[②] Robert H. Bork, "Legislative Intent and the Policy of the Sherman Act", *Journal of Law and Economic* 9, 1966.

[③] 理查德·波斯纳：《反托拉斯法》，孙秋宁译，中国政法大学出版社 2003 年版，第 44 页。

[④] Louis B. Schwartz, "'Justice' and other Non-Economic Goals of Antitrust", *University of Pennsylvania Law Review* 127, 1979.

尔曼法》的立法历史完全没有关注配置效率"，托拉斯和垄断之所以被定罪，是因为它们从消费者那里"不公平"地攫取财富。[1]这部分学者主要强调了反垄断法保护竞争者以及消费者的目标，从更深层次讲，是出于维护"正义"和"公平"价值的目的。而在霍温坎普（Herbert Hovenkamp）看来，《谢尔曼法》的立法者并未形成一个清晰的"效率"概念，而认为立法者们的目标定义为配置效率或者"分配性的"，也是搞错了年代。对《谢尔曼法》而言，无论是配置效率还是消费者福利转移理论，都与事实不符。因为该法制定前后的经济史表明，美国社会产出大幅增加，而消费价格指数大幅下降。即便备受指责的标准石油公司，在1880—1890年间，其精炼石油价格下降了61%，产出却增加了4倍。因此，立法者大概不会想用《谢尔曼法》去干预蓬勃发展的市场。霍温坎普认为，真正的事实是《谢尔曼法》应小企业请求而制定，因为更有效率的大企业损害了小企业利益，人们害怕私人"庞大"（bigness）以及由此产生的政治权力。因为美国人的理想是"任何企业都能进入市场、凭本事进行竞争的市场经济"，而标准石油公司这样的庞然大物表明，只有大企业才能生存下去。因此在霍温坎普的论证中，反垄断法的真正价值在于维护人们的民主理念。[2]

反垄断法价值上的学术争议实际反映了价值多元化这一深刻命题。除了理论上的纷争扰攘，这一命题的实践表征也非常丰富。从历史维度看，反垄断法的价值目标并非一成不变。美国早期反垄断法主要是为了防止大企业寡占市场权力，形成经济独裁。正如谢尔曼参议员主张对垄断予以立法禁止时的陈述，"我们不能屈从于一个君主，我们也不能屈从于一个贸易上的独裁者，享有排除竞争和固定任何商品价格

---

[1] Robert H. Lande, "Wealth Transfers as the Original and Primary Concern of Antitrust: The Efficiency Interpretation Challenged", *Hastings Law Journal* 34, 1982.

[2] 赫伯特·霍温坎普：《联邦反托拉斯政策：竞争法律及其实践》，许光耀等译，法律出版社2009年版，第51—55页。

的权力"。但是到 20 世纪 70 年代,经济领域的政府管制和严格的反垄断执法已然损害了经济效率,市场创新也受到影响。因而在芝加哥学派的影响下,反垄断领域的执法更加倾向于对效率的维护。在 20 世纪 60 年代风起云涌的消费者运动使得消费者保护也被纳入反垄断法价值体系,因而,商业行为引起的消费者财富转移受到关注并被禁止。及至进入新经济时代,创新活动对于效率的提高和消费者福利增加都大有裨益,因而,创新价值也成为反垄断执法中不容忽视的因素。

从地域维度看,不同国家受到自身文化传统和社会结构的影响,赋予反垄断法的价值目标也有所差异。毫无疑问,美国的反垄断立法在世界独领风骚,其维护效率、公平与消费者福利的理念已被人们熟知。如果拿英国和美国相比的话,英国势力庞大的保守主义以及固守的自由主义使得英国在美国立法 50 年后才出现竞争法。除此之外,世界尚有反垄断法的欧盟模式、俄罗斯模式、日韩模式、发展中国家模式等,加拿大、澳大利亚在反垄断立法方面也有其独特价值。总的来看,欧盟对竞争秩序以及共同市场的保护要甚于经济效率。而在转型的俄罗斯,防止国有部门或者自然垄断部门的非理性行为是其反垄断立法的首要目标。在东亚的日韩,其产业政策长期压制竞争政策,因而在战后很长一段时间,反垄断法臣服于促进经济发展的目标。实际上在发展中国家包括中国,促进经济发展无疑成为反垄断立法的正当性基础。"它究竟会帮助还是阻碍我们国家的发展?"这一问题是发展中国家和新兴国家反垄断法能否赢得支持的关键。[①]

无论是学术上的理论争议还是各国不同的制度实践,都印证了反垄断法价值多元化这一命题。而究其本质,价值多元化实际上是反垄断规范体系事实结构的真理性表达。人们不同的价值主张则代表了规

---

① 戴维·格伯尔:《全球竞争:法律、市场和全球化》,陈若鸿译,中国法制出版社 2012 年版,第 178 页。

制机构、垄断企业、竞争者、消费者等不同主体的利益主张。规制机构通常以维护公平竞争之名对具备市场支配地位的经营者的商业行为给予否定性评价；而经营者通常以正当理由抗辩的方式回应规制。反垄断法制定正当理由抗辩规则，本身就是对价值多元化的制度回应。第一，反垄断法允许经营者提出自己的价值主张，并给予其正当性评价的可能性，经营者得以在程序上以抗辩的方式表达自己的利益诉求；第二，反垄断法坚持价值多元化，避免价值一元论带来意识形态上的独裁，给经营者澄清商业行为目的提供了机会，符合现代民主理念；第三，反垄断法规定正当理由抗辩规则实际也是在为价值多元化带来的价值冲突寻找出路。

## 二、冲突与协调：正当理由抗辩的价值衡量

由于价值多元论强调不同价值之间的不可通约、不能排序、无法相容。因此，价值领域将毫无意外地出现"诸神之争"，价值冲突不可避免。例如在反垄断法领域，公平与效率矛盾、自由与秩序抵牾的现象比比皆是。为保护竞争公平，反垄断法通常规制交易中的差别待遇。但很多情况下，差别待遇往往与交易对方的规模有关。为发挥规模经济效应，降低交易成本，差别待遇可能在所难免。为实现市场更广范围的经营自由，规制机构不得不对经营者的某些行为予以禁止。但这在形式上限制了个人契约自由甚至侵犯了财产权，那么在价值上，个人自由与社会集体自由难道有优劣之分？

更为严重的是，彻底的价值多元论按照其逻辑发展将导致价值相对主义和价值虚无主义。因为多元价值无法调和，将导致每个价值在自己的领地"称王"，每个人也将只服从自己的君主，这将回到古希腊人类敬奉诸神的时代。另一项不可预知的后果就是，多元价值无法说服对方，结果就是价值无用，终将走向价值虚无主义。对此，施特劳

斯（Leo Strauss）切中肯綮，他认为，在价值多元背景下，唯有宽容才符合"理性"。因为不同的价值间不可避免地存在矛盾，而在各种矛盾中，人们很难获得关于"善"的真正认识。退而求其次，我们只得彼此容忍对方的信仰与价值追求，这样关于"善"就会产生多种认识。在宽容的态度下，人们不是否定彼此的价值观，而是将自己的价值观建立在承认他人价值观的基础上。"每一种偏好，只要它能容忍别的偏好，它就具有合理的或自然的权利。……一旦走出了这一步，宽容对许多人而言就成了一种价值观或者理想，本质上并不比它的对立面更优越。"①

当然，价值多元论者不可能放任价值相对主义和虚无主义带来的毁灭性后果，但是伯林并不认为有完备的规则和公正的秩序以协调价值冲突，他最多承认采取宽容的理念对待不同的价值。在此之后，不少学者提出了解决价值多元化悖论，缓解多元价值冲突的理论。先是罗尔斯（John Rawls），他试图为不可公度的多元价值构造可彼此容纳的正义规则。在名著《正义论》中，他开宗明义："正义是社会制度的首要价值，正像真理是思想体系的首要价值一样。一种理论，无论它多么精致和简洁，只要它不真实，就必须加以拒绝和修正；同样，某些法律和制度，不管他们如何有效率和有条理，只要它们不正义，就必须加以改造或废除。每个人都拥有一种基于正义的不可侵犯性，这种不可侵犯性即使以社会整体利益之名也不能逾越。"②罗尔斯强调"正义"的首要价值，也就为多元价值的冲突树立了标杆。正义超然于其他价值，它公平地对待其他所有价值并对价值冲突作出裁量。

不久，诺齐克（Robert Nozick）也阐明了自己关于解决价值冲突的正义原则，其立论基础是权利（持有）。诺齐克强调，这些权利是如此

---

① 列奥·施特劳斯：《自然权利与历史》，彭刚译，生活·读书·新知三联书店2003年版，第5页。
② 约翰·罗尔斯：《正义论》，何怀宏等译，中国社会科学出版社1988年版，第1页。

有力，以至于有些事情任何个人或团体都不能做，否则将侵犯他人权利。对于权利（持有），"如果所有人对分配在其份下的持有都是有权利的，那么这个分配就是公正的"①。那么对于如何判断一个人是有权利的，诺齐克给出了权利获取、转让的正义原则和矫正不正义的原则。②权利正义原则注重权利的历史演变，因而它是一个历史原则，权利是否正当依赖于它是如何演变过来的。它在回答"这一持有正义吗？"这一问题前，应当先问"这一持有是怎么来的？"。正义的历史原则坚持认为：人们过去的环境或行为能创造对事物的不同权利或应得资格。③因此，在诺齐克看来，权利是解决价值纷争的关键节点，任何在价值上具有正当性的行为也不能剥夺具有正当性的权利。因而，在这一权利理论中，政府应当越小越好，以保持对个人权利的尊重与谦卑。而权利的正当性来源于历史，而非"即时"的后果分析。因此，人们应当尊重历史，一个权利来源正当的行为应当受到保护，相反，一个缺乏权利来源的行为即便具有良好社会效果也不会获得正当性评价。

与诺齐克一样，20世纪著名法哲学家德沃金（Ronald Dworkin）也以权利作为分析价值冲突的起点。只不过，在德沃金的理论体系中，价值冲突转化为权利冲突，更多地表现为群己之争和义利之辩。在《认真对待权利》一书中，德沃金是在功利主义批判的基础上提出自己的权利理论。简明地讲，功利主义就是追求大多数人利益的实用主义哲学。对个人而言，功利主义就是追求个人利益最大化；对国家而言，

---

① 罗伯特·诺齐克：《无政府、国家与乌托邦》，何怀宏等译，中国社会科学出版社1991年版，第157页。

② 如果世界是完全公正的，下列的归纳定义就将完全包括持有正义的领域：1.一个按照符合获取的正义原则获得一个持有的人，对那个持有是有权利的；2.一个符合转让的正义原则、从别的持有拥有权利的人那里获得一个持有的人，对这个持有是有权利的；3.除非是通过上述1与2的（重复）应用，无人对一个持有拥有权利。

③ 罗伯特·诺齐克：《无政府、国家与乌托邦》，何怀宏等译，中国社会科学出版社1991年版，第161页。

功利主义就是追求社会公共利益。因此，功利主义为国家追求政策目标而限制个人权利提供了支撑。以反垄断法为例，法律对个人或企业契约的限制、行为的禁止、权利的剥夺无不透露着功利主义的魅影，由于社会公共利益的存在，经营者的个人权利降低为"二等公民"的角色。对此，德沃金并不认同。德沃金对原则与政策进行了区分，政策通常"通过表明一项政治决定促进或保护了作为整体的社会的某些集体性目标"，而原则通常表现为对个人或群体权利的尊重与保护。政策与原则都是论证政治决定合理性的根据。例如，规制机构出于保护市场公平与秩序的目的而禁止经营者实施价格歧视，但是如果经营者的差别定价源于成本变化或市场波动，那么基于尊重和保护个人财产权和契约自由的原则，经营者的行为将获得允许。因此，"原则论证意图建立关于个人权利的论证；而政策论证则意图建立关于集体目标的论证。原则命题是描述权利的；政策命题是描述目标的"[1]。毫无疑问，德沃金作为个人权利的坚定支持者，他认为，个人权利应当受到更为优先的保护，而不能成为公共利益的牺牲品。"如果某人对某事享有权利，那么，即使否认这种权利符合普遍利益，政府否认这种权利也是错误的"[2]。他还指出，"社会的普遍利益不能成为剥夺权利的正当理由，即使讨论中的利益是对于法律的高度尊重"[3]。

学者们缓解价值矛盾、融通价值差异的种种努力为我们提供了协调价值冲突的有益思路。因此，面对反垄断法中的价值纷争时，我们不会再盲目地迷信什么绝对原则，也不会再陷入不同价值冲突的无休止纠缠中去。当然，更为重要的是，我们可以用更为深刻的眼光观察

---

[1] 罗纳德·德沃金：《认真对待权利》，信春鹰、吴玉章译，中国大百科全书出版社1998年版，第126页。

[2] 罗纳德·德沃金：《认真对待权利》，信春鹰、吴玉章译，中国大百科全书出版社1998年版，第352页。

[3] 罗纳德·德沃金：《认真对待权利》，信春鹰、吴玉章译，中国大百科全书出版社1998年版，第255页。

正当理由抗辩规则，发现其反映反垄断法价值多元化的印记，洞察其协调反垄断法价值冲突的功能。

就认识论而言，面对反垄断法领域的价值冲突应当形成如下三种理念。一是价值"平等"观。反垄断法中公平与效率的冲突、自由与秩序的矛盾，很大程度上源于不同主体对自己理想的过分坚守与张扬。而从人类生活的经验来看，每个价值都有值得尊重之处。因此，应当对多元价值保持"平等"观念，不对一种价值过分褒扬，也不宜对其他价值过分贬抑。尤其是国家立法和裁判机关，应当保持价值中立，而不能持有价值前见，以免作出对任何一种价值不利的决定。二是正义优先论。虽然彻底的价值多元论并不赞同在不同价值间进行等级排序，但正如罗尔斯所强调的，"正义是社会制度的首要价值"，对任何价值而言，正义毫无疑问具有首要地位。正义优先原则并非让正义价值在价值冲突中充当一方主体，实际上正义是超然于其他价值之上的基本原则。也即在正义的框架内讨论价值冲突与协调。正义在诺齐克和德沃金笔下转化为"权利"，这不过是赋予正义以实体内容。并且，当正义转化为权利，正义优先原则反而转化为最低限度的权利保留。但这并非让权利张牙舞爪侵犯其他价值的领地，相反，这里的权利是伯林口中的"消极的自由"，任何人不得侵犯他人的基本权利，哪怕以社会公共利益这样"崇高"的目标。所以，即便反垄断执法机构以公共利益为名剥夺经营者的自由也与法理不符。经营者的契约自由、财产所有权是对抗执法机构违法指控的正当理由。三是价值"辩证法"。唯物辩证法强调"一切以条件、地点和时间为转移"，价值冲突的解决也应当坚持这一观点。反垄断法价值演变的历史能够证明这一点，各国反垄断法律制度的不同价值追求也能证明这一点。美国著名政治哲学家盖尔斯敦（William A. Galston）总结道："没有一种善或价值，抑或是善或价值的组合，在指导行动时具有任何情况下压倒一切的地位。即使 A 在多数标准下证明比 B 更崇高，但也不妨碍存在 B 比 A 更为紧急的特殊情形，在这种情况下，给予 B 更为优先的地位或许是合理的选择。"[1]

就方法论而言，协调反垄断法领域的价值冲突应当秉持合理原则。秉持合理原则就是要充分尊重每个市场主体的价值理想和利益主张，不搞价值排序，为每个价值理想都保留合理的空间。因此，经营者可提供其商业行为的价值主张，在合理原则的框架下会受到应有的重视。正当理由抗辩就是合理原则的规则应用。秉持合理原则就是要坚持辩证和矛盾的眼光，多元价值无高低贵贱之分，但有轻重缓急之别。在具体案件中，因条件的差异，可能会出现此案偏重效率、彼案偏重公平的现象。合理原则的要义就是要具体问题具体分析，拒绝价值判断一刀切的盲目与僵化。秉持合理原则不是无原则地和稀泥，也不是无根据地放纵与妥协，而是存在适用的规范结构。合理原则建立在正义的基础上，任何违背正义、剥夺个人基本权利的行为都不属于合理原则协调的范畴。在此前提下，可引入功利主义思维，判断经营者行为得失，如果经营者行为创造了远大于其损害的效益，那么，其行为可以获得价值上的正当性。

## 三、选择与共识：正当理由抗辩的价值体系

正当理由抗辩的价值依据为何？这是在正视反垄断法领域价值多元化的现实，并在衡平不同价值冲突的前提下需要作出的选择。价值选择并不是件容易的事，它首先面临着规制机构（公权机关）的价值"强制"，公权机关极易将自己的意志强加给公众。其次，价值选择还面临不同主体间的价值冲突，协调价值冲突也是价值选择所不得不面

---

[1] William A. Galston, *Liberal Pluralism: The Implications of Value Pluralism for Political Theory and Practice*, New York: Cambridge University Press, 2002, p. 31.

临的困难。最后,价值选择也面临着主观与客观、意识与实践相统一的问题。也就是说,经过被迫接受或者平等对话最终达致的价值共识是来自理论的空想还是扎根于实践生活的土壤?[①]

面对这三个问题,价值选择的路径已依稀可辨。公权机关的强制型价值选择忽视了市场主体的价值主张,并且形成价值共识的方法也不符合现代民主理念,极易形成"价值独裁"。价值多元论的方法论之一就是要求平等对待不同主体的价值主张,"通过平等对话和商谈的正当过程达成合意以及共识、确保判断和决定不偏不倚、容许各种不同信仰和世界观的并存"[②]。因此,考夫曼(Arthur Kaufmann)评价道:"权威之思维(强制型价值选择。——笔者注)起始就使沟通成为不可能……(这种方式)并未切中哲学探讨的使命……哲学的目的是形成主体间的合意,并是在真理的含义上商谈。"[③]"主体间的合意"形成不可避免的依赖民主程序,应当说,民主程序是现代思想家对治价值冲突、展开平等对话、寻求价值共识的良方。无论是罗尔斯的正义原则还是哈贝马斯的商谈理论,最终都转向程序的视角。因此,季卫东先生评价:"当价值一元的状态不复存在时,程序就一跃而成为价值的原点。"[④]当然,仅有程序还远远不够。考夫曼提醒,"谁认为它(商谈理论。——笔者注)只是从纯程序中获得内容,谁就落败于自我欺骗"。也即,程序仅是保证取得价值共识的外在条件,而经验才是内容的主

---

[①] 这三个问题的提出得益于叶卫平教授的启发。叶卫平教授在《反垄断法价值问题研究》一书中将价值共识达成路径分为强制型的价值共识和资源型的价值共识。前者是指通过压制性手段而强行实现的价值融合,它包括意识形态的宣教和通过政权强制力所实现的价值整合;后者则是指在无压制状态下通过理性交往而实现的价值沟通和认同。参见叶卫平:《反垄断法价值问题研究》,北京大学出版社2012年版,第17—20页。

[②] 季卫东:《法律程序的形式性与实质性——以对程序理论的批判和批判理论的程序化为线索》,《北京大学学报(哲学社会科学版)》2006年第1期,第111页。

[③] 阿图尔·考夫曼、温弗里德·哈斯默尔主编:《当代法哲学和法律理论导论》,郑永流译,法律出版社2002年版,第23页。

[④] 季卫东:《法治秩序的建构》,中国政法大学出版社1999年版,第53页。

要来源。[①] 经验表达的是人们对价值共识的确信甚至是信仰。它是实践活动中，人们长久所尊奉的习惯，或者在经济活动中的约定俗成。将价值共识导向经验，表明价值主张如能获得人们的赞同，它必须是客观的、现实的。根据上述思路，笔者将正当理由抗辩规则的价值基础建立在自由、公平与效率等价值共识上。具体理由如下。

### （一）自由价值

对于自由的解释在19世纪末以降发生了变化。传统对自由的解释建立在个人独立于国家或政府，并免受公权侵犯的基础上。而后来伴随国家干预社会生活的大规模制度实践比如劳工立法、环境立法以及反垄断立法等，从社会整体福利出发渐渐成为自由的主要解释方法。我们通常将这两种解释方法称为个体主义和整体主义。在反垄断法领域，整体主义解释方法似乎已成为立法与法律实施的固定思维。比如，为维护整个市场的竞争秩序而禁止垄断经营者排除、限制竞争的行为；为维护消费者群体的选择自由而禁止市场一家独大；为维护更多经营者的经营权而防止市场过于集中。应当说，这种思维方式贯穿反垄断法研究者和实务人员的思维与实践。

从学术史来看，近现代个体主义解释先于整体主义解释，个体是整体的基础。从洛克开始，近代思想家就穷极智慧研究个人防患国家侵犯风险、追求独立自由的理论。及至现代，无论是罗尔斯、诺齐克，还是弗里德曼（Milton Friedman）、哈耶克（Friedrich August Hayek），无不将个人作为社会秩序建构的基础。在法学语境，个体自由表现为独立、意思自治以及契约自由等概念，这些概念远远早于国家干预、契约限制等话语。而正是个体自由过于张扬，才导致整体主义自由的

---

[①] 阿图尔·考夫曼、温弗里德·哈斯默尔主编：《当代法哲学和法律理论导论》，郑永流译，法律出版社2002年版，第23页。

出现。但它的出现带有弥补、修正的功能。

　　就市场经济的实践而言，经济自由是市场经济的发生装置，同时市场经济也构成经济自由的土壤。反垄断法根本上是要维护市场经济，因此，反垄断法从根本上也需要维护市场经济的发生装置——经济自由。从18—19世纪，整个社会上空飘荡的都是契约自由、意思自治等经济自由的旌旗。正是每个经营者能够平等的对话、自愿的交换，才达成一个个交易，最终万流归海构成我们所说的现代市场经济。市场主体在实践中经过反复的商谈活动，最终形成了一致行动的共识，那就是经济自由。

　　回过头来，我们需要重新审视反垄断法中整体主义自由观。正如诺齐克所重申的，判断经营者是否具备权利不应当妥协于功利主义的即时原则[①]，而应当追究权利的来源——每个人的自由（包括契约自由、意思自治与财产权）。由此可见，面对市场经济中的垄断者，只有赋予每个经营者更多的打破垄断的权利，才能克服市场失灵，实现有序的竞争秩序。另外一个方面，垄断规制机构通常被赋予强大的执法权力，可以直接干预经营者定价与交易。如果缺乏明确的权力边界和程序制约，难保规制机构以维护社会公共利益之名行侵犯经营者权利之实。但如果以自由为反垄断法实施基础，那么它就具备了制约公共权力的正当基础。同时自由价值的实现也依赖相应的程序规则，正当理由抗辩就是这样一种程序规则。它一方面应当以自由为价值依归，维护经营者的意思自治、契约自由与财产权；另一方面作为程序性规则，它还具有监督公权的价值。

---

① 即时原则指的是正义取决于现在是如何分配的，功利主义的即时原则指的是哪种方式产生更多福利，就是正义的。即时原则和诺齐克主张的"历史原则"并无优劣之分，只是即时原则不考虑权利的历史演变似乎有失偏颇。但不得不说的是，即时原则在现代正当性分析中占有重要地位。例如，反垄断法中，对经营者违法性的判断有所谓效果原则，也即如果经营者行为产生的积极效果远大于消极后果，那么它就是合法行为，最突出的就是经营者效率抗辩。

## （二）公平价值

现代社会中的法律对公平的追求，往往强调其"实质"内涵。也即打破法律形式主义的"伪装"，发现社会生活中主体之间的不同命运和实际地位，并依此作出保护弱者抑制强者的制度安排。昂格尔（Roberto Unger）评价国家干预社会生活的影响时强调，一方面，"在立法、行政及审判中，迅速地扩张使用无固定内容的标准和一般性条款"；另一方面，法律从"形式主义向目的性和政策性导向"转变，"从关注形式公正向关心实质公正转变"。[①] 因而，实质公平是包括反垄断法在内的现代法律制定和运行的重要价值依据。

在反垄断法中，实质公平价值的运用比比皆是。比如关于搭售行为，由于经营者经济地位强于消费者，因而出于实质公平的考虑，搭售行为不被允许；又如关于经营者低于成本定价，由于经营者属于市场的强势主体，中小竞争者对这样的行为吃不消，因而低于成本定价被认为具有掠夺性；再如关于经营者高于成本定价，由于经营者具备市场支配地位，那么高于成本的利润就被认为与垄断密切相关，因此，这部分利润应当公平地分配给消费者（即让利）。不难发现，实质公平理念的运用已成思维定式。但是笔者认为，日益娴熟地、不假思索地求诸实质公平已走向误区。

实质公平要求考量市场主体形式平等背后的实际经济地位，这一点与权利的"历史原则"颇为相似，但是实质公平的实际运用却又坠入"即时原则"或者说"结果原则"。笔者得出该论断的逻辑如下。无论形式公平还是实质公平，我们的分析思路都是线性的。就实质公平而言，先分析市场主体经济地位，然后作出抑强扶弱的决定。这一历史原则呈现"经济地位差异→抑强扶弱决定"的逻辑。但真正的历史

---

[①] 昂格尔：《现代社会中的法律》，吴玉章、周汉华译，中国政法大学出版社1994年版，第181页。

原则还要向前追溯：为何市场主体出现经济地位差异？这些原因可能包括经营者勤勉努力（生产效率高、创新、高投入）和天赋异禀（拥有关键资源、设施），也可能是政策保护、自然垄断，等等。如果对经营者经济地位强弱背后的原因不加分析，就不算是真正的"历史原则"。相反，经济地位的差异不过是前因的后果，如果仅仅关注这一点，实质公平也就异化为它自己所反对的"结果原则"。因此，真正的实质公平应当遵循"前因→经济地位差异→决定"的逻辑。

基于这一思路，我们再分析被视为垄断的经营者行为可能会有不一样的发现。经营者远高于成本的定价是否因为前期投入了大量的研发成本，而产品更新换代又非常快，基于收回投资成本的考虑，经营者的定价可能是合理的；经营者低于成本定价是否因为产品的节令性所致，抑或是推广新产品所需；经营者搭售产品是否出于推广新产品，抑或是研发成本过高需要消费者共同承担市场失败的风险；经营者采取差别待遇，是否由于交易对象无法满足经营者产品的技术要求和质量要求；如此等等。经营者行为背后的原因是需要认真考虑的，否则，仅凭经营者的经济地位差异就作出对其不利的反垄断决定表面符合实质公平要求，实则违背了实质公平价值的本旨。

### （三）效率价值

效率在传统的法学或者法哲学研究中并不占有重要地位，甚至早期思想家的话语体系中并无"效率"的一席之地。现在我们已经毫无怀疑地接受了效率价值在反垄断法中的地位，值得发问的是，它是如何进入反垄断法并成为其重要价值的？对此，一种观点认为，效率在美国反托拉斯法诞生之际就被确认为价值目标；另一种观点则认为，效率价值是伴随经济分析方法而进入反垄断法的。前者以博克法官为代表，他认为消费者福利是《谢尔曼法》决定性的价值而且应当被法院视为唯一价值，这一论断可以得到以下证据证明。"一是提出的议案

(《谢尔曼法》）以及相关辩论有若干明确的声明：反垄断立法的目的应当是消费者福利。二是国会预见的法律规则与任何非消费者福利价值不相符合。三是国会高度关注经济效率，它不能被反垄断法干预。反复强调的这一关注如此强烈以至于国会同意垄断本身是合法的，只要它的获得与维持仅仅出于更高的效率。四是将农业和工会组织也纳入反垄断法适用的例子表明，反垄断立法除了消费者福利，并未考虑其他价值。五是 1890 年美国的经济形势使得国会通过《谢尔曼法》授权法院从社会和政治角度全面回应。六是没有证据证明国会要求法院考虑非消费者福利价值。七是缺乏有力的证据证明反垄断法还应当容纳其他价值。"[1] 后一种观点则认为，反垄断法和其他法律的区别在于它所处理的主要问题——竞争——与经济学的产业组织中所处理的主要问题是一致的，这导致经济学中的思维习惯、分析方法和价值倾向逐渐在反垄断法发展和适用中占据了根本的位置。[2] 因此，在这种观点看来，效率价值进入反垄断法是"经济学帝国主义"扩张的表现。

上述观点都建立在相应史实基础上，应当说都具有充分的解释力。除此之外，笔者认为，效率价值进入反垄断法和个人追求幸福的体验以及市场经济发展也有关系。其实早在 19 世纪，边沁（Jeremy Bentham）就描述了人类避苦求乐的体验："自然把人类置于两位主公——快乐和痛苦——的主宰之下。……凡我们所行、所言、所思，无不由其支配……功利原理承认这一被支配地位，把它当作旨在依靠理性和法律之手建造福乐大厦的制度的基础。"他接着解释道，功利原理是指，它按照看来势必增大或减小的利益有关者之幸福的倾向，亦即促进或妨碍此种幸福的倾向，来赞成或非难任何一项行动。按照边

---

[1] Robert H. Bork, "Legislative Intent and the Policy of the Sherman Act", *Journal of Law and Economic* 9, 1966.

[2] Lawrence Anthony Sullivan, *Handbook of the Law of Antitrust*, 1977, p.1；转引自叶卫平：《反垄断法价值问题研究》，北京大学出版社 2012 年版，第 66 页。

沁的功利原理，凡是最大化幸福的行动都是合法的。这与后来的帕累托效率有异曲同工之妙，只不过在这里，边沁口中的"幸福""快乐"转化为效率、福利等规范词语。因而从本质上讲，人们追求福利最大化的行为不可谓不正当，其中，效率具备了评价人们福利（抑或是边沁口中的"幸福"）的工具价值。现代经济学普遍将效率划分为生产效率和配置效率，前者通常评价同一主体的投入产出关系，后者则评价生产剩余在社会成员间的分配。由于反垄断法主要关注市场主体的微观财富分配，因此配置效率在反垄断法中更有意义。配置效率也成为人们福利增减的评价标准，如果人们在经营者的商业行为中收获了福利，那么经营者行为就有效率，因而可获得正当性评价。

除此之外，现代国家经济发展以及国际竞争的需要也要求反垄断法将效率列为主要价值。一国经济的发展水平与规模经济效应密切相关，因而，各国政府也有意识地培育大企业并扶持其参与国际竞争，这些企业因具备效率价值而受到反垄断法另眼相看。从这个层面上讲，效率也具备反垄断价值的资格。

作为受到滥用市场支配地位指控的经营者也可以就其行为效率提出正当理由抗辩。欧盟在《适用欧共体条约第82条执法重点指南》条例中提出，"执行第82条（滥用市场支配地位）时，委员会将对占支配地位的企业提出的宣称其行为正当性的主张进行调查"，而正当性主张一般基于行为能够产生"实质性效率"。[1]而根据美国《知识产权许可的反托拉斯指南》，主管机构在判断限制行为具有反竞争效果的前提下，将会考虑该行为是否为达到促进"竞争效率"所必须。[2]

---

[1] Guidance on the Commission's enforcement priorities in applying Article 82 of the EC Treaty to abusive exclusionary conduct by dominant undertaking (2009/C 45/02), Para. 28.

[2] 参见美国《知识产权许可的反托拉斯指南》第4章第2节第1段。

## 第二节　正当理由抗辩经验论

在"经验"与"规范"的二元哲学之辩中，不少学者强调它们之间的冲突与非此即彼。[①] 例如，韦伯分析了价值多元化导致价值的放逐、归隐[②]，因而强调以价值为基础的规范证成难以可能，韦伯由此发展了经验的证成理论。就认识论而言，价值强调事物的先验性，也即正义、自由等价值早已存在于人的头脑，人们只需要借此建构世界。因而就方法论而言，价值哲学采用的是一种建构的、演绎的方法。建立在价值哲学上的法律规则也必然强调逻辑与形式。与此不同，经验则强调认识来源于人们的感知与体验，也即人们的认识来源于经验的总结，而经验的起点是"公理"，而"公理"是公众认可的原理，或无须论证的道理，实际上是被实践长期证明的和为公众普遍接受的真理。[③] 因此，经验哲学采用的是一种归纳的方法，而归纳方法面向过去，遵循历史的原则。因此，无论从认识论还是方法论，经验哲学都强调"习惯"的重要性，凡事遵循惯例、尊重事实是经验主义的核心思想。但同时需要注意的是，由于个体在知识构成、感知能力等方面存在差异，因而经验获得的知识或真理具有"弱势"意义，是"一般会如此""应该如此"的判断。[④] 所以，经验哲学尤其强调"具体问题具体对待"，实际上这一方法论与价值多元论的包容态度有异曲同工之妙，也即，并非决然的否定异于规范的人类行为，而是给予其充分的合理性判断空间。

---

[①] 笔者在此无意评价经验主义与理性主义在理论与方法上的纷纷扰扰，而主要是强调经验和价值对于本书讨论的经营者正当理由抗辩规则的建构具有重要的理论意义。因此，站在经验与价值调和的立场上，笔者将二者都作为本书立论的理论基础。

[②] 马克斯·韦伯：《学术与政治》，冯克利译，生活·读书·新知三联书店1998年版，第39—41页。

[③] 严存生：《西方分析法学的法与价值无涉观念剖析》，《金陵法律评论》2011年第2期，第58页。

[④] 严存生：《西方分析法学的法与价值无涉观念剖析》，《金陵法律评论》2011年第2期，第58页。

"法律的生命始终不是逻辑，而是经验"①，霍姆斯（Oliver Wendell Holmes）大法官的名言清晰地表达了经验在法律规则中的地位。霍姆斯的经验主义哲学立场，清晰地表达了与19世纪以来盛行的理性主义的决裂，并成为20世纪法律现实主义之滥觞。经验主义在法学上的集中体现就是判例法，判例法对于法律规则的理性建构并无太大兴趣，相反，它强调现实生活对于法律的解释意义。正如庞德（Roscoe Pound）在《普通法的精神》中所阐释的，人们的行为以及裁判活动的准则来源于"经验的理性原则"，法律并非由君王所创造，而是在批判历史经验的基础上形成，这就是普通法所尊崇的基本精神，其核心就在于尊重现实，尊重经验。②

可见，判例法的生命存在于经验当中，存在于现实当中，正如鱼活在水中一般。因此，我们寻找一项法律规则的基础，不应当拘泥于法律规则自身的逻辑自足，也不应在法律规则的形式上过分精雕细琢。更有意义的事情在于深入分析法律规则背后的社会现实与生活经验。正如卢埃林（Karl N. Llewellyn）曾给学生的谆谆告诫："我们在法律教学中发现，一般的主张是空洞的。我们发现那些渴望来学习规则并且确实学到了规则而没有学到更多东西的学生，拿走的是空壳而不是其中的内容，我们发现，规则本身只是语词的形式，是没有价值的。"③

## 一、实质理性：正当理由抗辩何以经验为基础

卡尔·卢埃林的告诫实际将我们引向另外一个问题：法律能否自治？也即判断行为的标准来自于法律自身的逻辑还是法外社会生活经验？这在韦伯的研究方法中被区分为形式与实质的差异。在韦伯看来，

---

① Oliver Wendell Holmes, *The Common Law*, Boston: Little, Brown and Company, 1881, p.1.
② 罗斯科·庞德：《普通法的精神》，唐前宏等译，法律出版社2001年版，第129页。
③ Karl N. Llewellyn, *The Bramble Bush*, New York: Oxford University Press, 2008, p.12.

形式的法律类型之一就是"通过逻辑分析来披露各种事实的法律意义，从而形成和适用高度抽象的法律概念"，而实质的法律"所依据的规范包括道德命令、功利的和其他实用的规则以及政治信条"。[①] 实体合理性意味着法律问题是在规范的影响下解决的，而不是通过将抽象的意义解释加以逻辑上的一般化来解决。美国法学家戴维·M. 楚贝克（David M. Trubek）在《韦伯论法律与资本主义的兴起》一文中进一步解释说，"形式"可被认为意味着"决定所采用的判断标准内在于法律制度之中"，并因此衡量制度的自治程度。[②] 相反，"实质"显然指的是判断标准来自于法律之外的因素，如政治、经济、文化与伦理道德等。波斯纳对此有一个更为清晰的解释："形式指的是法律内在的东西，实质指的是法律外部的世界，就像形式正义与实质正义的差别一样。"[③]

近代形式理性的发展使得法律日益脱离社会、政治、经济、道德与伦理等而实行自治。法律因而在形式上表现为逻辑自洽的规则体系，并以其抽象性、普遍性、确定性以及程序性来实现对社会生活的精确干预，最终甚至演化为精密的概念体系。但法律形式主义还未来得及庆祝法律自治的胜利，就不得不面临着这样的问题：法律抽象性难以协调具体生活，规则的严密逻辑无法容纳社会现实，形式主义法律框架内还是出现了"张力、机遇和期待"，"它们势必打破自治并使法律与政治和社会重新整合"。[④] 因而，"法律相关因素的范围"[⑤]在法律的解释和适用中极大扩张，法律不得不面向现实、面向生活、面向经验，呈现实质理性特征。

---

[①] 马克斯·韦伯：《论经济与社会中的法律》，张乃根译，中国大百科全书出版社1998年版，第62页。

[②] David M. Trubek, "Max Weber on Law and the Rise of Capitalism", *Wisconsin Law Review* 3, 1972.

[③] 理查德·波斯纳：《法理学问题》，苏力译，中国政法大学出版社2002年版，第51页。

[④] P. 诺内特、P. 塞尔兹尼克：《转变中的法律与社会：迈向回应型法》，张志铭译，中国政法大学出版社2004年版，第79页。

[⑤] Lon L. Fuller, "American Legal Realism", *University of Pennsylvania Law Review* 82, 1932.

在昂格尔看来，现代社会法律的实质特征越发明显，一是体现为无固定内容标准和一般条款在立法和法律实施中的扩张。由于福利国家对社会生活的干预，导致判决或决定所涉及的有关因素太过复杂、琐碎，"以至于不允许人们使用普遍规则，而只能诉诸模糊标准"。二是从形式主义向目的性或政策导向的法律推理转变。这一转变与语言解释力的下降、国家合法行为的范围与等级秩序的变化有关。① 国内学者如叶明博士以经济法为例，描述了"内容更多标准性、推理更显实质性、职业更趋复合性"的法律实质性特征。② 李剑博士则以反垄断法为例，揭示了"规则具有模糊性、推理具有实质性以及实务具有复合性"的法律实质性表现。③ 由此反观笔者研究的正当理由抗辩规则，其实质性特征诚如上述学者所言。

其一，正当理由抗辩规则内容具有更多标准性。规则的标准性或者标准规则主要指的是规则有关"构成部分（事实状态、权利、义务或后果）是不很具体和明确的，需要根据具体情况或特殊对象加以解释和适用"④。按照波斯纳的解释，在"如果 X，那么 Y"的规则中，标准性指的是要确定 X，必须权衡数个非量化因素，或以其他方式作出一种判断的、定性的评价。⑤ 因而，标准规则与规则构成都明确具体并能直接适用的规范规则有本质区别。正当理由抗辩规则就是典型的标准规则，无论是"若 P，则非 Q"还是"若非 P，则 Q"的逻辑形式，作为规则构成要件的正当理由 P 都是模糊、复杂的。因而必须对正当理由作出解释、权衡，裁判者才能据此作出相应的判断。并且，对正

---

① 昂格尔：《现代社会中的法律》，吴玉章、周汉华译，中国政法大学出版社 1994 年版，第 181—187 页。
② 叶明：《经济法实质化研究》，法律出版社 2005 年版，第 65—139 页。
③ 李剑：《论反垄断法的实质理性》，《学习与探索》2013 年第 12 期，第 102—103 页。
④ 张文显：《法学基本范畴研究》，中国政法大学出版社 1993 年版，第 54 页。
⑤ 理查德·波斯纳：《联邦法院：挑战与改革》，邓海平译，中国政法大学出版社 2002 年版，第 393 页。

当理由的解释不能完全依赖反垄断法的内在逻辑,还必须衡量经济的、社会的以及商业伦理或道德层面的因素。

其二,正当理由抗辩规则推理具有更多实质性。由于无法直接适用正当理由抗辩规则作出适当的裁决,因而裁决者在法律推理中不得不采取更具实质性的手段。一方面,裁决者求诸目的型法律推理。通过考察正当理由规则确立时的经济环境、社会背景,从而按照立法者的立法目的作出立法原义解释;或者考察正当理由抗辩规则所要解决的问题,结合现时的法外环境作出符合法律实施目的的解释。另一方面,实质性的推理不仅要明确规则的构成要件,还需要对规则实施的法律效果进行评估。能否满足反垄断法的价值要求,能否实现增进经济效率、公共利益以及消费者福利等社会效果,这些法律效果都需要在正当理由抗辩规则的推理中予以考虑。

其三,反垄断案件程序参与者职业更具复合性。无论是反垄断执法者还是法官,在知识构成上都应当更具复合性。他们不仅要具有丰富的法律知识和娴熟的法律技巧,起码还要掌握一定的经济学理论与方法。唯此,才能准确科学地分析垄断事实,评估垄断后果,应对日益复杂的反垄断案件。不仅如此,反垄断案件还应当补充一定的程序参与者,如专家证人,广泛吸收法学、经济学以及其他科学领域专家进入程序。

由于反垄断法具有明显的公共政策导向,国家干预也日益参与到法律的实施中,目的在于维护具有公共利益性质的"自由""公平""效率"以及"消费者福利"等价值。但是这些价值目标很难在立法中给出量化、明确的规定,因而使得反垄断法裁决不得不依赖法外的经济、社会甚至是商业伦理与道德因素进行解释。正因如此,我们对正当理由抗辩规则的研究也离不开对其实质理性特点的把握。首先,必须结合经济、社会以及商业伦理道德等法外因素才能对正当理由内涵作出科学界定。其次,对法律效果或者社会效果的评估对于正当理由规则推理至关重要。最后,由于法外因素进入正当理由规则的推理,因而立法者、裁决者的知识构成应更具复合性。在正当理由规则的推理中进行经济分析、社会效果评估等实证考察也将成为必要。[①]

综上所述,正当理由抗辩规则的实质理性特征首先将行为判断的标准引向法外因素,包括政治、经济、文化与道德伦理等,即缤纷的社会现实生活给予垄断行为认定与评价以深厚的土壤,而社会现实生活的法则并非来自立法者的主观建构,而是源于经年并反复适用的经验。其次,实质化推理不同于演绎推理,它更多是对垄断行为效果的功利评价,这在哲学上也属于经验层面。最后,反垄断案件的复杂性导致职业群体知识构成的复合性。执法者和法官头脑中的法律概念、法律价值甚至是法律方法对反垄断案件的解决并没有太大作用;相反,专家证人在技术、经验上的知识反而能够帮上大忙,比如,经济模型的使用、会计核算以及案件事实所需的技术等。由此看来,经验主义作为正当理由抗辩的理论基础是符合现实的必然选择。

## 二、竞争本质:正当理由抗辩的现实溯源

### (一)完全竞争:一个空想假设

"制定反托拉斯政策的人,是经济理论的消费者,通常不是创立者。"[②] 霍温坎普在《联邦反托拉斯政策:竞争法律及其实践》中开篇就强调了反垄断经济理论的保守性和滞后性。立法者总是倾向选择传统的经济学理论,作为"消费者",他们很少关注"理论产品"是否已过保质期。完全竞争理论就是反垄断立法所长期使用的"产品",它是指

---

[①] 杨文明:《滥用市场支配地位规制中的正当理由规则研究》,《河南财经政法大学学报》,2015年第5期,第114—127页。

[②] 赫伯特·霍温坎普:《联邦反托拉斯政策:竞争法律及其实践》,许光耀等译,法律出版社2009年版,第3页。

这样一种市场状态：产品的价格与生产成本相等，生产者和销售者的利润仅够维持投资回报；同时，消费者能够以其愿意支付的价格购买产品。完全竞争至少具备四个市场条件：一是卖方产品绝对同质，以免影响消费者选择；二是卖方数量极大且每个市场份额极小，每个卖方的进入与退出不影响其他卖方的决策；三是资源完全流动；四是信息充分、完全。反垄断的理想状态就是完全竞争，在立法者看来，垄断影响资源配置和信息对称，导致畸形市场结构，并影响消费者福利。因此，立法者和执法者无不以完全竞争为宗旨去规制市场垄断与行为。但值得反思的是，完全竞争这一假设具有现实基础吗？

  完全竞争所需要的市场条件不仅无法实现，而且某些情况下，这些市场条件的反面才是经济生活的现实。第一，市场中的产品同质化基本不可能实现，而且经营者想方设法实施差异化策略。例如，微软公司针对企业和家庭客户开发不同的 Windows 视窗系统，虽然二者在技术上并未体现出像它们之间的价格差异那样显著的不同。在这一策略下，经营者就可以对不同客户指定有别的价格，而在完全竞争理论中，这种行为被视为价格歧视，显然属于设置市场障碍，影响市场竞争。但我们看到的是，这种行为不仅没有受到规制，还大行其道。差异化策略在另一个层面上就是产生进入壁垒。经营者努力创造更与众不同的产品，努力维护消费者对自己品牌的忠诚。结果在差异化产品自己的王国里，它自己就是国王，这本身就是一种"垄断"，可是它应当受到规制吗？第二，市场结构的完美状态已然无法实现，更多的情况是，市场结构因产业不同而有所差异。因为在资本需求较大的产业中，如汽车、钢铁等，市场不可能容纳那么多竞争者，否则市场就会无法实现规模经济而丧失效率。由于垄断市场结构本身已不再是规制的重点，所以在此不再赘述。[①] 第三，资源完全流动这一点也不具有现

---

[①] 虽然在经营者集中规制中还是受到高度关注，但这并非本文研究的内容，在此不表。

实性。一般情况下，资源向有效率的经营者流动，这种理想模型建立在市场不存在壁垒的基础上。而我们看到的经济生活中的壁垒比比皆是。例如，市场存在利润空间，在价格信号的引导下，潜在竞争者可能会进入市场，但他是否具备相应的资本条件，能否达到产业平均成本所需的规模，这都需要考虑。更需要关注的是，在位企业降低市场价格的阻吓，改进技术的步伐，都可能使潜在进入者望而生畏。以技术市场为例，在市场中普遍应用的可能并非最先进的技术。但是由于该技术在市场中已成为标准，经营者的生产、销售以及后续开发都围绕该标准展开。而转向一个新技术对经营者而言显然不太现实。第四，市场信息并不是对称的，而且要实现信息对称需要成本。生意往往来自于信息不对称，经营者可能就是因为得到他人无法获知的信息而赚钱。如果市场信息是完全的、充分的、对称的，那么商业经营的动力来自何处？

完全竞争理论最不接地气之处就在于竞争的静态分析。动态竞争理论的鼻祖熊彼特（Joseph A. Schumpeter）认为，竞争不是静态的，而是时刻变动的，因而我们不能在静止的状态下追求产出最大化，而应当追求在动态均衡中实现竞争的价值。在迥异于"教科书所说的资本主义现实中"，"有价值的不是那种竞争（完全竞争。——笔者注），而是新商品、新技术、新供应来源、新组织形式（如巨大规模的控制机构）的竞争"。[①] 创新竞争导致更低的成本曲线，进而创造新的生产函数甚至是全新的需求曲线。因而，创新竞争给其他企业带来的是根本性毁灭。而在这一"创造性毁灭"过程中，垄断并非消极角色。一方面，限制做法有助于企业在危机中保持稳定，例如，在美国1929年经济危机中，政府普遍采取限制产量、维持价格标准以及价格补贴等

---

[①] 约瑟夫·熊彼特：《资本主义、社会主义与民主》，吴良健译，商务印书馆1999年版，第148—149页。

限制做法。实际上在创新条件下投资就像打"不仅模糊而且活动"的靶子,因而任何投资必须有某种保护措施。这些措施包括专利、商业秘密,也包括搭售、独家交易、价格歧视甚至是掠夺性定价。大多数人承认前者却谴责后者,但其实这些措施和得到认可的措施之间并无根本的不同。为了应对毁灭性的竞争,经营者出于攻击或防御的目的不得不需要除价格和质量以外的"盔甲",同时必须一直战略性地操纵价格和质量,导致在任何时候他们看起来都在实施限制产量和维持高价的垄断行为。另一方面,垄断是竞争的另一种形态。在激烈的竞争中,垄断企业能够投入更多的资金进行研发创新,进而开启下一轮竞争。垄断获得收益也激励更多企业参与竞争,以获得更多利润。大企业由于创新和技术进步形成的垄断,不是真正的垄断,企业利润中包含的垄断盈利,是颁给成功者的奖金。这种企业由于一方面要同拥有原有旧技术、旧产品的企业竞争,另一方面受到潜在竞争的威胁,因此实际上仍处于竞争之中,"哪一种垄断都不是可以高枕无忧的"。所以从长期的动态过程看,由于竞争压力和运用新技术、新生产组织形式,这些大规模生产企业决定的"垄断价格"并不必然比竞争价格高,其产量也并不比竞争产量少。[①]

　　动态竞争理论实际模糊了垄断与竞争的边界,因而在现实生活中,垄断与竞争也无比纠结地共生共存。接下来以专利制度为例,对这一问题进行简要的分析。专利应当说是合法的垄断,以保护产权人创新投入与产出。那么这一制度是促进了竞争还是限制了竞争,也没有定论。就创新激励而言,产权的保护功能使得竞争者更加关注产品创新,从而促进从产品到技术的全面竞争。而就短期使用而言,专利的确限制了技术的开放,不利于竞争者市场进入。抛却烦扰的纷争,可以确

---

[①] 约瑟夫·熊彼特:《资本主义、社会主义与民主》,吴良健译,商务印书馆1999年版,第148—149页。

定的一点是，垄断以及垄断行为并非完全非法，而是拥有合理存在的空间。这一点在许可证制度、特许经营制度中都有体现。那么为何这些合法的"垄断"可以堂而皇之地存在于现实生活，而经营者通过自身努力实现的经济垄断就必然是非法的？我们回顾一下许可证产生的历史就可以发现，许可证最早不过是寻租的产物。例如，在历史上，美国出租车管制政策就受到了出租车经营者团体的较大影响。1929年，出租车经营者全国联合会通过决议，将争取数量控制作为自己的重要目标。同年，芝加哥 Checker、Yellow Cab 出租车公司代表到市议会作证，而市议会就此通过了限制出租车数量的法令。[1]

综上而言，经营者的市场实践活动表明，完全竞争理论缺乏现实基础。人们固然对竞争存在理想化的抽象与憧憬，但是完全竞争理论所假定的态势，根本没有为可称为竞争的活动留下任何空间，却以为这种活动已经完成了它的任务[2]，最终不过是使竞争本身变为不可能。而建立在现实生活基础上的动态竞争理论提醒我们，"竞争不是单纯的被动性适应活动，而主要是一个主动的多方位的争胜活动"[3]。这一过程中，经营者不可避免地采取我们称之为"垄断"的策略行为，如价格歧视、搭售、独占甚至是掠夺性定价，但这些行为于动态竞争又不可避免。

### （二）竞争的本质

虽然现代法律竭力避免出现市场中的残酷竞争行为以及竞争者零和博弈，但历史告诉我们，竞争本身就是一个赢者生存的游戏。

---

[1] 王军：《为竞争而管制——出租车业管制改革国际比较》，中国物资出版社2009年版，第74页。

[2] 弗里德里希·冯·哈耶克：《经济、科学与政治——哈耶克思想精粹》，冯克利译，江苏人民出版社2000年版，第120—126页。

[3] 盛杰民、袁祝杰：《动态竞争观与我国竞争立法的路向》，《中国法学》2002年第2期，第18页。

早在 19 世纪，历史法学派就借用生物学上的"物竞天择"（natural selection）、"适者生存"（survival of fittest）的观念描述人类社会的发展。当今人们对竞争不吝溢美之词，强调其在市场经济发展中的无上地位，但是又都将自己的主观愿望不合时宜地强加在竞争身上，希望它能承载"公平""福利""效率"等梦想，这种做法显然违背了对竞争的客观认识。上述结果如果能够出现也不过是因为竞争带来的运气和恰巧吻合，而竞争本身对此却是毫不关心的。究其本质，竞争就是生存和牟利的压力机制、动力机制，除此之外，都不过是竞争的附带效果。

竞争是生存压力机制。资源的有限性决定了经营者为生存而战，经营者在市场中的首要任务并非赢得多大市场份额、赚取多少利润，生存才是经营者面临的第一要务。现代"竞争战略之父"迈克尔·波特（Michael E. Porter）教授就描述了经营者在市场中面临的五方面压力：潜在进入者、现有竞争者、供方、买方以及替代品。[1] 经营者稍有不慎就会被潜在进入者替代，被现有竞争者打败，遭受供方的盘剥，面临买方的拒绝，自己的产品也很可能会被替代而无人问津。例如，信息产品生命周期短，推向市场后不用太久就会被大量创新产品所淹没。另外，消费者需求也具有及时性，从而促使技术创新加快，由此导致技术创新也带有很强的时间性，从而进一步缩短了信息产品的生命周期。另外由于技术创新速度不断加快，没有哪家企业能长久地拥有一项垄断技术，只有竞相开发和创造新产品，才能在竞争中站稳脚跟。因此，经营者面对生存危机不得不采取一定的竞争策略，那就是从针对上述五个方面制定竞争战略，甚至包括垄断价格、独占交易、拒绝交易、搭售、掠夺性定价以及差别待遇等策略。现代经济学研究成果表明，上述策略行为存在一定的合理性，例如声誉模型，信号模

---

[1] 迈克尔·波特：《竞争战略》，陈小悦译，华夏出版社 1997 年版，第 3 页。

型和不完善金融市场"深钱袋"模型等理论模型,揭示了为什么掠夺性定价会发生,证明了掠夺性定价存在的合理性。[1]

竞争还是盈利动力机制。说到底,经营者参与市场竞争也是货币追求利润的本质使然。自从亚当·斯密发现了人类的"经济人"本质,研究商人牟利动机的文献便不可胜数,在此不再赘述。笔者想要强调的是,如果对市场竞争控制过严,这样那样的行为都不许做,甚至经营者盈利的动机都要受到质疑,那么市场经济的动力来自何方?从本质上来讲,经营者与"偷吃的猫"并无二致,它在捉鼠的同时也可能会打翻主人的鱼缸而将鱼吃掉。因此,基于盈利动机的行为不应受到过多苛求,既要经营者推动市场发展,又要求经营者干干净净、明明白白且毫无恶意地竞争,实在是脱离了对竞争本质的认识。

自然界的竞争呈现优胜劣汰的规律。在此支配下,自然界万物相互制衡而又绚丽缤纷、形态多样。人们每每至此,无不慨叹造物者鬼斧神工,对"物竞天择"的神圣规律深信不疑。但是到社会经济领域,人们却忘了竞争在本质上与自然界并无不同。一方面,人们要求经营者接受竞争规律的支配;另一方面却又时时将被市场淘汰的"弱者"救活,让它继续无效率地在市场上生存。因此,笔者分析"竞争"本质的意义就在于,反垄断领域的法律实施不能脱离社会事实而假设经营者是"恶"的,执法活动应当多一些经验分析,少一些独断假设,与此同时,经营者应当获得更多的申辩机会,就自己的行为合理性充分表达、大胆辩护。

### 三、商业习惯:正当理由抗辩的自发秩序

我们在经济生活中经常会看到反垄断执法机构的独断专行,比如

---

[1] 唐要家:《策略性掠夺性定价及反垄断规则》,《财经问题研究》2005 年第 8 期,第 53 页。

选择性执法、自由裁量缺乏尺度、执法受到严重的意识形态干扰。这也是为什么在 2013 年前,《反垄断法》实施五年而执法机构毫无作为而在此之后却频频出击的原因。更为严重的问题在于,执法机构对大公司越发表现出"敌意",他们试图制定经济领域的行为规则并控制经营者的活动。种种迹象表明执法机构在显示其"高于一切的智慧",企图按照自己的意志控制市场经济活动,而毫不关心商业活动自身的规律以及长久积累下形成的习惯。

按照哈耶克的观点,这种人为设计和依照传统经验形成的规则分别被称为建构秩序和自发秩序。对于前者,哈耶克评价道,主张建构人类社会秩序的人都是"自由之敌",因为他们自信能够认识并完全掌握自然规律,并倾向于在此基础上设计社会制度。但实际上不成想,这种人为设计的制度却很容易桎梏自由,违背自然。[①] 而如果对于业已发展起来的各种制度没有真正的尊重,对于习惯、习俗以及"所有那些产生于悠久传统和习惯做法的保障自由的措施"缺乏真正的尊重,那么就很可能永远不会存在什么真正的对自由的信奉。

哈耶克以及自近代以来的经验主义者之所以对习惯、习俗以及传统等自发秩序推崇备至,原因在于以下几点。其一,自发秩序具有经验性。人们之所以能够自发地形成对某一事物的共同认识、对某一行为的普遍评价以及对某种效果的集体追求,原因就在于自发秩序体现了千百年来人们反复验证、总结以及归纳而成的法则。人们意识到,尊重习俗就是尊重人类的共同生活,尊重传统就是运用人类集体的智慧,尊重惯例就是选择一种趋利避害的生活方式。自发秩序下人们的行动表现出某种常规性(regularity),这种特点并非人们有意识地遵循规则的结果,而是"牢固确立的习惯和传统所导致的结果"。其二,自发秩序具有自愿性。人们接受自发秩序只是因为他们愿意接受,而非

---

[①] 弗里德利希·冯·哈耶克:《自由秩序原理》,邓正来译,生活·读书·新知三联书店 1997 年版,第 70—71 页。

被强制或压迫着接受，这也就满足了规则对大众心理的要求。自愿还意味着人们可以拒绝接受，也即"个人应当能够在他认为值得的时候挑战这些定规而不顾此举可能会导致的公愤"。其三，自发秩序具有包容性。人们遵守自发秩序的"社会压力的强度和习惯力量的强度"是有弹性的。这一点与自发秩序的自愿性有相同之处，但更为重要的意义在于，接受自发秩序习惯力量的弹性特点能够容许以后的经验对先前的规则作出修正和完善。一些人"认为他们有足够的理由去甘冒公众的非难时，他们就可以向这些规则提出挑战或违反这些规则"，甚至人们"还能够同时遵守一些在内容上略有不同的规则，而这可以说为人们选择更为有效的规则提供了机会"。对此，哈耶克认为，遵循自发秩序"乃是自由社会得以有效运行所不可或缺的条件"。[1]

那么在经济生活中，哈耶克描绘的自发秩序就是市场经济中经年积累并长久遵循的商业习惯，在某种意义上，商业习惯才是商人们所乐意且在潜意识自然遵循的规则。关于商业习惯，学界有不同的叫法，如商事惯例、商业惯例、商事习惯、交易习惯或者交易惯例等。无论何种叫法，商业习惯所表达的内涵都基本一致，美国《统一商法典》第1—205条第2款对此指出，交易惯例是指在一个地区、行业或者一类贸易中已经得到经常遵守的任何做法或者方法，以至于人们有理由相信这些做法或方法在自己进行交易时也会得到遵守。这类习惯往往起到辨认案件事实、调整市场行为、协调利益关系的作用。例如，旅馆业通常将中午12点作为界分住宿合同期间的界限。无论下午13点入住，还是第二日上午8时入住，在第二日中午12点前均为一天；相反，如果在12点后退房，那么就是两天。虽然这一成规备受诟病但却"顽强"地存在于旅馆行业当中。日常生活通常以满24小时为一天或者在晚上24点前为一天，但是在旅馆行业却面临如下困境。如果以晚

---

[1] 弗里德利希·冯·哈耶克：《自由秩序原理》，邓正来译，生活·读书·新知三联书店1997年版，第72—73页。

上24点界分，那么按照人们的作息规律，住一夜要付两天的钱，这显然不合理。但如果以满24小时为一天，那么旅馆业的服务将缺乏标准性，比如，每走一位客人就要换床单、被罩，打扫清洁。这也就意味着，服务人员需要随时准备清理工作，因而时间和金钱成本大大提高，最终也会给消费者造成负担。相反只能采取折中的办法，取一个恰当的时间点计算期间的界限。当然在实践中，旅馆业也并未严格遵循这一习惯，如果仅仅超过12点几十分钟或一个小时，实践中多数并未将其计算在下一日期间。因此，我们在经济生活中经常会受到商业习惯的支配。再如，国内电子商务的蓬勃发展创造了一些新的习惯。"七天无理由退货"本是淘宝网降低网络欺诈风险、保护消费者利益的一种商业做法，但是伴随淘宝网以及整个电子商务受众的扩大，这一做法已成为商业习惯，甚至最终成为习惯法而规定在《中华人民共和国消费者权益保护法》当中。当然，商业习惯并非没有限制，它一般与行业、地域以及相应的法律制度、文化传统有关。比如，在发达国家，商业银行通常对小额储户收取账户管理费，这是一项通行的商业习惯，而在国内，这恐怕还未成为通例，甚至涉嫌歧视。原因就在于发达国家存款利率较低，存贷款利差小，并且资本市场是投资获利的主要场所，因而不得不对难以盈利的小额储户收取管理费以降低成本。而在国内，储蓄还是居民获取货币收益的主要方式，并且中小储户数量极大，比重极高，收取管理费对于兼具公共属性的国家银行而言并非明智之举。但是伴随市场经济发展，难保我国银行业不会"移风易俗"。

商业习惯具有强大的生命力，其应用的实际效果并不比理性建构的法律作用小。例如，在温州的轻工行业，经营者遭遇产品外观侵权通常寻求民间商会解决，这在当地行业已成为商业习惯，甚至比国家的专利制度还有效。这是因为温州当地的轻工产品生产和销售周期非常短，更新换代也很快，由此涌现出大量的外观设计。但是国家专利申请制度却存在周期长、花费大的缺点，即便国家通过了专利申请，但经营者的专利产品却可能因产品更新换代而丧失市场。因此，从温州产业集群的实际出发，实践中逐渐形成"行业专利"申报习惯，经营者只需要向行业协会报备产品外观即可，如发现行业其他成员侵权，则可向行业协会申请维权。

类似的商业习惯在经济生活中不胜枚举，毫无疑问，它们在经济活动中具有重要意义，能够对经营者行为起到指引、约束和规范的作用。因此可将商业习惯确立为正当理由抗辩的经验基础。其一，商业习惯的经验性意味着经营者遵循商业习惯的行为"大抵"是合理的。商业习惯代表了市场中的商人们对某种惯例相当认同，这种认同出自自愿而非强迫，是支配商人经营的无意识的信仰。因此，从这一层面上讲，商业习惯至少具备经验范式的正当性，从而可以作为经营者行为的正当理由基础。其二，商业习惯的自愿性意味着经营者可以在社会不同规则间进行选择，无论是基于自然的道德法则还是出自命令的强制规则。相反，如果反垄断法对经营者的意志形成强制，那么经营者可据商业习惯对此提出抗辩。经营者对商业习惯的自愿选择就意味着对国家制定法——反垄断法律——投出了否决票。其三，商业习惯的包容性意味着它比制定法有更强的调试性和自我修正的能力。一项商业习惯并非一成不变，随着社会环境、文化传统的变化，经济生活也会"移风易俗"。按照哈耶克的说法，如果经营者能够甘冒"公愤"而放弃一项习惯，这本身就意味着商业习惯给予市场行为以充分的弹性空间，也即经营者可以在不同经济规则中进行选择。因此，经营者可就滥用市场支配地位指控提出抗辩。

## 第三节　正当理由抗辩方法论

一项法律规则无论体现为自然的正义，还是人们的信仰，抑或是命令的强制，它的理论基础都不过是研究一个"为什么"的问题，也即为一项法律规则的正当性寻求理论基础。当然我们讨论的"滥用市场支配地位正当理由抗辩"的理论基础还不限于此。它至少还要寻求一个"如何实现"的问题，即方法论问题。正如拉伦茨（Karl Larenz）所提醒的，法学"所关心的不仅是明确性及法的安定性，同时也致意于：在具体的细节上，以逐步进行的工作来实现'更多的正义'"[1]。著名学者杨仁寿先生也说："法学非理论科学，而系应用科学，非徒凭纯粹的理论认识，即足济事。"[2]诚哉斯言。没有方法的法学研究将陷入空洞的人云亦云，缺乏方法的法律应用也将导致裁量失衡。关于方法的重要性，拉伦茨甚至警告说，"谁如果认为可以忽略这部分的工作，事实上他就不该与法学打交道"[3]。因此，方法论对于一项法律规则起到至关重要的支撑作用。其一，它使法律目的归于行动。方法论与人们的行动有关，"它给人以某种行动的批示"，使人们关于法律的假设能够以理性的方式实现。其二，它使法律由抽象实现具体。抽象的法律与具体的实践总是存在冲突与张力，法律方法则是缓和二者冲突的工具。从这个意义上讲，方法论担负着将法律从纸面上的法转变为活法的任务。其三，它还能约束法律实施中的自由裁量。法律的实现依赖法律实施机关与民众的互动，但归根结底，法律实施机关在这一过程中占据主导地位，因而不可避免地存在滥权可能。那么，作为法律规则实施的基础，方法论的重要功能就在于保持权力克制，杜绝权力滥用。

滥用市场支配地位正当理由抗辩作为一项实践性较强的规则，它首先面对着执法权力扩张与经营者权利保护的问题。因此，反垄断执法机构需要合理的裁判尺度对经营者行为作出利益衡量。其次，经营者行为还面临着"是与非"的价值判断，经营者行为的合理性必须依

---

[1] 卡尔·拉伦茨：《法学方法论》，陈爱娥译，商务印书馆2003年版，第77页。
[2] 杨仁寿：《法学方法论》，中国政法大学出版社1999年版，第38页。
[3] 卡尔·拉伦茨：《法学方法论》，陈爱娥译，商务印书馆2003年版，第77页。

赖可靠的裁判方法才能呈现出来。最后，反垄断知识的特殊性还要求采用特殊的法律方法。因此，正当理由抗辩必须具备一定的方法论基础。其中，在行政法领域普遍适用的比例原则能够限制执法机构的自由裁量，给经营者行为提供正当性抗辩的契机。反垄断法中独有的合理原则在保证经营者行为合理空间的同时，还能为经营者行为正当性证成提供路径。产业组织理论在反垄断法中的引入不可避免地提供了经济分析方法的应用。

## 一、比例原则

### （一）比例原则的内涵

比例原则肇始于德国行政法，从其产生就宣告行政权力应当受到制约或限制。德国著名行政法学家奥托·迈耶（Otto Mayer）在其名著《德国行政法》中主张"警察之权力不可违背比例原则"，一方面警察权力对个人赋课义务必须以危害起因于个人为前提，另一方面，警察权力行使当有程序限制，超过合理程序的授权不被允许。另一位行政法学家弗莱纳对比例原则提出了一个形象的比喻，"警察不可用大炮打小鸟"。他认为，对于违反商业法令的商店，如果警察可以用较为温和的手段处置，就不应当用最为严厉的"吊销执照"的方式为之，最严厉的手段仅供最不得已时使用。

比例原则此时还只是作为行政执法的思想，形成具体内容则是在1958年德国联邦宪法法院作出的"药房案"判决。[①] 该案中法院认为，（关于职业自由）只有经过理性衡量公共利益，并且限制手段符合立法目的时，执业自由才可通过"规制"予以限制。假如证明对择业自由的限制不可避免，立法者应当选择对基本权利侵害最小的方式。另外，

---

① 刘权：《目的正当性与比例原则的重构》，《中国法学》2014年第4期，第134页。

联邦宪法法院还认为，如果基本权利的限制对当事人造成过度负担且不具有期待可能性，那么该限制就是违宪的。职业自由的主观条件的设定应当符合比例原则，主观条件不应当与所欲达到的适当执业的目的不成比例。由此，比例原则衍生出适当性、必要性和合比例（狭义比例）原则。

比例原则虽然产生于德国行政法，但很快被世界各国接受，并与各地法律传统相结合，成为保护个人权利、制约行政权力的基本原则。例如，英国是站在司法审查的立场对立法和行政权力予以适当限制的。1998年，在"德弗雷塔斯"诉枢密院一案中，克莱德勋爵在总结司法实践经验的基础上提出了英国法院经常参阅的标准：其一要判断立法目标是否足够明确，以证立对基本权利的限制；其二要判断手段是否能以理性的方式有助于立法目标的实现；其三要坚持对基本权利的限制不能超过所要达到的目的，且必须是必要的。另外，英国上议院上诉委员会根据以往判决对上述三个标准作出了新的澄清，即在相互冲突的法律保护的利益之间应当有均衡性的同等分量（衡平）。[1]英国人的标准与德国比例原则具有相似性。从根本上来说，它们都坚持立法或者执法的正当目的以及目的与手段的适当性，坚持对手段是否必要的考究与审慎态度，坚持在不同立法或执法目的之间作出利益衡量。

就比例原则的内容而言，通说都将其归纳为适当性原则、必要性原则以及狭义比例原则。适当性原则指的是公权机关面对实现正当目的的多种措施选择时，仅能选择有助于实现目的的方式为之，即实施某种行政行为必须能够"实现目的或者至少有助于目的的达成，并且为正确的手段，在目的—手段关系上，必须是适当的"[2]。因此，适当性原则有两层含义：其一是目的的正当；其二是手段的适当。可以设

---

[1] 安德烈亚斯·冯·阿尔诺：《欧洲基本权利保护的理论与方法——以比例原则为例》，刘权译，《比较法研究》2014年第1期，第186—187页。

[2] 城仲模：《行政法之一般法律原则（一）》，台湾三民书局1999年版，第123页。

想,如果一项立法或者行政行为在目的上不存在正当性,我们难以相信它能结出"正义的果实";同时,实现正当目的的手段不够合理,也同样不会产生积极的后果。必要性原则也被称为"最小侵害原则",它是指实现目的存在多种途径,那么应当选择对公民权利侵害最小的方式为之。必要性原则要求对行政行为的不利后果进行评估,从而选择损害后果最小的行为。正如"大炮打小鸟"的隐喻,大炮打小鸟,目的和手段固然适当,但其后果显然危害甚重,不仅小鸟被消灭,樱桃树恐怕也荡然无存,因而大炮打击的手段没有必要。狭义比例原则强调行政行为对权利的损害必须与获得的收益相称,即给相冲突的利益造成的侵害不得逾越它从实现正当目的中获得的利益。如果对权利损害巨大但实施效果甚微,那么该行政行为不符合狭义比例原则。

### (二)比例原则与正当理由抗辩的契合

第一,二者对治问题具有共同性。比例原则诞生于"警察国家"公权力日益扩张的背景。公权力渗透到社会生活的方方面面,以至于权力滥用不可遏制,对长久以来人们所珍视的个人权利形成极大的威胁。因此,比例原则所要解决的首要问题就是如何限制权力滥用。比例原则日益成为公权行使领域的一项普遍原则,反垄断法自然不是例外。而且反垄断法领域的公权扩张范围之大、深度之广,已是不争的事实。其首要问题就是执法机构自由裁量权过大。不可否认,执法机构具备自由裁量权源于反垄断法案件复杂、规则模糊,并且能在一定程度上克服法律僵化以及灵活应对现实情况。"垄断的复杂性、法律规则的原则性以及价值取向的多元性使反垄断执法极具弹性。"[①] 但是,自由裁量权过大也造成反垄断执法机构缺乏尺度,甚至出现选择性执法、

---

[①] 游钰:《论反垄断执法之规范与比例原则》,《甘肃政法学院学报》2010年第3期,第106页。

制裁失当等情况。甚至到今天为止，如何界定市场支配地位滥用都没有确定的规则和标准。因此，正当理由抗辩规则的重要目的就是限制垄断执法权。一方面，经营者行为正当性判断不能局限于反垄断执法机构的独断，经营者也要为自己的行为正当性提供辩护；另一方面，经营者抗辩程序的设置也就为执法机构自由裁量权划定了适当的边界，促使执法机构按照比例原则的要求，审慎用权，用权正当。

第二，二者理念高度契合。比例原则一方面是"限权"原则，另一方面也是"权利原则"，限制权力的目的在于保护个人权利。因此，有学者指出，权利本位性是比例原则的规范理念之一。[①] 适度性原则强调手段符合目的，但更强调目的正当，对权利的限制必须有正当目的，这符合"非因公共目的不得限制权利"的权利保护原则。必要性原则主张对权利的最小侵害，狭义比例原则强调权利的限制与收益应当符合比例。显而易见，比例原则以权利不得任意限制为前提，权利限制应当设置严格条件并受到严格审查。正当理由抗辩无疑也是站在个人权利的立场上。反垄断执法机构出于保护市场整体利益的目的限制经营者权利，但也应当为经营者提供充分的权利保障或者选择损害最小的方案，况且经营者受到限制的权利都是自资产阶级革命以来就写入宪章、深入人心的契约自由以及财产权等基本权利。那么，经营者正当理由抗辩显然以个人权利为本位，通过正当程序制约反垄断执法机构对经营者权利的限制。

第三，二者在功能上存在互动。比例原则主要由行政机关在执法活动中贯彻、执行，它是限制公权滥用以保护个人权利；而正当理由抗辩则主要由经营者提出并实施，它是以个人权利对抗反垄断执法机构可能存在的擅权。因此，二者在功能上存在互动关系。正当理由抗辩以比例原则为方法论基础，就是要实现公权限制与私权保护的有机

---

[①] 刘权：《论比例原则的规范逻辑》，《广东行政学院学报》2014年第2期，第54页。

统一，只有比例原则在实践中得到反垄断执法机构的认真遵行，正当理由抗辩才能获得更大的存在空间。

实际上，在各国正当理由抗辩规则中，比例原则都发挥着潜移默化的作用。例如，在《适用欧共体条约第82条执法重点指南》第30段关于效率抗辩的适用规则中，欧盟强调经营者行为必须是"为实现效率而不可或缺：一定不存在具有更低的反竞争效应能够产生同样效率的可替代行为"。由此可见，欧盟在限制滥用市场支配地位行为时会充分考虑这种限制行为是否会损及效率，由此而选择合适的规制行为。

### （三）比例原则下正当理由抗辩的实施要点

第一，控制反垄断执法机构的自由裁量权。滥用市场支配地位的规制往往存在缺乏裁判尺度、自由裁量过大的问题。而在这种情况下，反垄断执法机构可能存在执法目的偏差与选择性执法。因此，按照比例原则实施正当理由抗辩规则，首要目标就是限制执法权力。反垄断法执法机构必须设定合理的目的，必须以市场竞争的公共利益为导向，而且这一公共利益必须具有紧迫性、实质性。同时经营者个人权利也应当受到尊重，对个人权利的损害不得超过公共利益的获得。因此，从这一点而言，比例原则并不强调公共利益优先，公共利益也并非具有至上的地位，公共权力的行使必须限制在目的正当、手段必要的限度之内。

第二，加强正当理由抗辩的程序保障。如果反垄断执法行为与目的的话语权全部掌握在执法机构手中，比例原则的实施显然无法落到实处，它必须具有可诉性，即存在争议表达和解决机制。正当理由抗辩就是一种限制公权、保护个人权利的程序机制。一方面，执法机构和经营者行为的正当性可以通过争议与沟通形成共识；另一方面，经营者提出正当理由抗辩对执法机构的自由裁量是一种制约。

第三，注重利益衡量。在正当理由抗辩规则中存在多种利益类型，包括公共利益与公共不利益、个人利益与个人不利益。按照比例原则，既要在利益与不利益之间作出衡量，也要在公共利益与个人利益之间作出平衡。但无论哪种衡量都必须坚持个人基本权利的底线，例如，即便经营者行为被认定为违法，那么可能会限制其契约自由、剥夺其独占权利，但是不能通过拆分等方式剥夺其个人财产权。在此前提下，利益衡量关键是判断对经营者行为的积极效果与负面后果，以及限制经营者行为能否带来远超其不利益的社会公共利益。

## 二、合理原则

### （一）合理原则的本质

作为反垄断法上的重要概念，关于"合理原则"的性质至今仍众说纷纭。就其性质而言，大致有三类代表性观点。文学国教授将合理原则定义为反垄断法的基本原则，他认为，"反垄断法有两个基本原则：本身违法原则与合理原则"[1]。既然定性为"原则"，那么合理原则的适用范围将包括垄断行为、后果与责任，因而成为反垄断法领域的"帝王原则"。而沈敏荣教授则将合理原则定义为垄断行为违法确认原则，他认为，"反垄断法的违法确认原则有二：一是本身违法原则，二是合理原则"[2]。这一观点实际将合理原则放置在"规则"的位置，即可通过合理原则的逻辑结构得出某种行为合理与否的结论。而郑鹏程教授对上述两种观点并不认同，他认为，"合理法则"（郑教授对合理原则的称谓。——笔者注）不能成为具体法律规则，将其作为我国反垄断基本原则的主张也没有根据。[3] 他进而认为合理原则是反垄断法的分

---

[1] 文学国：《滥用与规制——反垄断法对企业滥用市场优势地位行为之规制》，法律出版社2003年版，第58页。
[2] 沈敏荣：《法律的不确定性——反垄断法规则分析》，法律出版社2001年版，第77页。
[3] 郑鹏程：《反垄断法专题研究》，法律出版社2008年版，第88—89页。

析模式并称其为合理"法则"。但笔者认为上述三种意见并无本质冲突，都有一定合理性。从对反垄断行为的分析来看，反垄断法强调从社会经济出发分析行为的经济效率，因此它是一种分析模式。在此分析基础上，通过正、负经济效益的比对，然后判断行为是否违法，因此它也是一种反垄断行为违法认定方法。从更广义的角度看，从反垄断法律适用范围到违法行为确认再到反垄断法律规制都离不开合理原则的统率，因此它还是一项基本原则。

从历史上来看，合理原则最早起源于英国普通法上的"米歇尔诉雷诺兹案"，在该案中，原告要求被告签订具有限制条件的合同，被告认为限制贸易的合同应当无效。但是法官认为，贸易限制应当分为一般限制（general restraint）和特别限制（particular restraint），其中一般限制应受谴责，而部分的或从属的特别限制应予以支持。[①] 由此衍生出"无正当理由不得禁止合同自由"的普通法原则。后来，在"标准石油公司案"中，美国最高法院大法官怀特基于普通法上对"限制贸易合同"的解释，认为"如果限制在实施中是公平的，并有其他的合理理由，则合同就是有效的"。[②] 按照《谢尔曼法》第1条，滥用市场支配地位应当属于"限制贸易"的行为。因而，对滥用市场支配地位的规制也应当坚持"无正当理由不得限制合同自由"原则。正当理由抗辩规则与该原则一脉相承，表现为：无正当理由，反垄断执法机构不得禁止经营者利用市场支配地位的行为，这充分反映了合理原则的精神。

合理原则的内涵不断丰富，进而发展为反垄断案件调查、分析和判断的一般模式。例如，博克法官认为，合理原则并不是由具体的实质性的规则组成的，而完全是一种分析模式，一种引导调查和判决的

---

[①] 欧内斯特·盖尔霍恩等：《反垄断法与经济学》，任勇等译，法律出版社2009年版，第4—6页。

[②] Standard Oil Company of New Jersey v. United States, 221 U. S. 1 (1911).

制度。①也即在反垄断案件中，不能将经营者"一棍子打死"，而应当具体分析其行为发生的内在动因与外在后果，综合判断后作出相应的决定。关于这一点，波斯纳的观点更为明确，他在谈到合理原则与本身违法原则的区别时强调，"它们所表示的是法律上的根本区别，是规则与标准的区别"②。也就是说，如果反垄断法规则属于规范规则，那么依靠严密逻辑和确定性构成就可以将规则适用于具体行为，这种思维被称为本身违法原则；而如果是标准规则，法院的调查和裁判必须依赖法外因素，那么这种思维被称为合理原则。波斯纳不知不觉将本身违法原则与合理原则的区别引向法律形式理性与实质理性的分野。因而，合理原则不再局限于法律条文对垄断行为的纠缠，而将法外因素统统引入法律规则的框架内，在这一框架中，法官不再局限于法律的咬文嚼字，而是综合社会、经济、文化与道德伦理等方面的因素对垄断行为作出判断。因而合理原则颇有法律现实主义的色彩。

### （二）正当理由抗辩以合理原则为基础

从本质上来讲，之所以将合理原则作为正当理由抗辩的基础，主要源于以下两点原因：一是规则的不确定性；二是反垄断法律关系主体利益的冲突性。

就前者而言，在合理原则产生之时，处理"标准石油公司案"的怀特法官就表达过这一观点。他认为《谢尔曼法》法条中的合同或行为并未被明确界定，并且归类过于简单、粗疏，以至于能够容纳所有可以想到的有关贸易或商业的行为，因而反垄断法条文呈现出极大的不确定性。如果按照《谢尔曼法》对垄断行为的归类，人们在任何场合从事的任何限制贸易行为都是非法的。因此，为克服这一明显不合

---

① Robert H. Bork, *The Antitrust Paradox: A Policy at War with Itself*, New York: Basic Books, 1978, p.37.
② 理查德·波斯纳：《反托拉斯法》，孙秋宁译，中国政法大学出版社2003年版，第44页。

情理和逻辑的规则的不确定性，就需要一种标准使法官能够在具体案件中对特定行为是否构成违法来进行判断，这就是合理原则。[①]在正当理由抗辩规则中适用合理原则也是基于同样的理由。其一，"滥用"这一概念在垄断规制中是个极为模糊的概念，尽管人们尝试从主观恶意、权利边界以及权利本旨等角度对其作出解释，但总有挂一漏万之嫌疑。因而，索性运用合理原则在具体案件中具体分析行为性质，并且前提是不设置经营者行为违法的前见。这也就是正当理由抗辩规则的首要前提。其二，正当理由本身也是个模糊概念，需要综合价值分析、经验分析才能作出判断，这一过程自然需要从价值上寻求经营者行为的正当性，从经验上分析经营者行为的正负效应。这一思维过程正是合理原则的要求。

就后者而言，应当充分认识到不同利益主体的冲突对合理原则的需求。在滥用市场支配地位规制法律关系中，存在滥用市场支配地位经营者、竞争者、消费者以及规制机关等主体。说到底，它们之间的利益冲突可以归纳为个人利益与公共利益的冲突。法律协调群己冲突的历史和现实表明，公共利益并没有高于个人利益的道德优先性，因而冲突只能通过功利主义的利益衡量来解决。毫无疑问，合理原则在某种程度上也是利益均衡之原则，该原则强调必须为经营者个人利益提供必要的存在空间，不能陷入公共利益对经营者个人利益的绝对压倒局面。另外，在经营者行为违法性判断时坚持后果主义导向，如果经营者行为能够产生更大的效益，那么该行为就应当认定为合法。正如王晓晔教授所阐明的，"合理原则对市场上某些反竞争行为不必然视为违法，而需要根据具体情况来判定，尽管该行为形式上具有限制竞争的后果和目的，但同时如果又具有推动竞争的作用，或者能显著改变企业的经济效益，或其他有利于社会整体经济效益和社会公共利益

---

① The Standard Oil Company of New Jersey v. The United States, 221 U. S. 1 (1911).

的需要，该行为就被视为合法"①。

### （三）合理原则在正当理由抗辩中的方法论意义

第一，合理原则的实质化倾向。波斯纳在《反托拉斯法》一书中唯恐不能引起读者的注意，以着重号提醒大家：一般法律规则与合理原则的区别在于"规则与标准的区别"。合理原则所表明的是法律规范的"裁量性、概括性和模糊性"，因而具备实质化特征。②那么正当理由抗辩以合理原则为基础就是要利用好合理原则的实质化特征。一方面认清滥用、正当理由等概念的模糊性和不确定性，杜绝依靠法律规则的逻辑推演就能完成事实认定的幻想；另一方面，向法外因素包括社会、经济、政治、文化以及道德伦理等探寻正当理由的真正内涵和确切含义。

第二，合理原则为正当理由抗辩提供必要的空间。笔者反复强调经营者提出抗辩的权利或者程序具有存在的必要性，而合理原则恰恰为经营者提出抗辩提供了宽松的空间。试想，如果滥用市场支配地位规制适用本身违法原则，经营者根本没有提出行为正当性的可能，即便在形式上具备一定的抗辩程序权利，也因缺乏实体法上的抗辩权利而失去意义。所以，合理原则一方面在程序上给经营者提供了抗辩的可能；另一方面，在实体上也给经营者提出行为正当理由提供了必要空间。

第三，合理原则为正当理由抗辩提供了利益均衡方法。合理原则有关个人利益和公共利益的均衡方法提醒经营者应当从这一方法入手而提出抗辩。在具体案件中，经营者应当就自身行为增益其他竞争者、消费者以及社会公共利益等方面提出充分论证。即便经营者行为于竞

---

① 王晓晔：《竞争法研究》，中国法制出版社1999年版，第212页。
② 叶明：《经济法实质化研究》，法律出版社2005年版，第67页。

争有害，也要就自身行为正面经济效应大于负面效应提出论证。唯此，经营者的正当理由抗辩才可能获得成功。

## 三、经济分析方法

现在应该没有人反对在反垄断法领域适用经济分析方法。经济分析方法大行其道，其首要原因是经济学理论在反垄断法中的支配作用。反垄断法产生伊始并无确定的概念和精确的分析，法官大抵按照自己对垄断的理解自行判案。而在哈佛学派、芝加哥学派以及后芝加哥学派的产业组织理论渗透到反垄断立法与法律实施当中时，经济学帝国主义所到之处，经济分析方法就像《圣经》一样也不可避免地被带到了反垄断法。目前执法者和法官所常用的经济分析方法无不显示着价格理论、供求理论、交易成本理论以及博弈论等经济学理论的影响。经济分析方法的价值基础无疑是效率。以效率为基础，经济分析方法才以效果为导向，以成本—收益为工具来对经营者行为作出评价。从更深层次上讲，经济分析方法属于功利主义思想的方法论，这使得在具体案件的分析、评价过程中，效果分析成为经济分析的主要阵地。经济分析方法与传统的法律规范分析不同。规范分析存在价值预设，主要讨论法律"应当是什么"的问题；而经济分析方法属于实证分析，它的主要工作乃是探寻现实生活的原貌，因而体现为经验范式。与规范分析的定性分析不同，经济分析方法通常属于定量分析，因而它具有明显的技术性和具体性。经济分析方法将具体的法律与经济问题数量化，使法律的经济分析更加精确，比规范分析具有更强的实用价值和可操作性。[①]

---

[①] 钱弘道：《法律的经济分析方法评判》，《法制与社会发展》2005年第3期，第117页。

## （一）正当理由抗辩选择经济分析方法的原因

第一，源于反垄断法独特的知识背景。"对任何社会治理而言，知识都是其无法走出的背景，反垄断法的实施尤其如此。"[1] 应当说，具备什么样的知识背景，就会选择什么样的理论和方法。因而，经济分析方法的选择并非偶然，而是植根反垄断法独特知识背景而衍生出的必然结果。早在一百多年前，霍姆斯大法官就敏锐的预测道："理性地法律研究，当前的主宰者或许还是'白纸黑字'的研究者，但未来属于统计学和经济学的研究者。"[2] 霍姆斯大法官身处社会变革激荡的19世纪末，已经感受到统计与经济分析对于案件审理的重要性，其时，反垄断法才刚刚诞生。而今，他的预测在反垄断法中已得到完全应验。现代反垄断法大量知识来源于经济学，无论是市场界定以及市场结构分析、滥用行为认定、行为后果评价无不渗透着经济学理论和方法的影响。正当理由抗辩规则也是如此。何谓正当理由，恐怕需要对经营者行为后果进行成本—收益分析，也可能需要对经营者的生产、销售的市场环境进行评估，还可能需要对经营者产品或服务特性进行分析。总之，反垄断法独特的经济学知识背景使得正当理由抗辩离不开经济分析方法的支持。

第二，源于滥用市场支配地位规制中的利益衡量。正如前文所述，滥用市场支配地位规制中至少存在经营者利益、竞争者利益、消费者利益以及社会公共利益等不同利益类型。从这个角度讲，反垄断法就是利益衡量之法，正当理由抗辩也是衡量不同主体利益的规则。但问题在于，不同利益孰轻孰重往往陷入争执困境，利益衡量方法论的欠缺也导致它只能是一个模糊性的规则。因此，滥用市场支配地位规制中的利益衡量落到实处必须依靠经济分析方法，有学者称其为利益衡

---

[1] 吴元元：《反垄断司法的知识生产——一个知识社会学的视角》，《现代法学》2014年第6期，第51页。

[2] Oliver Wendell Holmes, "The Path of the Law", *Harvard Law Review* 10, 1897.

量实现的现实标尺。① 首先，经济分析方法以效率为导向，可以为经营者与其他主体的利益衡量提供明确的价值观。其次，经济分析方法为利益衡量提供了有效的评价标准。对正当理由抗辩规则进行经济分析，那么首要标准就是"福利"，这也是评价经营者行为正当性的首要标准，对不同利益主体的评价也落实到福利效果的经济分析。最后，经济分析方法还为利益衡量提供了科学的模型和框架。② 其中，博弈论就是经济分析为利益衡量提供的最大贡献。不同利益主体博弈的最优效果就是使得每位参与者的策略成为对其他参与者策略的最优反应，即实现纳什均衡。实际上，经营者的许多行为也是市场博弈的后果，例如，面对潜在市场进入，经营者不可能长久地实施掠夺性定价。相反，经济生活中出现的低于成本定价可能是基于产品特性、销售策略和市场反应所作出的选择。

第三，源于经营者行为正当性评价的效果导向。经营者行为正当性评价往往离不开效果评价，反垄断法通用的合理原则就是以效果为导向评价行为正当性，因而正当理由抗辩很大程度上是提出自己行为的积极效果。效果评价的特点在于它属于经验分析，需要对评价对象的成本、收益等指标进行核算。而经济分析方法是一种实证方法，其优势就在于方法的技术性，而这种方法是最适合法律效果研究（legal impact studies）或如赫希（W. Z. Hirsh）所称的效果评估（effect evaluation）③。例如，我们评价搭售行为对消费者的影响，并非是根据头脑中的潜在的意识估计消费者福利增加还是减少，而是需要建立一个存在搭售行为与消费者需求弹性等变量的模型，从而根据经济学原理得出相关结论。

---

① 高翔：《利益衡量的具体方法》，《人民法院报》2007 年 1 月 9 日第 6 版。
② 张伟强：《利益衡量及其理论的反思——一个经济分析的视角》，《法学论坛》2012 年第 4 期，第 74—76 页。
③ W. Z. Hirsh, *Law and Economics: An Introductory Analysis*, New York: Academic Press, 1979, p.6.

第四，经济分析方法还能克服规范分析的劣势。规范分析备受诟病的一个方面就是价值目标的空洞性和不可操作性。正如人们评价正义就像普洛透斯的脸一样，规范分析的许多价值目标也很难进行量化分析，而仅仅根据定性分析的话又可能造成新的"不正义"。例如，经营者滥用市场支配地位（如价格歧视）可能构成违法，因为按照规范分析，给不同竞争者设置了不同的交易条件，它可能违背了市场竞争中的公平原则因而违法。但规范分析可能不会想到，价格歧视或许是应对竞争的不二选择，至于竞争者是否真的受到伤害也需要定量分析。恰恰在这一点上，需要经济分析方法发挥作用。

### （二）经济分析对于正当理由抗辩的方法论意义

一是要求经营者注重效率价值。之所以称之为"经济"分析方法，除了源于经济学理论外，还因为这一方法以经济效率为价值目标。因此，运用经济分析方法实际上是围绕经营者行为效率进行定性和定量分析。

二是要求经营者注重福利标准。效率能够带来福利的增益，但效率概念并不能替代福利概念。福利从社会剩余的角度划分为社会总福利标准和消费者福利标准。这是经济分析方法所必不可少的导向，即经济分析的对象要落实到福利标准上面。

三是要求经营者在程序上多采用具备经济分析方法的证据。经营者提出抗辩必然需要充分的证据证明，而经济分析意见在说理性、技术性以及科学性方面都有优势，因而对于提高正当理由抗辩的成功概率大有裨益。

另外，经济分析方法论还提醒我们在研究时注意经济实证技术的学习和运用。无论是成本—收益分析，还是经营者行为博弈分析，抑或数量经济学给反垄断法提供的其他实证技术，在正当理由抗辩的研究中都需要学习和运用。

# 第三章　滥用市场支配地位正当理由认定机制

正当理由的认定无疑在滥用市场支配地位正当理由抗辩规则中居于核心地位。究其原因，正当理由首先是一个事实认定问题，而事实认定是法律规则中需要弄清的因素。没有清晰的正当理由事实认定就谈不上准确的法律适用，法律规则将毫无用武之地。其次，正当理由认定在理论上尚无定论，关于正当性的依据也没有形成共识，因而正当理由认定缺乏明确的进路、标准或者方法。最后，正当理由认定在实践中最容易引发争议。一方面由于正当理由认定事关重大。对反垄断执法机关而言，一旦认定经营者行为具备正当理由，那么就意味着经营者行为不构成滥用市场支配地位；对经营者而言，一旦正当理由没有被认定，自己作出的正当理由抗辩即告失败，接下来极有可能被认定为行为违法。另一方面又由于正当理由认定缺乏明确的理论依据和立法指引，因而在实践中经营者与反垄断执法机构或者其他当事人常常各说各话，争议激烈却难以形成有实质内容的交锋。因此最后，这种争议往往耗费大量执法和司法资源却难有明显成效。

因此，鉴于正当理由认定的重要性，有必要深入研究其认定机制，确定认定进路，明确认定方法，解决理论和实践中存在的各种争议。同时，这也是为滥用市场支配地位正当理由抗辩规则由冰冷的纸面上的法变成生动的"活的实践"提供必要的前提。

## 第一节　正当理由认定之困境

### 一、正当理由概念的不确定性

人们适用一项法律规则自然是希望得出确定的结果，但如果它在概念上是不确定的，或者内涵是空洞的，抑或用语是模糊的，那么很难期待这项法律规则能发挥积极的作用，相反，它只能导致无尽的争议以及适用的失败。这种不确定性甚至将导致法的正当性的丧失，使我们不得不到法律之外寻找司法判决、法律乃至法治的正当性基础。[①]因此，概念的不确定性是正当理由认定面临的首要问题。

首先，我们面临具有争议的理论。关于如何认定正当理由，学者们远未形成共识。例如，王先林教授认为，滥用市场支配地位行为的抗辩主要包括"客观合理性抗辩"和"效率抗辩"[②]，意指正当理由包括行为客观合理性和效率。可见，王教授的主张建立在对行为事实的经验判断和对行为效果的评价上。叶高芬博士以价格歧视为例，提出正当理由主要是"成本辩护"和"适应竞争"。[③]叶博士的观点主要从经验的视角判断经营者价格歧视行为的合理性。肖江平教授则主张"广义的正当理由论"。他认为，对"正当理由"，至少可以从主体、主观方面、行为后果和认定程序等方面进行考察，其中，对行为后果的考虑需要从提高效率、增进公平、维护竞争等三个方面去理解其本义。[④]值得一提的是，肖教授阐述的"正当理由"与本书对正当理由的界定

---

[①] Ken Kress, "Legal Indeterminacy", *California Law Review* 77, 1989.
[②] 王先林：《论滥用市场支配地位行为的法律规制——〈中华人民共和国反垄断法（草案）〉相关部分评析》，《法商研究》2007年第4期，第16页。
[③] 叶高芬：《认定违法价格歧视行为的既定框架及其思考》，《法商研究》2013年第6期，第115页。
[④] 肖江平：《滥用市场支配地位行为认定中的"正当理由"》，《法商研究》2009年第5期，第88页。

并不一致，但就其本质而言，他主要考虑了经营者行为的效果评价。抛却学说纷争单从理论渊源来讲，正当理由与正当性判断有关，而关于正当性判断，在学术史上至少存在规范范式和经验范式的争议。[①] 在不同的范式下，学者们又提出了诸如价值正当、事实正当以及程序正当等截然不同的理论主张。因此，正当理由认定从大的方面讲，它是一个涉及正当性判断的宏大命题。因而，理论上的争议决定了正当理由认定几乎不可能形成较为统一的认识，而这将导致正当理由概念的不确定性。

其次，正当理由在立法上的概念也极为模糊。法律必须通过语言才能表达内涵，只有通过语言，才能表达、记载、解释和发展法。[②] 因此，法律语言应当具备精确无歧义的品质。相反，反垄断立法对正当理由的描述却是粗线条的，大概与合理、正当、公平等抽象概念类同。因此，这种高度抽象、原则的语言不可避免会造成概念上的模糊。例如，我国《反垄断法》第22条除了使用"正当理由"概念外，还使用"公平""合理"等概念。并且，在欧盟、韩国、日本等国家地区立法当中也都使用了同样模糊的概念。正当理由概念的模糊性直接导致法律适用的不确定性，人们总是在探寻其确定含义的过程中"雾里看花"。按照梁慧星教授的说法，不确定性的概念分为两种：一种是内涵不确定，但外延是封闭的；另一种是内涵不确定，而且外延是开放的。[③] 后者又被称为类型式概念或者规范性概念，我们所讨论的"正当理由"概念显然属于类型式概念，它必须由执法者和法官在具体案件中进一步解释或者进行补充。

最后，正当理由在解释上也存在诸多不确定因素。正当理由认定时，由有权机关对其作出进一步解释显然是克服概念不确定性的必然

---

① 此问题在本书第一章已经述及，在此不再赘述。
② 伯恩·魏德士：《法理学》，丁小春、吴越译，法律出版社2003年版，第73页。
③ 梁慧星：《民法解释学》，中国政法大学出版社1996年版，第292页。

选择。但即便在解释问题上，仍然存在亟待克服的不确定性因素。其一，在正当理由解释中存在部门之争，正当理由抗辩规则的实施存在执法途径和司法途径之分。反垄断执法部门作为受控经营者的天然对立方不可能避免部门利益，他们更倾向于管制经营者而不是放过经营者。相对而言，司法机关中立性更强，对正当理由解释也更为客观。由此，两个部门对正当理由作出的解释在标准上难免存在偏差，在尺度上难免存在差异。其二，在正当理由解释中存在规则之争。不同的法律规则难免存在冲突之处，这也是法律协调社会矛盾的必然要求。但是法官必须在"许多规定同一问题，却会引致相反结果的冲突规则"中作出选择。① 那么，在这一规则选择的过程中，正当理由的解释可能就会陷入不确定性。其三，在正当理由解释中存在普遍与具体之争。即便对正当理由作出一个具有普遍性的解释或提供一条具有指导性的依据，在面对具体案件时仍然需要考虑普遍原则的适用性，以免对个别案件、个别当事人造成不适当的裁判。

## 二、正当理由认定主体存在冲突或者不协调

虽然经营者是提出正当理由抗辩的主体，并且有关正当理由的证据材料也主要由经营者提供，但是，这些材料必须由有权机关进行审查和认定，因此，正当理由的认定主体必然是反垄断执法机构或者法院。那么，多重主体是否能就正当理由认定达成一致意见？这成为正当理由认定中又一个值得思考的问题。

反垄断执法机构与司法机关可能就正当理由认定标准、执法尺度等方面存在冲突。这方面的冲突一方面源于反垄断执法机构和司法机

---

① Andrew Altman, "Legal Realism, Critical Legal Studies, and Dworkin", *Philosophy and Public Affairs* 15, 1986.

关占有的权力资源差异。反垄断执法机构占有充足的执法资源，在人员配备、知识储备以及执法专业性等方面都远胜司法机关。因而在技术上讲，反垄断执法机构具备认定垄断行为正当理由的能力；相反，司法机关的认定能力可能就会弱一些。另一方面，反垄断执法机构与司法机关权力运行特点不同也导致二者之间的冲突。执法具有主动性，它天然地具有冲破权力约束进行自由裁量的冲动，因而对经营者私权构成较大威胁。在这种情况下，难保执法机构对正当理由的认定不会脱离公正、客观的轨道。而司法往往具有被动性、中立性，由司法机关就正当理由作出裁决显然是最符合法治精神的选择。因此，上述二元悖论导致反垄断执法机构与司法机关无时不处于紧张状态，正当理由的认定也不可避免地存在分歧和不确定性。

### 三、正当理由认定缺乏明确的标准和方法

认定标准是正当理由认定的起点，它是区分正当理由能否成立的依据，决定了认定正当理由应当从何处出发。正如南门立木，立竿见影，标准决定了正当理由认定的方向。而认定方法则是在既定标准下，如何实施正当理由认定的方法。科学设计的认定方法能够帮助正当理由抗辩规则顺利实施，因而认定方法决定了反垄断执法机构以及法院能否公正、高效地识别正当理由。由此可见，认定标准和认定方法是正当理由认定不可或缺的因素，而这两个方面的实践活动却并不尽如人意。

就认定标准而言，除了前文提到的王先林、肖江平、叶高芬等学者提到的认定标准外，其他学者也提出了较有意义的观点。例如，孟雁北博士认为经营者享有拒绝交易的权利，但在特定情况下应当受到限制。因此，孟博士实际从权利滥用的视角分析了垄断问题。换言之，经营者拒绝交易行为应先被视为一种权利，因而权利本身也是认定经

营者行为正当性的标准。① 李剑教授在分析百度"竞价排名"是否构成滥用市场支配地位时提出,外部性(搭便车)的内部化、契约自由以及商业模式是百度提出滥用市场支配地位"豁免"的正当理由。② 如果作进一步归纳,李教授提出的上述正当理由可以归结为"客观合理性"以及"权利"标准。另外,张永忠教授还提出"消费者福利标准"具有独立性、正当性、适用的简便性,可以作为滥用市场支配地位违法性的认定标准。③ 按照这一说法,消费者福利也可以成为经营者提出抗辩的正当理由。只不过,消费者福利可以纳入广义的"效果"标准,改变了效果标准独尊效率的局面。而从我国《反垄断法》及其配套法规的法律条文来看,立法(及授权立法)机关设置了"客观合理性""效率""社会公共利益"以及"经济发展"等不同标准。但是不难看出,"效率标准"和"社会公共利益标准"或者"消费者福利标准"其实很难兼容。因此,虽然学者们以及立法机关提出许多认定标准,但正当理由认定远未形成共识。具体而言,存在如下几个问题。第一,正当理由认定应当坚持一元标准还是多元标准?第二,如坚持多元标准,不同标准的冲突如何协调?第三,正当理由认定标准与滥用市场支配地位行为违法性认定标准有何关系?二者是否一致?

就认定方法而言,立法并未提供明确的指引和程序。④ 尤其在面对如此繁复的认定标准时,采取何种方法才能协调它们之间的矛盾,或者采取何种方法能够在它们之间确立一定的秩序。例如,我们是应当先遵循"客观合理性"标准还是先考虑"效率"标准?如果不能把这

---

① 孟雁北:《拒绝交易权的限制问题研究》,《广东商学院学报》2005年第1期,第81页。
② 李剑:《百度"竞价排名"非滥用市场支配地位行为》,《法学》2009年第3期,第56页。
③ 张永忠:《反垄断法中的消费者福利标准:理论确证与法律适用》,《政法论坛》2013年第3期,第102页。
④ 需要注意的是,笔者在此讨论的正当理由认定方法并非利益衡量、经济分析等法学或法律方法,而是执法机构和司法机关如何按照一定的步骤和程序进行正当理由认定的方法。因此,从这个意义上讲,该"方法"与步骤或程序的概念更为接近。

些认定因素予以统筹考虑，那么有可能会造成执法和司法资源的浪费，也得不出有效的结论。因此，正当理由认定必须寻求"好"的方法。那么何谓好的认定方法？正当理由认定应当选择何种方法？笔者认为可以从以下几个维度予以考虑：一是该方法能否实现正当理由认定的目标，也就是说，该方法是否具备工具价值？二是该方法实现正当理由认定的目标是否存在障碍？换言之，该方法是否具备较低的成本？因此，认定方法的选择必须考虑执法资源和司法资源的现实情况。三是通过某种方法的适用能否得出确定性较强的结论？如果或然性较大也不能称其为有效的方法。

## 第二节 正当理由认定之模式

正当理由的认定属于正当理由抗辩规则实施的主要内容，而不同主体的实施过程也反映出不同的特征。因而，一些具有共性的实施过程可以归纳为同类模式。按照在正当理由抗辩规则实施权力机关的不同，可以将正当理由认定机关区分为执法机关和司法机关，它们在权力配置、实施程序等方面存在诸多差异，因而正当理由的认定可区分为行政模式和司法模式。

### 一、正当理由认定的行政模式

#### （一）正当理由行政认定模式概况

我国《反垄断法》规定，国务院规定的承担反垄断执法职责的机构负责反垄断执法，目前滥用市场支配地位规制工作主要由国家发改委和国家工商总局负责。同时，按照法律授权，省、自治区、直辖市发改委和工商局也有权实施。由此看来，对正当理由的认定呈现"多部门、多层级"的执法特征。为保证正当理由认定的正常进行，行政机关有权对经营者进行调查，包括检查、询问、查阅、复制文件和资料，查封、扣押相关证据，查询银行账户，等等，对于经营者提供的事实、理由和证据要进行核实。

像我国一样由多部门进行正当理由认定的国家还有美国、德国、俄罗斯等。其中，美国联邦贸易委员会和司法部反托拉斯局负责反垄断执法，当然也包括正当理由的认定，而且两个部门都设立了垂直领导的地区办公室，分别负责几个州的反垄断调查、分析工作。德国处理正当理由认定的行政机关统称卡特尔局，其中包括联邦卡特尔局、联邦经济与技术部以及州法规定的有管辖权的州最高机关。由于俄罗斯将垄断区分为一般市场垄断和自然垄断，它们分别由联邦反垄断机构和自然垄断监管机关负责执法。因而，在俄罗斯，经营者行为的正当理由存在两个部门认定问题，由于他们的职责范围有所不同，正当理由认定标准也可能存在不一致的地方。

而更多的国家则采取"一元"反垄断执法模式，即由一个部门负责反垄断执法。其中，不少国家都是由以前的"多元"执法模式演变而来。例如，英国于2013年集中公平贸易办公室和竞争委员会职责而组成竞争与市场管理局，由它统筹反垄断执法。同年，荷兰则合并了反垄断执法机构、消费者保护机构以及邮政和电信机关部门，成立了消费者与市场管理局。而在更早的2009年，法国将负责竞争执法的经济工业就业部下属的竞争消费和反欺诈总司与法国竞争委员会合并，同时组建成立法国竞争管理总局，负责反垄断案件的调查及裁决。而在韩国、日本等地，反垄断执法活动则由公平交易委员会负责。

应当说，行政机关集合了执法优势资源，在人员配备、技术手段以及专业程度上都能胜任正当理由认定工作。但是，执法权力是一柄双刃剑，执法权力的扩张以及与经营者的对立地位又影响着经营者行为正当理由的公正认定。

## （二）正当理由行政认定模式的优势

由于反垄断执法机构担负着实施反垄断法的职责，因而它是正当理由认定的专门机关。而专门性的基础在于反垄断执法机构处理垄断案件的专业性和动员能力。首先，反垄断执法机构在资源配置上具备优势。以反垄断执法最为发达的美国为例，截至2010年，美国联邦贸易委员会拥有职员1190人，按照职业区分，有246名律师，56名经济学家，其他职员有888人。2010年财政年度，联邦贸易委员会经费预算为2.75亿美元，其中有一半用于反垄断业务。同时在内部机构设置上，联邦贸易委员会拥有竞争局、消费者保护局、经济分析局、国际事务办公室等部门，另外还有8个垂直领导的地区办公室。同年，美国司法部反托拉斯局共有787名职员，其中包括354名律师、55名经济学家以及378名其他职员。同时，反托拉斯局的财政预算高达1.63亿美元，并且全都用于反垄断业务。[①] 在内设机构和地方执法能力方面，反托拉斯局也不遑多让。而欧盟委员会竞争总局的执法资源也比较雄厚，根据2005年的条件，该总局财政预算达到9000万欧元，560名全职员工中有398人直接负责反垄断执法。[②] 另外，根据欧盟《关于执行条约第81条和82条竞争规则的1/2003号条例》（以下简称"欧盟第1/2003号条例"）规定的成员国合作精神，成员国也应当指派和授权专门机构作为公共执法者来适应条约第81条和第82条。相反，与反垄断执法机构相比，司法机关无论在人员配备还是物资储备上都相对弱势，因而，由反垄断执法机构认定滥用市场支配地位正当理由就具备突出的资源优势。

其次，反垄断执法机构在知识储备上更为深厚。作为现代新型法

---

[①] 国家发改委价监局市场价格监管处：《美国反垄断执法机构和做法》，《中国价格监督检查》2011年第9期，第25页。

[②] 王晓晔：《我国最新反垄断法草案中的若干问题》，《上海交通大学学报（哲学社会科学版）》2007年第1期，第14页。

律的反垄断法，其内在规定性即在于"强烈的专业色彩和突出的技术理性"①。选择反垄断执法机构作为正当理由认定的机关具有"决定性的论辩"就是其知识论立场。上一段也提到，反垄断执法机构有大量的律师和经济学家，他们能够胜任复杂的法律和经济分析工作。不仅如此，由于反垄断案件涉及企业生产、经营活动，涉及不同产业、行业，在政策上与国家宏观决策密切相关，在理论上则与产业组织理论等经济学知识紧密相连。而反垄断执法机构的人员配置大都具备经济学素养，或者来自于产业部门，从事过经营管理工作。最为明显的是，反垄断执法机构运用的诸多分析工具大多属于经济分析，而这显然由经济学家来设计、运用。

最后，反垄断执法机构在权力行使上更为主动。主动性是行政权力行使的基本属性。反垄断执法机构拥有调查取证、检查询问、查封扣押等权力，能够积极应对反垄断案件，也能对经营者提出的行为正当理由及时予以审查和判断。例如，根据《反垄断法》，反垄断执法机构可以对经营者营业场所和其他有关场所进行检查，询问经营者、利害关系人并要求其说明情况，查阅复制相关单证、协议、会计账簿、业务函电、电子数据等，查封、扣押相关证据，查询相关账户，等等。根据欧盟第 1/2003 号条例，欧盟委员会为履行职责可以采取简单的要求，或通过决定的方式，要求经营者提供必要的信息。在委员会作出认定经营者行为正当理由的决定时，企业在任何情况下都有义务回答有关事实的问题并提供文件，即使这些信息可能会被利用来反对他们或者反对另一个实施违法行为的经营者。

### （三）正当理由行政认定模式的不足与改进

正当理由行政认定模式固然高效、专业，但也存在许多不足之处。

---

① 吴元元：《反垄断司法的知识生产——一个知识社会学的视角》，《现代法学》2014 年第 6 期，第 51 页。

尤其在我国，反垄断执法尚无多少经验积累，机构设置也因循了传统执法的不少弊端，以下三个方面的不足之处尤其遭受了最多的批判。

第一，反垄断多部门执法模式存在弊端。不可否认，选择多头执法还是一元执法模式本身就是个争议问题，况且反垄断执法经验最为丰富的美国也是采用多部门执法模式。但是，美国并不认为这是一个值得推广的经验[①]，而且某种程度上，美国国内对这种执法模式的批判多于赞成。原因就在于，其一，多部门执法可能会造成人员配置、机构设置的重叠以及财政经费的浪费。因为关于"正当理由"的认定无论在价格歧视行为还是搭售行为抑或掠夺性定价行为中都具备大体一致的标准，所运用的分析工具也基本相同，充其量只不过是因案件数量增减而产生的执法需求变化，而由多部门执法无疑破坏了机构设置上的"规模经济效应"。其二，多部门执法可能会产生执法矛盾，不同部门或相互推诿或争夺执法权，从本质上来讲，反垄断执法机构无不以部门利益为最高利益而忽略了执法本应具备的宗旨。其三，多部门执法还可能造成对正当理由解释的分歧。不同执法主体对同一问题存在不同认识，这是一个大概率事件，况且正当理由本身含义模糊，适用具有不确定性，这更增加了正当理由认定分歧的概率。基于上述原因，多部门执法模式备受学者诟病，所以在我国《反垄断法》出台以后，无不慨叹该法未能创设一个"独立、统一和权威的反垄断执法机构"。

第二，反垄断执法中立性不足。首先，反垄断执法机构存在自身利益。即便作为执法部门，其"经济人"本性也难以完全克服，在执法中"挑肥拣瘦"，尽量选择带来最大执法收益的案件。而且在有的国家如俄罗斯，行业监管部门与反垄断执法机构分享垄断行为治权，而

---

[①] 王继平、高娜：《科瓦西克菜单与我国反垄断执法机构改革》，《天津商业大学学报》2015年第4期，第9页。

行业监管部门既是行业领导者又是监管者，难免会存在执法偏颇。在我国，虽然在事实上排除了行业监管部门的反垄断执法权，但是我们应该知道在《反垄断法》草案中曾明确规定："有关行业监管部门在各自监管行业执行反垄断法的规定"。虽然最终删掉了这一条款，但这个问题本身并不明确，为未来在这些领域的反垄断执法留下了隐患。[①] 因而，从维护被监管者利益出发，极可能导致正当理由认定标准设置的过于宽松，从而间接放过了某些垄断行为。其次，与第一个问题相似，反垄断执法机构可能存在被俘获的可能。斯蒂格勒（G. J. Stigler）甚至断言，规制是一系列受产业所需和控制的政府给予的"恩赐"，人称产业集团用金钱或实物的竞选馈赠购买政府的管制。[②] 而且，从事俘获的主体不仅限于产业集团，其他利益集团如行业协会、消费者保护团体等，或者政治压力集团，甚至公众舆论，都能干扰执法机构的公正、中立执法。因此，正当理由的认定过程反而变成不同利益集团反复博弈的过程，而依法行政所具备的法治精神和公正品性则荡然无存。最后，反垄断执法部门从本质上讲与经营者处于对立面。从执法主动、扩张的特点来看，对具有垄断嫌疑的经营者"定罪"是执法机构的目的。如果经营者行为具备正当理由，则上述目的无法实现，因而从公权力与私权冲突的角度而言，反垄断执法机构认定正当理由也可能会丧失中立性。

第三，反垄断执法程序公开性尚待进一步努力。正如"阳光是最好的防腐剂"，程序公开也是对治行政腐败、规制俘获、执法不公的良药。而从我国的反垄断执法实践来看，程序公开并不尽如人意。首先，对于许多涉嫌违法的行为采取"约谈"的方式沟通，但难保正常

---

[①] 王先林：《理想与现实中的中国反垄断法——写在〈反垄断法〉实施五年之际》，《交大法学》2013 年第 2 期，第 19 页。

[②] G. J. Stigler, "The Theory of Economic Regulation", *The Bell Journal of Economics and Management Science* 2, 1971.

的沟通在暗箱中变成"勾兑",不透明的操作方式即便实质合法但也遁入人们的深深不信任当中。其次,国外盛行的听证制度在我国并未推广开来,甚至《反垄断法》及配套法规都未提及,从反垄断执法实践来看,受控经营者也未享受任何听证的权利。那么,在程序不公开的情况下,正当理由认定也是争议颇多:经营者行为被认定具备正当理由,则消费者及社会公众不满意,被认定不具备正当理由,则经营者颇多"冤屈"。

正当理由行政认定模式的种种不足要求对该模式进行改进。简而言之,就是要改变多头执法模式,建立具有权威、职权统一的反垄断执法机构,进而斩断规制俘获利益链条,保持执法公正、中立。最后,通过程序公开措施提高执法公信力,让反垄断执法机构的正当理由认定更让人信服。

## 二、正当理由认定的司法模式

### (一)正当理由司法认定模式概况

司法作为解决社会矛盾的最后一道防线,其作用与地位不言而喻。由于反垄断法司法实施的存在,司法途径也成为正当理由认定的重要手段。在我国,正当理由的司法认定主要体现在民事诉讼和行政诉讼两个场域。《反垄断法》第 60 条规定,"经营者实施垄断行为,给他人造成损失的,依法承担民事责任"。该条为垄断行为受害人提出民事诉讼提供了机会,实践中也发生了多起针对滥用市场支配地位行为的反垄断民事诉讼,如典型的"奇虎诉腾讯案"[1]。那么,在民事诉讼中,原告会就被告经营者滥用市场支配地位提出指控,被告经营者可能会就其行为具备正当理由而提出抗辩。那么正当理由是否成立,则由人民

---

[1] 参见广东省高级人民法院(2011)粤高法民三初字第 2 号民事判决书。

法院根据相关事实与证据进行裁判。为了查明事实，人民法院会要求被告承担举证责任。[①] 除了民事诉讼，反垄断行政诉讼也可能存在正当理由认定问题。《反垄断法》第 65 条规定，对反垄断执法机构作出的前款规定以外的决定[②] 不服的，可以依法申请行政复议或者提起行政诉讼。换言之，在行政程序中，经营者提出正当理由抗辩可能未获支持，由此而导致反垄断执法机构作出于己不利的决定。那么，经营者如对此不服，可向人民法院提起行政诉讼，要求法院对自己的正当理由抗辩请求进行审查。

在美国，反垄断司法与执法同样重要，美国《谢尔曼法》从一产生就规定了垄断行为规制的司法程序，它认为垄断是严重的犯罪，如参与垄断者是公司，则处以 100 万美元的罚款，如参与人是个人还可能被处以三年以下监禁。应当说，美国司法为各国司法机关裁判垄断案件树立了典范。具体而言，美国认定经营者正当理由的司法程序主要体现为刑事诉讼、民事诉讼以及司法审查。如上所述，《谢尔曼法》有关刑事处罚的规定是刑事诉讼的渊源，值得一提的是根据 2004 年《反托拉斯刑罚提高及改革法》的规定，美国对公司刑事罚金增至 1 亿美元，对个人刑事罚金也增至 100 万美元，而且最高监禁期从三年提高至十年。不得不说，在如此高的惩罚力度下，法院对事实认定和法律适用应当十分审慎，尤其当经营者提出正当理由抗辩时，法院应当予以仔细审查。美国提起反垄断民事诉讼的主体包括国家和私人，其中由国家提起民事诉讼的专属权利属于美国司法部反托拉斯局和美国联邦贸易委员会。美国的司法审查制度在功能上与我国行政诉讼有相

---

[①]《最高人民法院关于审理因垄断行为引发的民事纠纷案件应用法律若干问题的规定》第 8 条规定，被诉垄断行为属于反垄断法第十七条第一款（现行《反垄断法》第二十二条第一款）规定的滥用市场支配地位的，原告应当对被告在相关市场内具有支配地位和其滥用市场支配地位承担举证责任。被告以其行为具有正当性为由进行抗辩的，应当承担举证责任。

[②] 指的是对反垄断执法机构依据《反垄断法》第 34、35 条以外的条款作出的决定。

似之处，其主要内容一是反垄断专门机关提请的，请求法院对自己所采取的强制措施予以确认的司法审查；二是当事人不服反垄断专门机关的强制措施提请的，请求对这些强制措施的错误予以纠正。[①]正当理由作为滥用市场支配地位构成与否的主要事实，自然是司法审查的重要内容。

而从法律规则的层面讲，正当理由司法认定模式一般都有抗辩及辩护制度、证据及证明制度、司法审查制度等具体规则来支撑。这些规则能够影响法官对案件事实的判断，最终影响正当理由能否被认定。鉴于这些规则的程序性，笔者将在后文专章讨论。

### （二）正当理由司法认定模式的功能

第一，司法模式是正当理由认定规则的生发器。前文曾讨论过正当理由认定面临的概念模糊性、逻辑不周延以及规则的不确定性。那么，解决这一问题的方案一般归结于法律解释。正如郑玉波先生所言，"唯适用法律，必先解释法律"[②]。但在反垄断法领域，立法解释几近虚置，行政解释因其主体非中立性、程序非终局性也仅能作为反垄断执法机构自身执法的一般指引，其效力大打折扣。相比而言，由于司法机关的职权所在，加之其地位中立，程序终局，使司法解释成为反垄断司法的应有之义，"司法解释的最终性乃是司法最终性的必然组成部分"[③]。因此，在正当理由认定面临诸多不确定性问题时，必须由法院在具体案件中对其进行解释。正当理由认定规则正是在司法中逐渐衍生的，司法成为其"第二诞生地"，从某种意义上讲，司法成为正当理由

---

[①] 蒋岩波：《美国的反垄断司法及其对我国的几点启示》，《经济法研究》2007年第1期，第201页。

[②] 郑玉波：《法谚（二）》，法律出版社2007年版，第23页。

[③] 孔祥俊：《法律方法论——法律解释的理念与方法》，人民法院出版社2006年版，第570页。

认定规则的生发器。司法模式的这种功能在美国司法中体现得尤为明显，例如，《谢尔曼法》虽然在1890年就已产生，但因其条文极为粗疏，适用面临较大困难。这一方面是因为《谢尔曼法》严厉的贸易限制与近代以来的契约自由的精神不太相符；另一方面则是因为国会把如何解释法律禁止范围的关键性权力交予联邦法院。[①] 直到20余年后的"标准石油公司案"中，怀特法官提出了"合理原则"，《谢尔曼法》才找到一般案件的适用规则。

鉴于司法模式"创制"法律的功能，我们有理由期待正当理由认定能够在司法实践中形成一定规则，或者至少能得到确定性内涵。在具体途径上，最高人民法院可通过发布规范性的"司法解释"对正当理由认定提出具体意见，也可以通过发布指导性案例给嗣后案件提供明确指引，当然也可以交由具体案件审判法官按照一般法律原则对正当理由作出合理解释。那么通过上述努力，就是要达致这样的结果：正当理由内涵与外延明确并能在具体案件中形成具体解释，正当理由认定形成具有普遍性的标准和依据，正当理由认定规则在概念和逻辑上的不确定性降至最低限度。

第二，司法模式是正当理由认识分歧的调节器。司法这一功能主要源于其中立、公正的品质。对于经营者行为是否具备正当理由，指控者肯定极力否定，而受控经营者必然竭力证明。对于两造讼争，司法机关不偏不倚，居中裁判，听任双方发表意见。在形式上，司法机关不会因为一方是行政机关或者大型企业集团就"高看一步"，也不会因为一方是受害者或弱势群体而"低看一眼"。相反在实质上，司法机关也不可能出于"平民主义精神"而对强势一方科以更高义务，也不会因此而对弱势一方赋予更多权利，除非立法已对此作出规定。那么

---

① 欧内斯特·盖尔霍恩等：《反垄断法与经济学》，任勇等译，法律出版社2009年版，第32页。

这种司法模式对于正当理由认定而言至少存在两点作用。一是信息提供的激励作用。正当理由属于事实认定问题,其最大困难就在于得不到证据材料支撑或反对。司法模式的证据制度可解决这一问题,一方面,经营者慑于败诉风险,它必然积极提供信息支持自己的正当理由论证;另一方面,对方当事人也会对此提出对抗性证据。双方彼此争辩,结果就是支持或否定正当理由的信息逐渐显现。二是司法中立带来的公信力。英国思想家培根曾说,"一次不公正的裁判,其恶果甚至超过十次犯罪。——好比污染了水源。"由此,司法公正的重要性可见一斑。而当时相信司法是中立的,那么无论作出何种判决,他都会对此信服。也就是在这个意义上,由法官认定或否定的经营者行为正当理由可以获得公认的效力。

第三,司法模式是正当理由行政认定的监督器。由于反垄断执法机构权力强势,往往带来与处罚对象弱势权利的紧张关系。再加上反垄断执法机构与被处罚经营者对立的立场,无论正当理由认定得出什么样的结论都不会获得经营者的满意。相比而言,反垄断司法在正当理由认定问题上"不仅在形式上更具平等、客观、民主、公平的外观,在实质上也比反垄断法的执法具有更强烈的法治理性"[1]。因此,法院通过行政诉讼程序或者司法审查程序将正当理由进行重新认定,这实际上监督了反垄断执法机构的执法行为,同时也能倒逼其在执法时就充分尊重经营者权利,避免受到利益集团干扰或者避免因腐败而作出不公正决定。

### (三)正当理由司法认定模式的不足与改进

"对任何社会治理而言,知识都是其无法走出的背景。"[2] 也正是由

---

[1] 蒋岩波:《我国反垄断法的司法制度构想》,《法学家》2008年第1期,第29页。
[2] 吴元元:《反垄断司法的知识生产——一个知识社会学的视角》,《现代法学》2014年第6期,第51页。

于司法模式的知识弱势导致正当理由认定存在知识困境。其一，在正当理由认定等实体问题上，司法机关不占主导地位。从反垄断法的相关解释文件来看，司法机关仅仅在2012年出台了《最高人民法院关于审理因垄断行为引发的民事纠纷案件应用法律若干问题的规定》这一部司法解释，而且内容主要涉及管辖、证据等程序问题；而行政机关却出台了大量的规范性文件指导具体的反垄断执法实践。因此，反垄断法律规范的分布呈现"执法机关强而司法机关弱"的格局。由于法律规范显示了相关部门的权力权威和专业能力，因而，反垄断法律规范的分布格局容易使公众形成这样的认识：与执法机关相比，司法机关处理反垄断问题不够权威，专业性不足，缺乏技术优势。其二，与执法机关相比，司法机关的实践知识也相当不足。司法过程是一个通过司法解释、推理逐渐积累实践知识的过程。但实际上，执法机关承办了大部分反垄断案件，经由法院解决的反垄断纠纷少之又少。无形中，执法机关实践知识越发丰富，而司法机关则很难积累起相关知识。实践中，缺乏专门审理反垄断案件的法庭某种程度上就体现了司法机关的非专业性。其三，法官的知识背景较为单一，基本上属于法律专家，但反垄断案件的复杂性决定了仅靠法律知识不足以分析、解释、解决垄断问题。其四，司法的被动性也导致司法机关的知识弱势。由于法院坚持"不告不理"，很少主动对案件进行调查取证，因此，法院缺乏强大的信息获取能力。信息获取能力的低下导致司法机关更难胜任正当理由认定这一问题。

司法认定存在的知识弱势困境会导致以下两个问题。一是在私人诉讼中，一方经营者就垄断行为提出正当理由抗辩，由于法院缺乏相应的知识背景，很难就正当理由作出认定。另外，司法程序固有的法庭辩论、质证等程序也难以促进正当理由"知识"的生产。二是在行政诉讼中，由于行政机构几乎垄断了正当理由的"知识产出"，法院自然愿意听从反垄断执法机构的意见而作出不利于经营者的判决。如此一来，认定正当理由的行政诉讼就失去了意义。

因此，正当理由的司法认定模式需要克服的首要问题就是知识弱势，而实现这一点则至少需要从以下两个层次作出努力。一是就法官个人而言，应当增强其知识储备，使处理正当理由认定的法官起码具备交叉知识背景，能够胜任经济分析等反垄断分析方法。二是就知识生产的制度激励而言，应当发挥指导性案例制度的良性诱导功能，激励法官在正当理由认定过程中形成相应的理论规则和实践经验。应当营造基于分工的知识生产空间，并构建知识生产的民主合作机制。一方面，构建法院决策咨询系统，引入专家意见，让正当理由事实问题交由专家解释、说明，进而辅助法官作出判断；另一方面，通过诉讼主体资格限制、证明责任分配等方式，扩大法官采集正当理由信息的能力，最终强化法院的知识生产能力。

### 三、两种模式的冲突与协调

行政模式与司法模式各有特点，例如，前者主动、强势，后者被动、中立；前者专业性较强，而后者则呈现知识弱势。因而，在认定正当理由时，两种模式难以避免存在冲突。不过，两种模式属于两种不同的反垄断法实施程序，因而程序冲突可能会导致正当理由认定出现分歧。第一，正当理由认定的行政程序是否构成民事诉讼的前置程序。如果是前置程序，那么行政程序中对正当理由的认定证据和结果在民事诉讼中地位如何。如果不是前置程序，那么就引出第二个问题，即行政程序与民事诉讼程序存在竞合的情况下该如何处理。正当理由的认定在行政程序和民事诉讼程序中出现不一致的结果时该怎么办。第三，行政程序中的正当理由认定是否是终局决定，换句话说，司法程序是否存在对行政决定的司法审查，如果是肯定答案，那么司法审查的对象是否涉及正当理由的事实认定。

关于第一个问题，学界主流观点都不赞成将行政程序作为司法程序的前置程序。因为这样的程序设置限制公民诉权，而且也失去了反垄断民事诉讼救济当事人的初衷和效果。并且从世界上来看，也极少有国家进行如此设置。而就正当理由认定而言，如果存在行政前置程序，那么这样的立法例无疑是重视反垄断执法机构对正当理由的事实认定，也即反垄断执法机构作出的行政裁决对司法程序会产生约束力。这样一来，民事诉讼不过成为行政裁决发挥作用的另一个场域，失去了审查正当理由事实的独立性。

另外有些学者则强调，前置程序的设置可节约司法成本，"使法院在反垄断民事诉讼中能够受益于反垄断执法机构强大的调查力和专业能力"[①]。而反垄断立法较早的邻国韩国、日本在历史上也曾基于反垄断执法机构的专业性而建立行政前置程序。就我国司法实践而言，反垄断执法机构因具备较强的专业性，正当理由事实认定更为精准，因而反垄断执法机构调查的证据和作出的决定对司法机关事实认定起到关键作用。所以《最高人民法院关于审理因垄断行为引发的民事纠纷案件应用法律若干问题的规定》第2条虽然允许当事人直接提起民事诉讼，但若有正在进行的反垄断执法程序，则需要等反垄断执法机构认定构成垄断行为的处理决定发生法律效力后才能提起民事诉讼。

因此，总的来看，不论是否存在行政程序，当事人都可以提起民事诉讼。但如果存在已生效的行政裁决，那么法院在认定正当理由事实时就要格外谨慎，除非有足够的证据和理由证明行政执法的错误；否则，应充分尊重以专业执法者为核心的行政执法机关的终局决定。[②]

第二个问题的存在也会影响正当理由的认定。正当理由认定既存在于反垄断执法程序又出现在民事诉讼程序中，如果两种程序同时运

---

[①] 黄勇：《中国反垄断民事诉讼若干问题的思考》，《人民司法》2008年第19期，第21页。
[②] 刘水林、王波：《反垄断法实施的"结点"问题研究》，《上海财经大学学报》2010年第5期，第29页。

行，那么必然存在正当理由认定不一致的现象。例如，在反垄断执法机构作出相应决定后，法院作出正当理由认定不一致的裁决；或者法院先行作出裁决，行政机关又作出正当理由认定不一致的决定。如此一来则可能产生"同案不同判"的现象，进而会造成法律实施的冲突，同时也给当事人造成法律认知的错误。因此，如何协调两种程序的竞合问题也是正当理由认定面临的突出问题。对此，不少学者、专家提出了自己的意见。一种意见强调不必考虑竞合协调问题。这种观点以最高人民法院孔祥俊法官为代表，他认为，"法院在民事诉讼中，没有太多的选择性，只要符合起诉条件法院就得受理。垄断行为受害人同时向行政机关投诉和向法院起诉的，法院就没有理由停下来等行政处理结果"①。另一种观点则认为两种程序应当避免重复。例如，商务部官员赵宏认为，"从节约资源的角度讲，当事人既然已经寻求司法救济了，那么行政执法就应停止"②。反垄断法专家王先林教授则认为，"为了避免执法资源的浪费，防止行政和司法对同样的案件作出不同的裁决，法院的民事诉讼程序应当中止"③。

我们应当明确，协调两种程序的竞合问题应当确立什么样的目标，然后才会作出合适的选择。就正当理由认定而言，查清正当理由事实应当是最为基本的目标。围绕这一目标，无论是行政程序还是民事诉讼程序，都需要发挥其事实发现功能。因而从这一目标来看，两种程序就正当理由认定出现分歧虽然暂时会造成法律实施的不统一，但长远来看会使反垄断执法机构与法院在法律实施的质量上形成竞争。因此，两机关都会努力查清事实，就经营者行为正当理由作出适当认定。

---

① 孔祥俊：《受害人提起反垄断法诉讼法院可直受理》，《人民法院》2008年9月8日，第4版。

② 改转自袁定波：《反垄断民事官司面临众多"说不清"》，《法制日报》2008年10月28日，第6版。

③ 王先林：《论反垄断民事诉讼与行政执法的衔接与协调》，《江西财经大学学报》2010年第3期，第89页。

所以，笔者建议两种程序应并行不悖。否则，无论优先适用哪种程序，都不可避免影响后一种程序对正当理由事实的认定。

第三个问题涉及对正当理由认定行政决定的司法审查。由于反垄断执法机构既有权力优势又具备专业能力，因而正当理由认定的"话语权"常被行政机构"垄断"，由此也可能会导致反垄断执法机构肆意作为、滥权。因而各国通常把司法审查作为限制行政权力、规范行政行为的重要监督机制。由此，司法审查也成为解决正当理由认定冲突的途径之一。就我国而言，司法审查主要是指针对反垄断执法机构决定的行政诉讼而不是民事诉讼。由于民事诉讼主要是对垄断行为受害人实施救济，因而其性质决定了民事诉讼并非司法审查的载体。

当然，通过司法审查解决正当理由认定分歧或者错误还面临一些困难，最突出之处主要集中在以下两点。一是知识弱势的司法机关如何抗衡反垄断执法机构的专业强势。在前文的论述中我们已经深入讨论了司法机关的知识弱势以及反垄断执法机构的专业能力。因此，司法机关对反垄断执法机构有关正当理由的认定进行司法审查恐怕会力不从心。二是司法权与行政权的复杂关系导致司法审查的程度很难把握，甚至在不少情况下，司法审查沦为行政权力扩张的附庸，司法机关接受了行政机关对正当理由作出的认定。例如，欧盟法院在大多数案件中维持了欧盟委员会作出的决定，而且这一趋势近年来越发明显，甚至从2001—2010年的十年间，原告针对欧盟委员会有关滥用市场支配地位案件处理决定而提起诉讼，无一例胜诉。[1]

因此，正当理由行政认定的司法审查应当着力从提高司法机关的专业性和独立性做起。完善反垄断立法，明确司法审查依据和标准，确立全面审查原则，合理把握司法审查强度，健全审判组织。[2]

---

[1] Damien M. B. Gerard, "Breaking the EU Antitrust Enforcement Deadlock: Re-Empowering the Courts?" *European Law Review* 36, 2011.

[2] 游钰：《论反垄断执法的司法审查》，《中国法学》2013年第6期，第34页。

## 第三节　正当理由认定的原则与标准

### 一、正当理由认定的功利原则与历史原则

#### （一）功利原则

功利原则最早在近代由边沁提出并系统阐述。功利原则导源于英国经验主义，因而边沁也是从人类的基本体验——快乐与痛苦——出发，讨论立法的基本原理。边沁强调，快乐与痛苦在功利原则中占有支配地位，并且应当作为"依靠理性和法律之手"构建福乐大厦的制度基础。[①]因而，基于人们"避苦求乐"的诉求，功利成为衡量一切人类社会制度的标准。边沁继续解释道，功利就是指客体的这样一种性质：它倾向于给主体带来"实惠、好处、快乐、利益或幸福"，或者倾向于使主体避免遭受痛苦、祸患、损害或者不幸。[②]不论这个主体是共同体还是个人，功利终将指向其幸福。所以，功利原则的内涵可以作如下表达："它按照看来势必增大或减小利益有关者之幸福的倾向，亦即促进或妨碍此种幸福的倾向，来赞成或非难任何一项行动。"[③]也即无论是私人还是政府，其行为能增进利益相关者之福利，则符合功利原则；其行为减损利益相关者之福利，则违背功利原则。那么，作为立法的指导原则，功利原则也是通过福利的增减来评价行为合法性。由此看来，功利原则的内在逻辑在于，将"快乐"与"痛苦"作为立法的人性基础，进而通过功利来评价、指引人们避苦求乐，由此，符合立法的行为将是符合功利原则给人类带来福利的行为。

按照功利原则，立法目标必然导向福利，福利成为立法与公共政策考虑的关键因素，不仅如此，福利的范围不只局限于某个个体的利

---

[①] 边沁：《道德与立法原理导论》，时殷弘译，商务印书馆2000年版，第57页。
[②] 边沁：《道德与立法原理导论》，时殷弘译，商务印书馆2000年版，第58页。
[③] 边沁：《道德与立法原理导论》，时殷弘译，商务印书馆2000年版，第58页。

益，而是导向社会公共利益。遵循功利原则，立法必然选择利益衡量，人们只能在较大利益与较小利益、不利益之间，或者在公共利益与私人利益之间作出选择，选择的手段被归结为利益衡量。因而，功利原则具有明显的效果导向，权利界限、行为是非无不落入效果评价的框架。《反垄断法》作为贯彻公共政策的立法，功利原则与之如鱼得水，立法目的、违法性判断与行为归责无不以功利原则为圭臬。我国《反垄断法》将立法目的定位于"市场竞争""经济运行效率""消费者利益""社会公共利益"以及"经济发展"。除市场竞争更具工具性外，其他立法目的无不以功利为导向。垄断行为的违法性判断更是以效果为标准，如能产生更大的社会效益，即便有损害竞争之情形也可视为合法。行为归责自然也是遵循功利原则，涉嫌垄断的行为以效果为标准可分为损害竞争但积极效果远大于竞争损害的行为、损害竞争但也有积极效果的行为、损害竞争而毫无积极效果的行为，上述行为的归责则以效果为标准分为可免责、较轻的责任以及较重的责任。

功利原则的导向作用也体现在司法实践中，自反垄断产生早期至今，公共利益就作为垄断行为判断的主要标准。例如在"标准石油公司诉美国"案[1]中，联邦最高法院法官们认为，《谢尔曼法》中有关"贸易限制""意图垄断"等表达从渊源上来说来源于普通法，因而其确切内涵也应当追踪普通法的脉络。在普通法中，通常出于公共利益的考量而将"意图损害公共利益"、限制个人权利和商业自由以及不合理设置限制竞争等行为视为非法。在随后发生的"米尔斯医药公司诉约翰公司"[2]一案中，联邦最高法院确认，"限制贸易行为合法的标准是它必须对公众和合同参与方都是合理的，相反，行为若违背公共利益则无效"。直至2002年发生的"美国诉微软"[3]一案，哥伦比亚巡回上

---

[1] Standard Oil Company of New Jersey v. United States, 221 U. S. 1 (1911).
[2] Dr. Miles Medical Co. v. John D. Park & Sons Co., 220 U. S. 373 (1911).
[3] United States v. Microsoft Corp., 231 F. Supp. 2d 144 (2002).

诉法院对功利原则予以重申，明确判断垄断行为违反反托拉斯法的四个步骤：一是垄断行为具有反竞争效果，损害竞争并损害消费者利益；二是原告对垄断损害竞争事实予以证明；三是垄断行为人可提出其行为"有利于竞争"的抗辩理由；四是原告证明垄断行为竞争损害超过对竞争的益处。

由此可见，功利原则在反垄断法中的盛行将导致正当理由认定也毫无例外地适用这一原则。正如在"美国诉微软"案中，垄断行为人提出抗辩的理由也应当符合"有利于竞争"的要求，而有利于竞争通常表现为增进消费者福利和社会公共福利。因此，正当理由的认定离不开功利原则的指导。功利原则导向下的正当理由认定将呈现如下特点。其一，正当理由的内涵将突出公共利益因素，由此衍生出消费者福利、效率、经济发展等概念，因而正当理由的评价将转向涉嫌滥用市场支配地位行为对上述因素的影响。其二，正当理由认定将以利益衡量为主要方法。协调竞争者之间、经营者与消费者之间、经营者个人与社会公众之间的利益。经营者涉嫌垄断行为利益产出更多，则行为具备正当理由；相反，则行为欠缺正当理由。

### （二）历史原则

如果功利原则是正当理由认定的唯一指南，那么，这一活动也就不会存在那么多分歧，反垄断法实施也就不会存在那么多争议。相反，功利原则虽然盛行但却并非"独占"正当理由认定的"市场"，因为在功利原则之外尚有所谓的"历史原则"。笔者关于历史原则与功利原则的划分在思想渊源上源于诺齐克的权利理论。他认为，分配正义的权利理论是历史的，分配是否正义依赖于它是如何演变过来的。与此形成对照的是，正义的"即时原则"：一种分配的正义决定于事物现在是如何分配的。在诺齐克的分配正义理论中，历史原则就是强调将利益或不利益分配给某个人要看其权利的来源、其权利的产生及行使是否正当。即时原则则考虑目的与效果,考虑某项分配能否实现预定目标以及是否具备有效率的结果。因此,即时原则也可以称作功利原则。历史原则与功利原则存在路线上的根本分歧。这体现在,其一,功利原则强调后果,历史原则则重视过程,历史原则尤为强调某种行为的产生是否合理。其二,功利原则最终导向利益,历史原则则指向权利。考察一种行为是如何演变而来的,那么在起点上必然会发现权利矗立其间。只有权利才是行为发生效力的历史根据。其三,基于上述两大特点,功利原则为现代法律执行政府公共政策提供了依据。特别是在反垄断法中,政府干预市场运行到了无以复加的地步。但我们不得不说,政府的强势干预极易走向歧路,"利维坦"的吃人面目终将显现。果真如此,那么自近代以来,人民对抗极权而取得的成果将毁于一旦。因而从这一点来讲,历史原则有必要回归反垄断法,强调公共利益的同时也应当坚守权利底线。因而,历史原则成为捍卫市场主体权利的法宝。

在反垄断实践中,历史原则仍发挥不可小觑的作用,经营者行为合法性的判断因而遵循权利进路。例如在"美国诉阿诺德和斯凯文公司"[①]一案中,被告公司在20世纪50年代开始实施一种新的营销模式:他将商品销售给在指定区域经营的批发商,再由批发商向零售商供应。但该公司规定,批发商只能销售给经过斯凯文公司许可的零售商,并且零售商在指定区域也不得转售给其他未经许可的商人。最终法院认为,对于斯凯文保留所有权和风险并特许销售商品的做法,我们不能判断其不合理的限制了贸易……但斯凯文公司一旦转移了商品所有权和风险,商品控制权已经转移,因而再行控制转售或者进行地域限制的行为是违反《谢尔曼法》第1条的。由此看来,美国法院的分析思维遵循经营者权利转让的历史原则,经营者行为是否合法转化为其行

---

① United States v. Arnold, Schwinn & Co., 388 U. S. 365 (1967).

为是否具备权利。

由此来看，历史原则在反垄断法中仍然存在较大的适用空间。正当理由的认定如果从历史原则出发，追溯经营者行为的权利依据，不仅能在理论上开拓正当理由认定理论，还能在实践中避免行政权力对市场运行的过度干预，使反垄断执法机构在执法时保持谦逊并保持对经营者权利应有的尊重。

历史原则与功利原则在正当理由认定中的适用并非非此即彼。两原则最大的贡献就在于为正当理由的认定提供了两种思路。因循功利进路，利益或者公共利益往往成为正当理由的内涵范畴。遵循历史进路，就必须考虑经营者从事某项行为是否具备相应的权利。即便基于公共政策考虑需要对经营者权利予以限制，也应当保持权利底线，尽量不要剥夺经营者财产权，并且一定允许权利抗辩。在认定经营者垄断时应当赋予其相应的抗辩权，允许经营者就行为具备权利基础而提出抗辩。

## 二、正当理由认定的标准

由于功利原则通常进行效果评价，而历史原则则主要依据权利标准，因而对于正当理由的认定可以划分为效果标准和权利标准。

### （一）效果标准

顾名思义，效果标准就是以经营者行为效果为评价标准，来判断行为的合法性。因而，经营者行为如果具备积极效果，则可视为具备正当理由。效果标准是经营者行为正当理由认定的重要依据，而适用效果标准的首要工作就是确定经营者行为效果的具体内容。竞争毫无疑问是效果标准的首要内容，早在 1903 年"菲利普诉艾奥拉波特兰水泥公司"[1]一案中，法官们就明确指出，对于双方合同的效力，要审查其是否直接或实质性地限制、扼杀了竞争。另外，在1918年"芝加哥贸易委员会诉美国"[2]案中，法院申明，合同关乎贸易，凡贸易则涉及限制，限制与约束是其本质；合法性判断的标准在于分析贸易限制是调整或促进竞争还是排除、压制竞争。但竞争是什么？是市场中存在足够数量的竞争者，还是市场能够有更多的产出？在反垄断法实施早期，执法者和法官在这个问题上的态度基本上是模糊的。直到1962年"布朗鞋业公司诉美国"[3]一案，美国最高法院对1950年出台的《塞勒—凯弗维尔法》作出解释，首席大法官厄尔·沃伦说："总体来看，1950年塞勒—凯弗维尔法的立法历史表明，国会关心的是对竞争的保护，而非对竞争者的保护。"当然，沃伦大法官在谴责并购危害竞争的同时也对国会保护中小企业者的意图给予了辩护。

然而到1977年的"布伦斯威克诉普韦布洛保龄球道公司"[4]案，法院越发强调效率目标而忽略了商业平均主义的一面，此后，很少有判决明确表示对中小企业者的同情和分散政治经济力量的倾向。[5]由此，垄断行为效果分析发生了效率转向。及至今日，效率作为经营者抗辩的事由已无可争辩。正如张永忠教授所言："竞争法既要关注市场行为对竞争的限制、扭曲，维护竞争过程本身，创造相互争胜的市场环境；也应考虑竞争作为手段所能实现的经济福利。"[6]而按照波斯纳教授的说法，经济福利应当遵循经济学家的效率概念。[7]但由于效率内包含生

---

[1] Phillips v. Iola Portland Cement Co., 125 F. 593 (8th Cir. 1993).
[2] Chicago Board of Trade v. United States, 246 U. S. 231 (1918).
[3] Brown Shoe Co. v. United States, 370 U. S. 294, 82 S. Ct. 1502, 8 L. Ed. 2d 510 (1962).
[4] Brunswick Corp. v. Pueblo Bowl-O-Mat Inc, 429 U. S. 477, 97 S. Ct. 690, 50 L. Ed. 2d 701 (1977).
[5] 欧内斯特·盖尔霍恩等：《反垄断法与经济学》，任勇等译，法律出版社2009年版，第36—39页。
[6] 张永忠：《反垄断法中的消费者福利标准：理论确证与法律适用》，《政法论坛》2013年第3期，第102页。
[7] 理查德·波斯纳：《反托拉斯法》，孙秋宁译，中国政法大学出版社2003年版，第4页。

产效率和配置效率两个概念，因而效率作为效果标准的内容，其含义仍存在模糊性。于是，基于配置效率，学者们又提出消费者福利概念，用以纠偏走得过远的效率。有学者甚至说，"美国一百多年的反垄断历史只有一条，就是保护消费者，保护消费者的福利"[①]。例如在"阿斯潘滑雪公司诉阿斯潘高地滑雪公司"[②]案中，法院主要对上诉人行为对消费者影响、对被上诉人竞争力影响以及上诉人是否具备合理商业理由进行了分析。其中，上诉人的拒绝交易行为是否构成拒绝交易，首先应当分析该行为对消费者产生何种影响、消费者选择权是否被剥夺。关于消费者选择权自由也是欧盟委员会关注的重点，如果经营者具备优势地位，并严重损害消费者在市场中的自由，导致欧盟条约目标受阻，这将被视为滥用。[③]

效果标准的内容除了上述因素外，创新也日渐成为垄断行为违法性判断的重要因素。这是因为在新经济时代，静态的效率分析已难以全面反映市场竞争状况，市场更多地呈现出动态性特征。而动态特征的驱动力量就是创新，创新能够打破某个产品、产业甚至是整个经济的内部结构。因而有学者指出，对经济中高科技的寡头企业而言，创新事实上决定着其生死存亡。企业必须创新，否则只有死路一条。[④] 创新之所以发挥如此功用，最关键的原因在于创新能够重新对产品、技术、工艺或者是组织要素进行重新调整、组合，进而提高产出、增进效率。同时，创新还能增进消费者福利，正如经济学家卡尔·夏皮罗（Carl Shapiro）所言，"在信息产业中，技术进步是消费者福利的主要推动力量"，因而，反垄断法在调试经济关系时有必要考虑"保护并

---

[①] 张永忠：《反垄断法中的消费者福利标准：理论确证与法律适用》，《政法论坛》2013年第3期，第103页。

[②] Aspen Skiing Co. v. Aspen Highlands Skiing Corp., 472 U. S. 585 (1985).

[③] Europemballage and Continental Can v. Commission [1973] E. C. R. 215 at [26].

[④] 威廉·鲍莫尔：《资本主义的增长奇迹》，郭梅军等译，中信出版社2004年版，第12页。

促进产品或服务创新方面的竞争"。① 当然，我们看到在许多反垄断案件中，经营者行为既有促进创新的一面，又有限制竞争的一面。例如，微软公司将浏览器与 Windows 操作系统进行捆绑的策略，在人们看来就具备产品创新的特点。这种产品整合使得不同产品的协调成本大大降低，从而使企业获得成本优势。再者，产品整合也降低了消费者的搜寻成本，提升了用户体验，比起购买两个兼容性较差的软件，消费者自然愿意选择整合性更强的 Windows 产品。但是不能否认，微软公司的 Windows 操作系统具备市场支配力，而不断得出产品整合，显然给其他应用软件商造成难以逾越的进入壁垒。因此，垄断行为认定时，应当在创新价值与其他反垄断价值间作出衡平。如果经营者具备创新动机和效果，则应当属于正当理由认定的重要因素。

效果标准的适用可以归结为经营者行为对竞争、效率、消费者福利以及创新等因素的影响评价。如果经营者行为具备积极的效果，那么它可以作为行为正当理由认定的依据。对于效果标准在实践中是如何发生的，有必要引入案例作出进一步分析。因此，笔者选取两个典型案例对此作进一步分析。我们首先看一下"竞争"因素在"布鲁克公司诉布朗 & 威廉姆森烟草公司"②案中的适用。1980 年烟草市场并不景气，因而原告开发了一种叫作"黑和白"的普通香烟，因价格低廉很快在市场上取得 4% 的市场份额，并给被告的品牌香烟造成较大冲击。于是，被告也开发出与"黑和白"香烟类似的产品并与之展开价格战。被告公司产品零售价与"黑和白"相同，但批发价要低，并且低于成本价。原告认为被告行为构成掠夺性定价，遂诉至地区法院。但法院认为，第一，被告行为不存在竞争损害；第二，原告不存在垄断损害；第三，被告给予的歧视性回扣与原告所称损害并无因果关系。

---

① Carl Shapiro, "Antitrust in Network Industries", Address before the American Law Institute and American Bar Assn, January 25, 1996.

② Brooke Croup Ltd. v. Brown and Williamson Tobacco Corp., 509 U. S. 209, 224 (1993).

原告提出上诉，上诉法院维持原判。原告最终就地区法院的第一个判决理由上诉至最高法院。最高法院认为，垄断行为认定的一般原则就在于行为是否损害竞争，这是认定本案行为违法性的核心。对此，法院先澄清竞争损害不等于竞争者损害，法院认为，虽然被告低价策略对包括原告在内的竞争者造成"基线损害"[①]，但是反托拉斯法并不因为竞争对手受到利益损失就禁止某种行为。换句话说，竞争者的直接利益损失并非反垄断法上的竞争损害。然后，最高法院还确定被告是否具备事后通过"超竞争水平定价"来收回成本的目的和可能。对于这一点，法院认为原告并未提供充分证明。因此，最高法院认为，被告行为并未破坏竞争，也不构成掠夺性定价，因而并不违反《克莱顿法》。

我们再来看一个关于以效率为效果内容的案例。在"杰斐逊教区医院诉海德"（以下称"杰斐逊诉海德"）[②]一案中，杰斐逊是初审被控搭售的被告，系该案中的申请人。案件事实如下：1971年，杰斐逊医院与鲁格斯（Roux）公司签订了一份"麻醉服务协议"。协议约定，由鲁格斯公司指定的任何麻醉师均被允许成为杰斐逊医院的医护人员，为此，医院同意提供医疗空间、设备、维护以及其他辅助服务，同时也提供必备的药品和其他器具。并且杰斐逊医院承诺"在合同期限内，麻醉部门的使用权限仅向鲁格斯公司开放，任何其他人、团体、单位不得在该医院进行这类服务"。初审原告即本案被申请人海德医生在1977年申请成为杰斐逊医院的麻醉医师，虽然海德医生获得了医学会的认证，但杰斐逊医院拒绝了其申请，理由是医院已经与鲁格斯公司存在上述协议。对此，海德医生提起诉讼要求确认上述协议无效。初审驳回了海德医生的请求，第五巡回法院则支持了海德医生，杰斐逊

---

① 所谓基线损害（primary-line injury）指的是对直接竞争者造成的损害。
② Jefferson Parish Hospital District No. 2 v. Hyde, 466 U. S. 2 (1984).

医院遂上诉至最高法院。最高法院多数意见判决杰斐逊医院的做法不构成搭售,其自身医疗服务与麻醉服务不构成搭售。

该案的典型性并不在于最高法院判决结果如何,而是少数法官对搭售认定思路已开始发生转变。传统搭售规制适用本身违法原则,而不考虑其是否具备积极效果,特别是该行为在效率上的优势。例如在1947年"国际盐业公司诉美国"[①]一案中,最高法院对盐业公司搭售的做法抱以极高的警惕,法院认为,"意图垄断"的合同应当禁止,不论意图垄断的趋势是渐进的还是已经完成的,法律不会守株待兔式地等待这些行为由趋势发展为结果。因此,法院认为,只要对竞争者存在实质性排除,都是本身(per se)不合理的行为。而在本案当中,奥康娜(O'Connor)法官认为,对于杰斐逊医院与患者的搭售协议以及与鲁格斯公司的排他协议,都应当采取合理原则予以分析。奥康娜首先指出搭售案件适用本身违法原则存在悖论。也即最高法院从未承认搭售案件不需要考虑经营者市场力量和反竞争效果证据,像固定价格、划分市场那样。相反,搭售分析总是要求对搭售协议进行充分的效率分析。最终结果则是,该原则要求对搭售进行类似于合理原则的广泛经济分析,但是当分析结果显示搭售存在效率时,却仍被列为本身被禁止的协议。其次,搭售分析的本身违法"标签"会误导对其进行经济分析,而这一步骤却必不可少。因此,奥康娜法官最后说,是时候放弃"本质"的标签而集中关注搭售的负面经济效果和可能的效率了。搭售分析的这一根本性转向导致效率成为判定经营者行为违法性的关键因素。奥康娜法官甚至认为,"如果将两种产品捆绑出售的经济效益巨大,则不宜将这个产品捆绑视为两种产品,因而应当结束搭售调查"。按照她的说法,如果搭售行为效率极为明显,甚至可以将效率因素前置到"削弱原告用来指控被告违法的初步理由,而不仅仅是被当

---

① International Salt Co., Inc. v. United States, 332 U. S. 392 (1947).

作抗辩理由而考虑一下"①。因此,效率作为效果标准项下的重要因素,自然属于经营者行为正当理由的重要类型。

### (二)权利标准

专利权是反垄断领域经营者经常主张的权利,不少经营者据此提出抗辩。虽然根据权利滥用原则,专利权受到反垄断法的较大限制,但是在很多情况下,它仍然是经营者行为获得正当性的依据。例如在"万灵科公司诉梅地帕特公司"②一案中,原告是一种获得专利的医疗装置"雾化器"的生产商。原告产品说明书中标有"仅供一位患者使用",但被告公司对医院使用过的雾化器进行重新检测、组装,并将这些"重新调试"的装置运回医院。因此,原告诉称被告专利侵权并诱使专利侵权。对此,地区法院认为原告属于专利权滥用,并签发禁令不得在产品有关声明中强调"仅使用一次"的限制。但是上诉法院对此并不认同,认为不是所有对专利产品施加限制条件的行为均不可强制执行。上诉法院还主张审查获得专利产品的使用限制应当集中于专利授权范围。而专利授权则可以通过经典的财产法予以说明——排他权。同时,上诉法院还援引先例,说明专利产品的交易可以附加限制条件。例如在"美国棉花捆扎带公司诉西蒙斯"③一案中,原告用于包装棉花的金属带都贴有"仅供使用一次"警示。于是法院支持了原告对翻新金属带后使用的被告提起的专利侵权诉讼。在"通用电气公司诉美国"④一案中,法院认为施加在专利产品交易中的限制是可行的,相反,如果没有这些限制,买方的使用将不受限制。因此,总的来看,

---

① 赫伯特·霍温坎普:《联邦反托拉斯政策:竞争法律及其实践》,许光耀等译,法律出版社 2009 年版,第 459 页。

② Mallinckrodt, Inc. v. Medipart, Inc., 976 F. 2d 700 (1992).

③ American Cotton-Tie Co. v. Simmons, 106 U. S. 89 (1882).

④ General Electric Co. v. United States, 272 U. S. 476, 47 S. Ct. 192, 7 L. Ed 362 (1926).

"万灵科公司诉梅地帕特公司"一案的上诉法院出发点建立在专利权性质、权属上,上诉法院同时认识到那些限制不过是合同行为,在不违反公共政策和法律的前提下可自由设置专利限制条款。[①]

在有些情况下,权利表现为具有实体形式的物权等财产权,基于权利人对财产的占有、使用、收益以及处分权能,权利人可据此作为其行为正当理由。反垄断法领域对经营者财产权限制最为严格也是争议最大的当属"关键设施"原则,由于该原则限制权利人对财产的排他使用,因而该原则在实际适用中本身也受到极大限制。例如在欧盟法院"布朗纳诉媒体印刷公司"[②]案中,原告就试图援引关键设施原则而未果。该案原告系奥地利日报市场经营者,其市场份额仅为3.6%(报纸发行),被告的相关市场份额则高达46.8%,而且被告还建立了一个全国范围的"送报上门"系统。原告因实力弱小无法建立这样的送报系统,因而请求被告允许将其在支付合理价格的情况下纳入"送报上门"系统,被告予以拒绝,对此原告诉至法院。原告的主张要点如下:其一,邮政送报时间慢,成本高,无法替代"送报上门"系统。其二,原告订单不多,独立组建"送报上门"系统既不经济也不现实。其三,被告将另一家日报 Wirtschaftsblatt 纳入了"送报上门"系统却排除原告的进入,这构成歧视。其四,原告指出"送报上门"系统是奥地利唯一经济可行的报纸送达系统,构成关键设施。作为所有权人,被告有义务向所有竞争者开放该系统。就原告的主张本质而言,其试图请求被告开放其财产权使用,但被告对此却并不认同。被告抗辩道:第一,建立、维护"送报上门"系统需要大量的资金和管理投入,而允许所有报纸出版商加入该系统则远超其运载能力。第二,作为支配

---

[①] 沈四宝、刘彤:《美国反垄断法原理与典型案例研究》,法律出版社2006年版,第315—326页。

[②] Case C-7/97, Oscar Bronner GmbH & Co. KG v. Mediaprint Zeitungs- und Zeitschriftenverlag GmbH & Co. KG. European Court Reports (1998) I-07791.

企业，也应当有权自由安排自己的事务，有权自由决定向谁提供服务，尤其是自主决定允许谁使用自己的设施。第三，原告报纸产品 Der Standard 与 Wirtschaftsblatt 不同，因为后者将印刷业务、销售业务（甚至包括报亭销售业务）等全部委托给被告。"送报上门"系统服务应当属于销售业务的一部分。第四，即便"送报上门"服务构成关键设施，被告若具备客观理由也可以不适用关键设施原则。其中，该系统容量有限，如将原告纳入可能危及该系统正常运行，则构成客观理由。因而从被告的抗辩来看，他坚持"送报上门"系统属于自己的私人产权，没有义务向其他竞争者开放。

法院综合证据与事实认为，被告"送报上门"服务构成市场支配地位，但是这并不意味着拒绝向竞争者提供服务就构成滥用。因为，第一，奥地利仍存在邮局、商店以及报亭销售等多种报纸销售方法，尽管它们并不经济；第二，原告自身或者与其他同行共同构建自己的"送报上门"服务并不存在技术、法律上的障碍；第三，发行量太小因而建立"送报上门"服务不经济，这不构成原告利用被告系统的充分理由。因而，法院认定，被告的拒绝行为并不构成《欧共体条约》第82条意义上的滥用。因此，是否构成滥用需要从经营者是否具备权利说起，经营者对自身财产的所有权具有独享的权利，并不需要向竞争者分享。

在另外一些情况中，因合同关系而产生的契约权利也构成经营者从事某些涉嫌滥用市场支配地位行为的正当理由。例如在"百利怀特公司诉格林耐尔公司"[①]一案中，原告公司诉称，被告和另一公司太平洋公司的价格折扣行为排除了自身参与向被告提供机械减震器的竞争。事实经过如下，被告太平洋公司专门生产机械减震器，因该产品性能明显优于其他替代产品，所以其市场份额在 1976 年占到 46%，1979

---

① Barry Wright Corp. v. ITT Grinnell Corp., 724 F. 2d 227 (1984).

年则达到 94%。另一被告格林耐尔公司从事管道系统安装,需要大量的机械减震器,其采购量占到整个市场的一半左右。格林耐尔公司因此试图发展一个新的供应商,于是与原告签订合作合同,由格林耐尔公司承担开发成本,协助原告开发整套机械减震器生产线。并且格林耐尔公司承诺在 1977—1979 年间将原告作为唯一供货商。但原告生产线至 1978 年 2 月仍未完工。因此,格林耐尔公司寻求与太平洋公司合作,双方达成协议,后者在 1978、1979 年分别提供价值 690 万、500 万美元的产品,并且提供 25%、30% 的优惠(按型号)。协议还设定"合同撤销限制条款",即格林耐尔公司撤销合同也需支付价款。因此本案原告提出太平洋公司的下列行为具有"排挤性":一是提供特别优惠的价格;二是与格林耐尔公司订立长期、大数量合同;三是合同存在"限制撤销条款"。原告进而指出,太平洋公司不适当地维持垄断地位给原告进入市场造成障碍。

上诉法院首先指出原告并无有说服力的证据证明太平洋公司提供的优惠价格的目的是排除竞争,相反,太平洋公司能够证明该优惠源于公司生产能力过剩降低成本的考虑。因而被告公司行为不构成掠夺性定价。其次,法院重点分析了两被告公司的合同权利问题。第一,两被告签订的是"固定金额合同",而非"需求合同"①。固定金额合同仍然保留了格林耐尔公司向其他卖方购买产品的权利,并且能够保障供货稳定,更能使买方获得优惠价格。因此,签订该合同是格林耐尔公司综合考虑生产经营主动而非被迫作出的选择。第二,"合同撤销限制条款"是否合法?法院解释说,该条款实际属于违约条款,仍然体现了双方的自由意志,并不能真正对买方产生限制。这是因为根据美国《统一商法典》(以下简称"U. C. C.")第 2-718(1)之规定,事先不确定的不合理的违约金数量条款是非法的,因而两被告合同设定

---

① "需求合同"之所以构成垄断是因为这种合同通过系住卖家而将竞争者排挤出市场。

的违约金不合理,那么将无法强制执行。如果违约金条款合理,格林耐尔公司具备强大实力与合理的律师团队应对违约条款。因而无论违约条款是否合理都无法对格林耐尔公司构成限制。第三,法院还提出,原告在被告公司接受太平洋公司的价格折扣前就已经违反了双方之间的开发合同。被告基于合同目的无法实现才转向与太平洋公司的合作,即便存在价格折扣,被告公司与太平洋公司的合同行为也无可指摘。因此,在这起案例中,法院也从权利视角出发判断经营者行为合法性。换句话说,被告公司自由缔约、解约的合同自由构成其涉嫌掠夺性定价的正当理由。

从上述案例来看,将权利作为经营者行为正当理由认定的标准,具备了一定的现实基础。首先,将权利作为标准之一,能够保证正当理由认定不脱离规范分析,也能够反制政府在市场经济干预中逐渐扩张的权力。其次,就权利的具体外延而言,专利权、物权等有形或无形财产权和合同权利等都是经营者提出抗辩的重要正当性依据。最后,权利标准在正当理由认定中的适用应当重点分析权利的边界、底线以及程序保障。虽然权利不可滥用,但是自由应当尊重,底线应当坚守。经营者正常的自主经营活动、合理商业习惯应当得到有效保护。

## 第四节 正当理由的认定方法

在滥用市场支配地位正当理由认定机制中,认定方法解决的是通过何种操作办法、途径、程序或者步骤去发现、识别正当理由的问题。它与正当理由的评价方法有所不同,正当理由的评价方法主要指的是对于某项抗辩理由如何作出正当性评价的方法。从宏观上讲,正当理由的评价方法包括规范分析、价值分析以及实证分析,具体方法则可以划分为比例原则、合理原则与经济分析等。由于正当理由的评价方法在前文已经述及，此处不再展开。笔者在这里讨论的正当理由认定方法仅仅是反垄断执法机构或者法院如何发现、识别正当理由的途径。

**一、正当理由认定方法选择之前提**

选择何种方法取决于正当理由抗辩规则实施所直面的问题。就反垄断执法机构和法院的实践来看，正当理由的二元性与复杂性、法律实施成本以及执法或司法犯错的概率都会导致正当理由认定方法的不同选择。

**（一）正当理由的二元性与复杂性**

根据前述有关正当理由认定的原则和标准可以看出，正当理由存在两种完全不同的类型：一种正当理由源于经营者权利；另一种则源于经营者行为效果。其内在根据、外在形式的巨大差异也将导致正当理由认定不可能出自一个模板。由于权利出自规范，因而权利标准衡量下的正当理由认定需要进行规范分析。一方面，反垄断法实施机构需要进行法律解释，明确经营者权利内涵、外延及其边界；另一方面，反垄断法实施机构还需要在抽象与具体之间进行法律适用，根据经营者权利的定义和实践主张对权利进行类型分析。与权利的规范分析不同，效果则源于实证，它需要反垄断法实施机构重视经营者从事垄断行为的具体实践，从经验分析、经济分析等过程中产生对经营者行为效果的认识，进而依据效果标准确定正当理由类型。由此可见，正当理由呈现明显的二元特征，而且不同类型的正当理由无法通用一致的认定方法，这就决定了正当理由认定不可能只停留在一个方法和步骤上。

不仅如此，正当理由还相当复杂，这导致反垄断法实施机构并未形成逻辑自洽的认定思路和方法。虽然笔者尚未就正当理由进行归纳、抽象并类型化，但是从前文讨论来看，正当理由因素至少涉及经营者权利、市场竞争、效率、消费者福利、社会总福利、创新等概念。而从法律价值的层面来讲，上述正当理由因素又能归结为自由、公平、效率等概念。不仅如此，正当理由认定也并非是完全从其自身出发，在效果标准下，正当理由需要纳入到与经营者行为反竞争效应的比较框架中进行。因而在实践中认定正当理由，反垄断法实施机构亟待解决的问题就是如何就上述正当理由因素进行统筹考虑，依据一定的步骤进行分析，并在此基础上形成具有内在逻辑性的正当理由体系。

### （二）正当理由认定的信息成本

信息成本指的是获得决策所需的充分、有效信息的成本，人们在决策时需要收集、处理、存储以及传递信息，由此导致信息成本的产生。信息成本构成了决策成本的主体，它的大小直接影响到信息拥有量的多少，进而影响决策的质量。[1] 正当理由的认定于反垄断法实施机构而言属于决策行为，而该决策能否科学、合理，很大程度上取决于能否获得充分有效的正当理由信息。但是信息成本的存在将弱化决策的合理性。具体而言，正当理由信息成本表现在以下几个方面。第一，人们的知识水平与能力导致信息成本的存在。例如，离正当理由信息越近，其信息获取成本也就越低。被控行为违法的经营者应当是正当理由的拥有者，其提供信息几乎不存在成本；但对反垄断执法机构而言，由于缺乏正当理由信息的了解，因而获得正当理由信息的成本较高。但同时，以权利为正当理由则可能存在完全相反的结果。由于反垄断执法机构对规范解释拥有决定权，因而，经营者获得这一信息的成本则升高。第二，正当理由信息量较大，获得这一信息需要较高成本。正如前文所述，正当理由因素具有二元性、复杂性，不论经营者自身还是反垄断法实施机构都需要对上述信息进行处理、优化，这一

---

[1] 应飞虎：《信息失灵的制度克服研究》，西南政法大学2002年博士论文，第93页。

过程需要一定的技术手段和方法，从而产生信息成本。第三，反垄断法实施机构自身原因导致的信息成本。这一信息成本主要存在于以下两个方面。一方面，反垄断法实施机构作为公权机关往往存在"全知全能"的假设，这将导致执法时，他们并不认真地搜寻信息而理所当然地作出判断；另一方面，公权机关往往不受执法成本约束，因而可能会不计成本地搜寻任何可能的正当理由信息，而不论该信息是否具备成为正当理由的可能性。

为此，反垄断法实施机构认定正当理由需要采取适当的方法降低信息成本，这也就成为正当理由认定方法选择的重要依据。也就是说，正当理由认定方法的选择必须考虑是否能够最大限度地降低信息成本。例如，执法机构进行正当理由调查需要耗费大量执法成本，因此，在制度上可以设计信息激励机制，要求经营者提出正当理由抗辩，激发经营者为豁免个人责任而提出正当理由的积极性。再如，一些正当理由信息具有较高真实性且具有经验基础，因此，在选择认定方法时就可以考虑采取一般推定方法，一旦经营者提出即可认定其为正当理由。而另外有些正当理由信息则具有较大不确定性，需要逐案进行分析。总之，正当理由认定方法的选择离不开对信息成本的克服。

### （三）正当理由认定的错误成本

正当理由认定方法的选取不仅要考虑方便决策，还要考虑能否高效实施，避免产生实施错误成本。一般而言，反垄断法实施机构所犯的错误可以分为两类：一类是经营者行为具有正当性，但却被反垄断法实施机构认定为非正当理由（称之为错误Ⅰ）；另一类则是经营者行为缺乏正当性，但却被反垄断法实施机构认定为正当理由（称之为错误Ⅱ）。错误Ⅰ将导致一个可能有利于竞争（至少无害）的行为被禁止，错误Ⅱ则会导致一个有害于竞争的行为被放纵。错误Ⅰ显然提高了正当理由认定的标准，错误Ⅱ则与之相反。由于正当理由认定直接关系垄断行为构成及相关责任，因而，错误Ⅰ和错误Ⅱ将导致反垄断法实施产生错误成本，换句话说，错误判定有罪将导致威慑过度及其成本，错误判定无罪将导致威慑不足及其成本。[①] 错误Ⅰ和错误Ⅱ都应当在正当理由认定中被避免，但局限于反垄断法实施成本限制以及现实环境的不确定性，两类错误很难被完全消除。所以正确的正当理由认定方法应当在避免错误Ⅰ和错误Ⅱ之间作出平衡，最大限度地降低两类错误导致的成本。

## 二、逐案分析方法

逐案分析方法指的是对于被控垄断经营者行为的正当理由因素以及反竞争效应进行逐一、全面分析。该方法的前提是这样一个假设，即每项被指控垄断的经营者行为都可能存在正当理由。因而，逐一分析正当理由因素成为必然。不仅所有具有正当理由特征的因素需要分析，例如效率、消费者福利、创新等，而且经营者行为的反竞争效应也需要分析。这样做的目的在于将正当理由因素与反竞争效应比较分析，正当理由的认定由此成为一个相对概念。比如，一项涉嫌垄断行为A具备效率，但反竞争效应更大，其效率也难以被认定为正当理由。但是，另一项涉嫌垄断行为B哪怕效率不如A，但它反竞争效应较弱，该行为效率也可以被认定为正当理由。

逐案分析方法的优势在于能够最大限度地降低反垄断法实施机构的错误Ⅰ和错误Ⅱ风险。这是因为逐案分析方法的特色在于分析的全面性、精细化。对于所有正当理由因素和反竞争效应全面分析有助于降低信息不对称，减少正当理由认定的不确定性，从而为反垄断法实

---

[①] 基斯·N.希尔顿：《反垄断法：经济学原理和普通法演进》，赵玲译，北京大学出版社2009年版，第105页。

施机构决策提供必要的事实基础。当然，逐案分析方法也存在不少缺点。其一，信息成本高昂。反垄断法实施机构不仅要搜集经营者行为正当理由信息，还需要搜集行为反竞争信息。为此，需要对经营者进行调查、取证、询问，还需要对市场结构、市场壁垒以及竞争环境进行分析。不仅如此，反垄断法实施机构还需要对经营者提出的正当理由因素进行甄别，防止产生错误成本。其二，逐案分析方法看似面面俱到，但实际存在逻辑问题。首先，在正当理由类型上至少可以区分为权利和效果，而这两类正当理由因素的识别并不适合采用同一方法。其次，正当理由因素的复杂性使其缺乏共同标准的统领，例如，一项涉嫌垄断行为虽具备效率，但效率却并不明显，因而它在多大程度上构成正当理由就仍然存在疑问。

选取逐案分析方法认定正当理由需要实施以下几个重点环节。第一，注意经营者行为正当理由的定性与定量。基于正当理由的二元性特征，应当分别分析经营者权利与效果因素。对于经营者提出的权利因素应进行定性分析，反垄断法实施机构应当依据规范分析明确其权利属性和适用边界。而对于经营者提出的效果因素，则应当进行量化分析。第二，确定效果因素的最低标准。既然是量化分析，那么确定数量标准就很有必要。例如，效率因素在多大数量上可称之为正当理由，这恐怕要明确一项"最低效率要求"，凡未达到该要求者不能被认定为正当理由。第三，注意正当理由因素的不确定性。不得不说，即便穷尽一切信息调查手段，也很难对所有正当理由因素作出确定性评价。很多正当理由类型存在不确定性，如果信息成本过高而正当理由类型又具有不确定性，也不宜将其认定为正当理由。

### 三、一般推定方法

一般推定方法指的是对可能存在的正当理由因素进行推定。极端的例子就是，经营者所有抗辩理由都被认定为正当理由或者都被认定为非正当理由。当然上述假设并不成立，合理的做法是对一些容易观察且经验支持的抗辩理由推定为正当理由。由此看来，该方法建立在对某些抗辩理由默认的基础上。因而，被默认为正当理由的因素必须具备相应的经验基础。例如，对于搭售行为，经营者进行具备效率抗辩，而且既往经济学实证研究也表明，搭售在推进产品整合、提高生产和销售效率以及促进创新等方面都存在明显的优势。因而，搭售行为的效率抗辩可推定为正当理由，反过来则需要测度该行为的反竞争效应以及对消费者福利的影响。再如，对于"专利权滥用"行为，经营者往往提出行为具备权利基础，因而其专利权也可作为正当理由的基础，反过来则需要测度该专利权的适用是否超过了必要限度。

一般推定方法的优势在于能够有效降低逐案分析方法高昂的信息成本，不用再逐项分析经营者提出的每个抗辩理由。但是需要提前设定一定的推定指标或标准，哪种抗辩理由可被推定为正当理由，或者在数量上某种抗辩理由达到何种数值可被推定为正当理由，则需要作出一般化、普遍性的分析与研究。例如，一旦经营者提出法定权利即可推定其具备正当理由。或者依据一定的结构指标来确定经营者效率抗辩能否被认定为正当理由，比如，经营者属于寡头垄断，即便其行为具备效率，该效率也不应当被视为正当理由；相反，经营者虽具备市场支配地位，但并未形成完全控制市场的力量，因而，该经营者行为产生的效率可能就会被认定为正当理由。但是一般推定方法也有缺陷，那就是推定指标或标准可能会受到信息不确定性影响，因而该方法的准确度将会降低。例如，不同产业市场结构并不相同，以相同的标准衡量不同市场结构下的经营者效率产出，可能并不恰当。另外，不同垄断行为的效率产出也不相同，搭售行为的效率也会高些，而拒绝交易可能不会产生多少效率。而且效率本身也存在差别，生产效率和定价上的效率对竞争会产生不同影响。因此，一般推动方法往往面临着信息不确定性的障碍，影响其适用的准确性。

## 四、序贯决策方法

序贯决策方法是在逐案分析和一般推定方法之间作出的折中方案。其目的就在于解决逐案分析方法的高昂成本问题以及一般推定方法面临的信息不确定问题，使正当理由认定既具有准确性又不至于成本过高。序贯决策方法一般采取两个主要的步骤。在认定的第一步，通常采用一般推定的指标因素，观察涉嫌垄断经营者市场结构、有无权利依据等情况。如果达到推定指标，则一般推定该经营者行为具备正当理由。而如果达不到推定指标，则有必要进入下一步认定程序，即对经营者行为抗辩理由进行深入分析，同时与经营者行为的反竞争效应进行对比，判断其行为积极效果能否填补对竞争造成的损害。如果答案是肯定的，那么就可以认定其构成正当理由。

# 第四章　滥用市场支配地位正当理由类型分析

## 第一节　类型与正当理由类型化

### 一、类型思维与方法

类型思维最早可见于休谟对价值与事实问题的关注，他认为，价值与事实二元对立所产生的认识鸿沟需要予以填补。[1] 也就是说，在休谟问题里，价值无法推导出事实，而事实也无法抽象出价值，这样人们建构的价值世界与人们所经验的事实世界就面临着逻辑上无法连接的巨大鸿沟。而"类型"则担负起填补这一"鸿沟"的功能。在法学领域，类型思维的产生则缘起于法律现实化过程中理性主义批判。对此研究集大成者为德国著名法学家考夫曼（Arthur Kaufmann）。从认识论讲，类型思维就是人们在理念、规范之外认识法律现象的一种独特思维。这一思维的核心在于突破理念与事实二元认识思维，打破"事实的规范力量"和"规范的事实力量"的迷信，重新树立起探究事物本质的类型思维。类型思维也可以转化为方法，从方法论上讲，类型方法指的是在概念分析与事实归纳之间谋求实现对二者的连接，消除概念抽象性与事实具体性造成的法律适用难题。

---

[1] 休谟：《人性论》，关文运译，商务印书馆1991年版，第496页。

考夫曼将法律现实化过程（也可称之为法律实践过程）划分为三个阶段：第一阶段的法律表现为抽象的、普遍的、超实证的、超历史的法律原则（或者法律理念）；第二阶段的法律表现为具体化但普遍的、形式但实证的、虽非超历史但在相当长时期内有效的制定法；第三阶段的法律表现为具体的、实质的且实证的、有历史的法。此三阶段法可简化为法律理念—法律规范—法律判决。传统的法律思维无不围绕着两种思路认识法律现象：一种是由理念推导出事实；另一种则是由事实抽象出理念。前一种思维最为明显的就是概念法学，在它看来，"制定法中的概念不仅是规整要素，而且也描述了一种有生命力的思维构造物"。换句话说，立法不仅是事实的规范表达，它还参与事实的生产，由概念体系可以推导出社会现实的应然状态。这种理性主义的推演是"从本质演绎出存在，从可能性演绎出现实性，从单纯概念演绎出存在"，而其本质观点就是"概念不仅表达本质，还产生存在"。后一种思维则与之相反，它试图仅从事实来证立法律，在这种法律实证主义思维中，现实生活中的"利益""经验""意志"等构成了法的本质，并由此抽象出相应的法律理念。

对于这两种思维，考夫曼都提出了批判。他指出，价值（或者理念）并非一种经验，一种事实意义上的存在物，因此我们也无法单纯从任何事实中萃取出价值。而当我们误认为可从事实中得出纯粹的规范时，那么它所涉及的绝非单纯的经验事实，而是与价值相关联的事实，也即一种"道德上的"力量，一种"理性的"意志，一种"充满价值"的志趣。因此，仅仅从事实本身无法抽象出法的价值理念，那种笃定从事实归纳出规范的思维无疑是对"事实的规范力量"的迷信。此外，从理念推导出事实的思维也不能充分说明法律秩序的逻辑圆满性和无漏洞性，事实上，法律的逻辑冲突与漏洞不曾断绝。例如，抽象性的法律概念很难完满地涵摄所有的事实情形，不同法律原则间经常缺乏必要的协调与沟通。法律理念与法律规范以及法律事实之间存在的鸿沟并不能轻而易举地通过逻辑推演就能解决。因此，考夫曼得出两个重要命题：一是在法律现实化过程，法律理念、法律规范与法律判决都不可或缺，也就是说，无法律理念即无法律规范，无法律规范即无法律判决；二是也没有任何一个阶段可以从另一个阶段单纯地演绎出，即仅从法律理念得不出法律规范，只从法律规范也得不出法律判决。[①]

因此，法律理念、法律规范与法律判决（或者事实）之间就需要必要的连接，有一个"能使理念或者规范与事实在当中取得一致的第三者"，即"应然"与"实然"之间的调和者，它能够同样代表特殊与普遍、事实与规范的构造物，是一个个别中的普遍，一个"存在中的当为"。这种寻求抽象与具体连接点、事实与规范构造物的思维其实就是类型思维。类型就是"根据所有事实所共同具有的概念或原则进行调查、举证和定义，以选择出对于目的具有重要意义的一类东西"，进行类型化是"为了未来目的而将事实予以理想化"。[②] 没有类型就没有思维，哈特（H. L. A. Hart）甚至认为，"对具体事物的分类是法律决策的核心"[③]。由此可见，设计法律类型是使法律概念具体化、法律事实抽象化并解决概念抽象性与事实具体性矛盾的重要法律方法论。

从比较的视角而言，类型属于特殊中的普遍，普遍中的具体。一方面，它寓于抽象、普遍当中，但又与其不同。类型概念是开放的，而并非像抽象概念那样一旦界定了定义，那么其边界就封闭了。因此，类型可以适应更为复杂的现实生活。另一方面，类型与具体、个别事物也有所不同，类型以事物的区分为前提，但又因事物的同一性而归类。所以，相对于具体事物，类型普遍性、抽象性更强。

---

[①] 参见阿图尔·考夫曼：《类推与事物本质——兼论类型理论》，吴从周译，台湾学林文化事业有限公司1999年版，第16—45页。

[②] 约翰·R.康芒斯：《资本主义的法律基础》，寿勉成译，商务印书馆2003年版，第444页。

[③] H. L. A. Hart, "Positivism and the Separation of Law and Morals", *Harvard Law Review* 4, 1958.

按照考夫曼的解释，类型的关键点在于探寻理念、规范与事实之间的"意义"，或者称之为"事物的本质"。该"意义"或者"事物的本质"不仅是事实正义与规范正义间的中间点，而且本身也是所有法律认识中均会关系到的、客观法律意义的固有承载者。按照拉德布鲁赫（Gustav Radbruch）的说法，事物的本质是生活关系的意义，是"在存在中现实化的当为，在现实中显现的价值"[1]。拉伦次说，"事物的本质是一种在存在意义中所具有的以及在存在中或多或少一直被现实化的当为"[2]。综合来看，所谓事物的本质就是事物特殊性质的普遍、事实中的价值。看似矛盾的词语却能恰当地描述类型的内涵。由于类型处于事实与规范的"中介""中点"位置，因而寻求类型的途径一般也不外乎两种：一是"对贴近生活事实的研究对象予以归纳、抽象，将其共同性方面整构成一个类型"；二是"对接近于一般法理念和非确定的法概念的研究对象进行具体化，使其丰满成一整体性类型"。[3]

## 二、正当理由类型分析的必要性

一方面，实践中对正当理由认定存在自由裁量的难题，因而需对其作出合理解释；另一方面，类型分析方法恰恰具备厘定概念内涵、廓清范畴外延的功能。因而二者存在目的性与工具性的契合。正当理由的认定难题一方面表现为概念的"抽象过度"，另一方面则表现为事实材料的复杂性。

抽象思维是通过将消除事物差异性而取其共性作为涵摄、统领事

---

[1] 参见阿图尔·考夫曼：《类推与事物本质——兼论类型理论》，吴从周译，台湾学林文化事业有限公司1999年版，第38页。

[2] 参见阿图尔·考夫曼：《类推与事物本质——兼论类型理论》，吴从周译，台湾学林文化事业有限公司1999年版，第39页。

[3] 黄茂荣：《法学方法与现代民法》，中国政法大学出版社2000年版，第472页。

物本质的方法。但实践中，人们往往为追求概念的概括性和准确性而对研究对象过度抽象，而不同事物区分的重要特征反而在抽象过程中被忽略，导致概念在内涵上过于模糊而在外延上却过于宽泛。美国著名法学家卡多佐（Benjamin N. Cardozo）对此评价道，"之所以有人会将抽象化的方法推向极致，是因为其在一种绝对实在论的支配下，把整个实在法体系——一种先验的东西——限定在数量有限的逻辑范畴之中，而这些逻辑范畴本质上又是预先确定的、基础上不可动摇的，受毫无灵活性的教条支配，并因此无法使自身顺应生活中永远变化并在变化的事件"[1]。因此，抽象过度将会导致概念失去涵摄事物特征的意义，不仅如此，概念还将变成僵化的教条，难以应对社会现实生活的挑战。由此观察正当理由概念，其内涵主要集中在"正当"一词，将所有符合抗辩性的理由归结为正当，这种抽象性已到了无以复加的地步。人们在认识滥用市场支配地位抗辩理由时难以对正当作出合适的判断，无论是反垄断执法机构还是经营者本人都将陷入概念模糊的陷阱当中。从正当理由概念高度抽象，符合"正当性"要求的因素都有可能置于正当理由外延之下。按照逻辑学的解释，外延过宽会导致外延概念间失去共同性，正当理由的内涵反而愈见空洞，因而正当理由概念由于抽象过度而缺失"丰满性"。

另外，事实材料的复杂性也会造成正当理由认定困境。具体实践中，经营者提出的"正当理由"事实材料复杂多样，既有有关经营者市场支配地位的，也有关于经营者行为积极效果的，还有关于程序抗辩的。这种复杂的事实情形是反垄断法实施机构所必须面对和解决的。但好在事实材料实际存在一定的层级关系，而正是通过这些层级相互之间的关联，事物才得以保持自身的统一。[2] 例如，经营者行为能够促

---

[1] 本杰明·卡多佐：《司法过程的性质》，苏力译，商务印书馆2000年版，第27页。

[2] 李可：《类型思维及其法学方法论意义——以传统抽象思维作为参照》，《金陵法律评论》2003年第2期，第107页。

进生产成本降低,也能够增进消费者福利,二者分别属于生产效率和配置效率,那么二者在内涵上不同,但在"效果"这一层级上却又是相同的。与经营者"权利"层级相比,二者又呈现明显的差异。因此,事实材料的复杂尽管增加了人们认识正当理由的难度,但通过对不同事实材料共性及其层级的挖掘,能够获得更为清晰的认识。但就目前反垄断法实施机构的实践来看,他们所能做的,就是按照"正当理由"这一抽象概念去框每一项事实材料。事实上,在正当理由概念和事实材料间很难找到合适的连接点。因此,正当理由认定中所需要做的就是阐明这些连接点,将其类型化。所以正当理由类型的型构也可以通过归纳滥用市场支配地位案件事实并发现经营者行为合理理由的共性,或者依靠反垄断法价值理念并将其具体化而实现。当然,进行类型化研究"不仅使我们能把已有的全部知识初步条理化,而且还有助于我们形成新的知识"[①]。那么所谓"新的知识"其实就是个体的共性或者考夫曼口中的"事物的本质",这也是何以将某些正当理由归为一类的原因或标准所在。

### 三、正当理由类型分析的可能性

由于类型分析直面的问题就是如何连接法律理念(原则)、法律规范与法律事实。因而,一方面,类型分析的对象必然是上述现象的材料;另一方面,类型分析所要实现的目的就是在上述现象材料中发现事物的本质。因而,对正当理由进行类型分析之所以可能,就在于无论是反垄断法理念还是规范抑或反垄断实践都积累了大量的素材可供类型分析。并且在一定程度上,人们就反垄断法理念、规范以及事实还形成了一定的共识,这更为正当理由类型分析提供了方便。具体而

---

① E. 迪尔凯姆:《社会学方法的准则》,狄玉明译,商务印书馆1995年版,第97页。

言，正当理由类型可按照理想类型、经验类型以及规范类型的划分思路进行分析。

### （一）正当理由的理想类型

理想类型又被称为观念类型或者逻辑类型，它是人们在观念中构建的关于事物本质的抽象形式。具体而言，理想类型具有三大特点。一是具有主观性，由于理想类型出自人们的观念，因而人们设定生活的目的以及对事物价值的追求就不可避免地融入其中。反垄断法之所以设置正当理由抗辩规则，很重要的原因就在于立法机构平衡不同主体利益关系需要遵循反垄断法价值目标。因而被称为"正当"的抗辩理由也必须符合立法目的和价值。因此，正当理由的理想类型也必然具有主观性，以反垄断法价值和立法目的为素材原型。二是具有适度抽象性。我们虽然批判法律理念或原则过度抽象的缺点，但适度抽象也是理想类型所具备的基本品质。理想类型往往抽出现实生活的要素并进行纯化，进而形成人们普遍认识中的图像。如果仅仅是对现实生活的临摹而不区分不同事物的特点，那么它不是理想类型，也不具有类型的方法论意义。正当理由的理想类型意味着需要对滥用市场支配地位规制实践中的经营者提出的种种抗辩理由进行抽象分析，而不仅仅是把它们简单归纳一下。三是具有参照性。理想类型可以作为一种方法论上的分析结构，以便和现实生活形成对照。马克斯·韦伯认为，"参照一种理想类型，我们可以使这种关系（指的是不同的现实生活的关系）的特征实际地变成清晰的和可理解的"，"理想类型的概念将有助于提高我们在研究中推断原因的能力：它不是'假设'，但它为'假设'的构造提供指导；它不是对现实的描述，但它旨在为这种描述提供明确的表达手段"。[①] 荷兰宪法学家马尔赛文（Henc von Maarseveen）

---

① 马克斯·韦伯：《社会科学方法论》，杨富斌译，华夏出版社1999年版，第185—186页。

等认为："理想类型提供了一个机会，通过分离它们的各个因素而详细地核对许多的现象，并使它们形成一种可以被说明和分析的形式。"① 由此可见，理想类型既像一尊模型，它能为现实生活树立典范；同时它又像一柄标尺，用来衡量具体情况的差异与同一。理想类型毫无例外将成为研究正当理由类型的主要参照，正当理由的其他具体类型能否成立很大程度上取决于是否与理想类型相匹配。

不仅如此，在理念层次构建正当理由类型还具备素材基础。也就是说，研究者们对反垄断法价值和目的进行过广泛研究，并形成大量成果，同时也形成一些具备共识性的研究成果。比如，波斯纳认为，经济福利即"效率"是反托拉斯法的唯一目标。② 霍温坎普则认为，除效率外，反垄断法还应当考虑其他价值，这些价值可能无法纳入经济模型，甚至需要牺牲效率。③ 王晓晔教授认为我国反垄断法的直接目的是"保护市场竞争"，最终目的则是提高经济效益，维护消费者合法权益和社会公共利益。④ 叶卫平教授提出，"成熟反垄断法律制度的实体价值主要表现在自由、效率和公平等诸方面"⑤。类似观点不一而足，但可以确信的是，反垄断法价值或者立法目的研究已取得一些共识性成果，如效率、公共利益、消费者利益等。这些研究就为正当理由的理想类型提供了素材，为理想类型的抽象提供了可供描摹的模型。

### （二）正当理由的经验类型

经验类型又叫生活类型，它是指现实生活中通过对事物同一性及

---

① 亨克·范·马尔赛文、格尔·范·德·唐：《成文宪法的比较研究》，陈云生译，华夏出版社1987年版，第307页。
② 理查德·波斯纳：《反托拉斯法》，孙秋宁译，中国政法大学出版社2003年版，第4页。
③ Herbert Hovenkamp, *Economics and Federal Antitrust Law*, New York: West Publishing Co., 1985, pp. 41-42.
④ 王晓晔：《〈中华人民共和国反垄断法〉析评》，《法学研究》2008年第4期，第79页。
⑤ 叶卫平：《反垄断法的价值构造》，《中国法学》2012年第3期，第135页。

差异性的比较、归纳而形成的经验形式。在所有类型中，经验类型直接源于实践，且与实践离得最近，因而，经验类型通常带着现实生活的影子和气息。相比理想类型，经验类型具体性更强而抽象性偏弱，流动性更强而稳定性偏弱，实践性更强而主观性更弱。就正当理由的经验类型来看，它必然出自经营者抗辩垄断指控的实践活动。在抗辩中，经营者找到了一些易于被执法机构接受且有说服力的理由，那么，其他经营者很有可能在下次抗辩中提出相同类型的理由。与此同时，反垄断法实施机构也在寻找这些抗辩理由的共性，为自己的执法活动提供指南。因此，正当理由经验类型的产生基本上源于对实践活动的总结，因而它是具体的、实践的。同时又由于现实生活的变动不居，此时的正当理由彼时可能被否定，因而，它又是流动的、历史的。

正当理由经验类型的上述特点，提示我们注意对滥用市场支配地位规制实践的观察、分析与总结，同时也提醒我们不能局限于经验类型本身，而应当在更深层次上挖掘正当理由的"意义"或"本质"。如此，才能为正当理由认定提供更具指导性的类型。我们先可以观察实践中经营者提出了哪些抗辩理由，由于这些抗辩理由无不发生在具体的滥用市场支配地位行为中，因而，可以滥用市场支配地位行为作为类型初步分析的起点。

就垄断高价而言，经营者提出的抗辩理由并不多见。这一方面是因为该类案件本身极为少见；另一方面也是由于其垄断特征明显，能够获得豁免的概率较小。但即便如此，实践中仍然存在被确定为正当理由的经营者抗辩。例如，美国法院认为，企业提高价格的行为只要没产生反竞争效果就是合法的。其他抗辩理由主要集中在垄断"高价"的认定方面。比如，在"联合商标"[1]案中，欧盟法院发现联合商标公司产品价格仅比竞争者高7%，因而欧盟委员会对联合商标公司的垄断

---

[1] United Brands v. Commission of the European Communities, Case 27/76 [1978] ECR 207.

定价认定被撤销。通常受到质疑的其实并非"高价"本身,而往往是认定"高价"的标准。例如,在本案中欧盟法院所提出的"成本—价格"分析以及"价格—竞争产品价格"分析面临较多不确定性,而这种不确定性恰恰是提出正当理由抗辩的机会。[①] 而在另外一些情况中,政府通过设定价格标准来控制产品价格,如果超过该标准定价则为垄断高价。比如日本《禁止私人垄断及确保公平交易法》将垄断高价视为"垄断状态",即"该经营者所属的、在政令所规定的事业种类范围内,取得了显著超过政令所规定的该种类标准利润的利益的"。该规定主要针对自然垄断经营者,但是当"经济情况的变化而使国内生产者的供货状况及批发价格发生显著变动时",上述政令所规定的价格标准应当适当改变。也就是说,当经营者面临市场供求巨大变化时,可以考虑以此作为自身定价超过法定标准的正当理由。

垄断低价与垄断高价类似,但就传统规制而言,垄断低价似乎不被作为典型的垄断行为。在美国,垄断低价又被称为"买方垄断"(monopsony),由于垄断低价是降低了售价,因而特别符合反垄断法"降低价格的观念"并且有利于增进消费者福利。例如在"巴尔莫勒尔影院"[②]案中,剧院经营者间达成协议,约定互相不就电影进行定价,因此,剧院为此支付的价钱低于竞争价格。而法院指出,该协议导致消费者所付的价钱降低,因而该协议"有利于而非损害消费者福利"。而同样在"喀特尔"[③]案中,法院针对被告的行为指出,"该价格是低价,而不是高价……国会在《谢尔曼法》中保护的是消费者支付的价格不要太高而非太低"。由此可见,垄断低价能够给消费者带来福利成

---

① 王晓晔主编:《〈中华人民共和国反垄断法〉详解》,知识产权出版社 2008 年版,第 136—139 页。

② Balmoral Cinema v. Allied Artists Pictures Corp., 885 F. 2d 313 (6th Cir. 1989).

③ Kartell v. Blue Shield (Mass.), 749 F. 2d 922 (1st Cir. 1984), cert. denied, 471 U. S. 1029, 105 S. Ct. 2040 (1985).

为经营者提出抗辩的正当理由。

掠夺性定价认定是个令人头疼的问题,20世纪以来的反垄断实践与理论都未能形成一致的分析原则。在垄断规制最为严格的欧盟看来,对于掠夺性定价认定起决定性作用的是占市场支配地位的企业是否具有排挤竞争对手的意图。[1]而在坚持自由主义的芝加哥学派看来,掠夺性定价对经营者而言成本高、风险大,不具有实施的现实性和可能性。[2]而实践往往在这两个极端观点之间摇摆,因而经营者实施掠夺性定价的抗辩理由正当性标准也经常发生游移。但无论如何,以下情况下经营者的抗辩理由获得正当性的可能较大。一是关于成本标准的抗辩。一般而言,经营者提出自己的定价高于平均总成本,这一理由往往被认为是正当的。因为如果对上述定价予以限制的话,市场中无效率的经营者将受到庇佑,同时会迫使经营者把价格定高,这样也不利于消费者。而这种局面正是反垄断法实施机构所担心的,因为"法院不无道理的害怕会挫伤降价的积极性",而降价可是"反垄断的最爱"。[3]二是关于生产过剩的抗辩。无论是否存在生产过剩,在不同情况下,它都可能作为正当理由。例如,市场中的新产品生产虽然具有较强的生产能力但却找不到市场,因而经营者往往降低价格甚至免费推广。而在有些情况下,经营者不具备过剩的生产能力反而成为其抗辩的正当理由。因为即使他能够低于成本定价,但他却无法获得竞争者失去的市场份额。正如在"布鲁克"[4]一案中,最高法院认为,被告没有过剩产能这一点非常重要,这足以据此驳回原告请求。三是关于特殊商品的抗辩。这类商品包括鲜活商品、季节性商品、有效期即将

---

[1] 王晓晔:《欧共体竞争法》,中国法制出版社2001年版,第250页。

[2] 类似观点可参见 Frank H. Easterbrook, "Predatory Strategies and Counterstrategies", *University of Chicago Law Review* 48, 1981。

[3] 欧内斯特·盖尔霍恩等:《反垄断法与经济学》,任勇等译,法律出版社2009年版,第139页。

[4] Brooke Croup Ltd. v. Brown and Williamson Tobacco Corp., 509 U. S. 226 (1993).

到期商品以及因清偿债务、转产或歇业降价产品。

　　拒绝交易如无例外，一般都被作为严重限制、排除竞争的行为。因此，经营者提出拒绝交易的抗辩理由必须具备充分的依据。根据实践经验，下列情况往往成为滥用市场支配地位抗辩的正当理由。一是基于权利的主张。比如，经营者具备知识产权，或者对关键设施拥有财产权。当经营者具备知识产权时，作为专利权人，他并无必须与竞争者进行交易的义务，甚至美国《专利法》也规定，专利权人拒绝使用或许可专利，不应被视为滥用权利。在"奥林匹亚设备租赁公司"[1]一案中，波斯纳法官认为一个具有合法的垄断地位的经营者，"并无帮助竞争者的一般性责任，无论是通过价格保护伞或者采取竞争性行动"。权利主张往往被作为正当理由的形式要件，因为权利滥用规则时刻紧盯着它。因此，寻求拒绝交易行为的正当理由还要考察其他因素。二是基于民事抗辩权。这一点很容易理解，无论实践中经营者是否作为垄断者，他都有基于民事抗辩事由而拒绝交易的权利。例如，经营者可能因为交易对方不符合合同承诺、违背诚信或者搭便车而拒绝交易。在有些情况下，经营者可能基于先履行抗辩权，同时履行抗辩权以及不安抗辩权而拒绝交易。三是基于效率抗辩。例如在"威瑞森诉纯科"[2]案中，最高法院强调威瑞森拒绝共享电话网线的效率可能：强制共享可能会造成成本，降低当前及潜在垄断者的投资积极性。如果强制共享的话还可能使法院成为不适当的"中央计划者"，甚至会促使企业间达成共谋。

　　独家交易行为又被称为排他性交易，它是指限定交易相对人只能与自己交易。从形式上看，独家交易排除其他竞争者的参与，具有明显的反竞争效应，但就实质而言可能并非如此，即经营者实施独家交

---

[1] Olympia Equipment Leasing v. Western Union Telegraph, 797 F.2d 370 (7th Cir. 1986).
[2] Verizon Communications Inc. v. Law Offices of Curities V. Trinko, LLP, U. S., 124 S. Ct. 872, 157 L. Ed. 2d 823 (2004).

易存在潜在的促进竞争的效应。例如，道格拉斯大法官在"加州标准石油公司诉美国"①案中发表了独立意见，他认为石油公司如不能通过独家交易实现一体化，那么它必然转向所有权方式，"要消除这些排他合同，就等于为标准石油公司或者其他公司建立自己的加油站帝国创造条件"。在他看来，石油公司实施独家交易虽然限制了一些竞争，但还是为独立的中小企业保留了一定的空间，但如果禁止它那么做，恐怕这些中小企业也会被石油公司兼并，或者石油公司建立自己的分销渠道，中小企业没有什么生意。由此延伸，独家交易的竞争效应在霍温坎普看来最终指向"降低对消费者的价格"②。除此之外，经营者实施独家交易还存在其他商业上的正当理由。比如，防止其他品牌利用自己的经销渠道搭便车，保障供货，分摊投资风险以及降低不确定性。③

就搭售而言，人们现在已经摆脱本身违法原则的束缚，而从合理原则分析其竞争效应与合法性。按照这一思路，搭售行为的正当理由多出自效率抗辩。例如在"时代花絮诉美国"④案中，时代花絮报纸将其晨报和晚报广告空间打包出售，广告商需要在这两个空间刊登广告。对此，最高法院克拉克大法官认为，这两类报纸广告拥有共同的读者，在两报上登载广告实际构成同一个产品。他还指出，将晨报与晚报的广告结合为一个产品销售，那么广告征订、宣传、排版等只需要做一次而非两次，交易成本因而降低。从更广泛的范围来看，搭售能够在生产、销售、运输以及营销等方面节约成本，并产生规模经济。另外，产品品质保障也是搭售行为抗辩的正当理由。在"杰斐逊诉海德"案中，医院指出它将一般手术与麻醉手术捆绑能够降低成本并改进治疗

---

① Standard Oil Co. of California v. United States, 337 U. S. 293, 69 S. Ct. 1051, 93 L. Ed. 1371 (1949).

② 赫伯特·霍温坎普：《联邦反托拉斯政策：竞争法律及其实践》，许光耀等译，法律出版社2009年版，第483页。

③ W. Liebeler, "Antitrust Law and the New Federal Trade Commission", *Sw. U. L. Rev.* 12, 1981.

④ Times-Picayune Pub. Co. v. United States, 345 U. S. 594, 613, 73 S. Ct. 872, 883 (1953).

质量。在"柯达诉图像技术公司"案中,虽然柯达提出的"因为实施质量控制而将零部件销售与维修服务捆绑"抗辩理由未获法院支持,但最高法院强调,法院是在即席判决前提下审理此案,如果柯达在初审中有更有力的证据证明它在市场势力、行为正当性超过反竞争效果等事实,那么它还是能够获胜。因此,保障产品品质是能够获得正当性的,问题在于是否有足够的证据支持。因为早在20世纪60年代"美国诉杰罗德电子公司"①一案中,法院就允许被告提出"新市场进入者的品质控制"抗辩。还有其他法院也认为,如果经验证明消费者更愿意接受经营者提供的将互补产品整合在一起的商品,那么卖方的捆绑销售就是合理的。②除此之外,"新产品、新市场的风险分担"也被视为搭售行为正当理由的重要因素。

滥用市场支配地位还有一项典型行为,即价格歧视。相比其他滥用行为抗辩的正当理由,发现价格歧视的正当理由则显得较为简单。在立法和司法实践中,价格歧视正当理由抗辩主要集中在以下三个方面。一是"应对竞争抗辩"。如果被控价格歧视的经营者能够证明其低价乃是应对竞争对手同样低的价格,那么可将经营者行为视为善意。在"标准石油公司诉联邦贸易委员会"③案中,最高法院指出,援引竞争抗辩是当事人的基本权利,在竞争经济中,该项抵御竞争性价格攻击的权利和自我防卫一样重要。后来,在"美国诉美国石膏公司"④等案件中应对竞争抗辩的适用范围又不断扩大。二是"成本合理性抗辩"。具体来说就是,由于制作方法、销售数量存在差异并因此而导致制造、销售以及运输成本差异,立法允许经营者就此提出抗辩。例如在"联邦贸易委员会诉标准石油公司"⑤一案中,标准石油公司根

---

① United States v. Jerrold Electronics Corp., 187 F. Supp. 545 (E. D. Pa. 1960).
② Dehydrating Process Co. v. A. O. Smith Corp., 292 F. 2d 653 (1961).
③ Standard Oil Co. v. Federal Trade Commission, 1951, 340 U. S. 231.
④ United States v. United States Gypsum Co. et al., 1978, 438 U. S. 422.
⑤ Federal Trade Commission v. Standard Oil Co., 355 U. S. 396 (1958).

据客户购买数量、存储设施和供应设备等情况将其划分，其中符合"Jobber"标准的客户可以获得低价购买石油的权限。而法院认可了被告基于客户功能而主张成本合理化抗辩。三是"功能可获得性抗辩"。这一抗辩源于司法规则，即被控价格歧视行为如果客户在实际中是可获得的，那么价格歧视并不违法。在"汉森诉匹兹堡平板玻璃"[①]一案中，法院认定，虽然被告价格存在歧视，但是其他卖方在相同价格上也可以提供类似产品，那么在这种情况下，竞争并未受到损害。

### （三）正当理由的规范类型

正当理由的规范类型指的是现实生活中经营者提出的抗辩事由经过法律的评价、检验并在规范目的下上升为具有法律意义的正当理由种类。基于此，正当理由的规范类型至少有三大特征有别于理想类型和经验类型。一是复合性，它是规范与经验的结合。一方面，正当理由规范类型来源于生活实践，它往往能够描写经营者市场行为实践中的理性因素，经营者实施涉嫌滥用市场支配地位所具备的合理因素成为法律规范中正当理由类型的原型。另一方面，正当理由规范类型也蕴涵规范目的。尤其是反垄断法，无论是立法还是执法，往往考虑法律规范的政策功能并期待达致一定的社会效果。因而对于经营者提出的抗辩理由，立法者通常会考虑其是否符合立法目的和政策功能。二是保守性。立法属性使然，正当理由的规范类型不可能与实践一致。新的商业模式、经营手段可能是正常的市场行为，但如果想要获得立法的认可恐怕并不会那么及时。只有经营者行为在实践中逐渐累积、不断被验证并获得市场认可，那么才可能将其纳入正当理由的规范类型。三是指导性。正当理由规范类型的重要意义就在于能够提供行为指导，为经营者提出正当理由抗辩提供可靠的依据。也正因为如此，笔

---

① Hanson v. Pittsburgh Plate Glass Industries, Inc., 482 F. 2d 220 (5th Cir. 1973).

者对正当理由类型的研究也将深入考察法律实践当中提出的正当理由。

从各国反垄断立法来看，都普遍涉及经营者针对滥用市场支配地位指控提出的抗辩类型。在欧盟主要体现为效率和客观合理性。美国的情况则要复杂一点，经营者正当理由抗辩的类型散见于多部成文法、相关指南以及判例，而并没有统一的立法规范正当理由类型。但大致来看，效率、消费者福利以及合理商业理由构成了经营者行为正当理由的主要类型。就我国而言，反垄断执法部门国家发改委、国家工商总局分别归纳了滥用市场支配地位正当理由的若干类型，也主要集中于效率以及经营者生产经营活动所必须等理由。在其他国家如南非、马来西亚、瑞士等，通常将商业惯例、商业理由作为经营者抗辩滥用市场支配地位指控的正当理由。由于上述内容在第一章已经作过详细介绍，在此不再赘述。各国立法提供的规范素材为我们研究正当理由类型提供了丰富的资料，笔者所需要做的就是考察各国正当理由类型的异同并分析其背后的社会经济背景，在此基础上为构建正当理由类型体系提供基础。

通过梳理正当理由的理想类型、经验类型以及规范类型，我们可以发现它们之间的一些共同之处。因为它们虽样态各异，但都来源于现实生活并受到价值、目的等规范指引。在这里需要说明的是，我们按照这三种类型分析正当理由，只是提供初步的素材而并非按照这三种思路进行深入分析。在建立对正当理由类型初步认识的基础上，结合在第三章讨论的正当理由认定标准，我们可以总结出一些具有共性的正当理由实质类型。笔者将其划分为正当理由的权利类型、效率类型以及客观必要类型。之所以作出这样一个划分，主要基于以下几点考虑：一是包容性，即这三种类型是否能够包含大部分的正当理由；二是具有实践性，即这三种类型来源于实践，属于经验的总结；三是规范性，即这三种类型能够进入法律规范，成为具有普遍指导意义的抗辩理由；四是层次性，这一点与包容性有关。如果仅仅就正当理由的理想类型、经验类型或者规范类型某一种类型进行研究，难免挂一漏万。而笔者提出这三种正当理由类型来源于理想、经验以及规范但又能兼顾层次性，弥补单纯从一点出发研究的片面性。

## 第二节　正当理由的权利类型

将权利作为正当理由类型之一源于反垄断法中的历史原则。历史原则强调经营者行为应当追根溯源，考察其是否存在权利依归。如果经营者在市场中的生产、交易以及竞争活动背后有相应的权利支撑，那么即便涉嫌垄断也可以据此提出抗辩。而且法律本身就是以权利和义务为基础的理性建构，因此没有比权利更"正当"的抗辩理由了。同时也应当注意，权利是个抽象概念，其现实意义必须在具体案件中予以明确。因此为实现对正当理由权利类型的具体阐释，有必要对其类型作进一步划分。权利类型化本身是个老生常谈的问题，但在此处笔者并不打算像大陆法系那样设计一套逻辑严密的精致权利体系。原因在于，权利类型化说到底基本上是大陆法系法学家的理论构造，但对于具体问题而言它显然过于复杂、宏大而不一定具有现实性。例如，我们不可能按照支配权、请求权、形成权或者抗辩权这样的权利类型去套用到正当理由权利类型当中。反垄断法中的问题显然无法完全将民事权利作为依据。反观反垄断法自身，它又无法提供一套具有说服力的权利体系，例如，学界所讨论的竞争问题、经营问题都尚未完全形成竞争权、经营权这样的概念。即便出现这样的概念，也可能要归结于意思自治、契约自由等传统权利类型。不得不说，正当理由权利类型的划分很难从抽象概念延伸出具体类型。因此，倒不如像英美法系那样，具体研究典型案例，按照反垄断法的历史经验归纳总结正当理由类型，并将其抽象化。当然在抽象化的过程中不可避免地要借用传统权利概念作为容纳正当理由权利内涵的外壳。

## 一、知识产权

之所以将知识产权作为正当理由的一大权利类型，主要源于滥用知识产权涉嫌垄断的行为在实践中愈演愈烈，因此在垄断的强力攻击下，传统的知识产权制度面临较大的挑战；也是因为在滥用知识产权问题上存在诸多认识上的误区，有待从权利视角正本清源。

在将知识产权作为正当理由权利类型论证之前，有必要设置两个论证前提，澄清两个学术误区，以避免笔者陷入知识上的错误，贻笑大方，同时也为本书的论证设置相应的条件。第一大前提是关于知识产权的权利特征问题。关于知识产权特征的观点不胜枚举[1]，在此单表"专有性"这一特征。通常认为，专有性是指在权利有效期内知识财产为权利人独享支配、控制、收益、处分的权利，未经权利人许可、同意或法律规定，他人不得染指权利范围；对同一项知识财产不允许有两个或两个以上同一属性的知识产权存在。[2] 由此看来，知识产权在权利属性上与一般财产权也没有太大区别，权利人都能够实施支配、使用、处分、收益等权能。因此，知识产权人设置排他性限制应当说具有权利基础。例如根据美国《专利法》第271条之规定，经营者"单方地""无条件地"拒绝将其专利方法或商品向他人授予许可，并非不合法。但在此处需要避免第一个误区：知识产权是绝对的。在一些人

---

[1] 例如，郑成思先生认为，知识产权的特征包括无形、专有性、地域性、时间性、可复制性五个方面；吴汉东先生认为，知识产权的特征包括权利归属的专有性、权利保护的地域性、权利存续的时间性、权利客体的非物质性四个方面；等等。但关于知识产权的垄断研究主要集中在权利专有性问题上，因此本书主要讨论这一特征。分别参见郑成思：《知识产权论》，法律出版社2005年版，第63—77页；吴汉东主编：《知识产权制度基础理论研究》，知识产权出版社2009年版，第15—26页。

[2] 吴汉东主编：《知识产权法》，法律出版社2004年版，第12页。

看来，知识产权"是任何形式的反垄断法都不能干预的"，甚至贬斥"知识产权领域也适用反垄断法的观点"为"无知"。[①] 在《谢尔曼法》实施早期，法院甚至认为"依据美国专利法享有在使用权或者销售权方面的绝对自由"，因为"这些法律的目的就是垄断"。[②] 针对这一误区，有必要提出第二个前提：关于知识产权的非绝对性问题。专有权并不意味着知识产权具有绝对性而不受任何限制。相反，正如"一般财产权不能凭借其专有权或者独占权而不受反垄断法的制约，知识产权也不得凭借其专有权或者独占权不受反垄断法的制约"[③]。关于这一点实际在理论和实践上已经基本达成共识，借用反垄断法具体制度语言来说，就是滥用知识产权排除、限制竞争的行为不能获得《反垄断法》的豁免。由此看来，知识产权应当予以限制。

因此，接着这两个论证前提，笔者进一步提出，关于"知识产权反垄断法限制"本身也应当予以"限制"。这一观点主要是针对知识产权反垄断领域的另一个误区：知识产权意味着垄断。例如在"国际盐业公司诉美国"[④]"杰斐逊诉海德"[⑤]等案件中，法官倾向于推定：如果搭售的结卖品拥有专利，那么它就具备垄断力。虽然现在无论是法官还是立法者都不可能再这样行事，如美国在《知识产权许可的反托拉斯指南》中强调，"主管机构并不假定知识产权产生了反托拉斯意义上的市场支配力"，但是在思想上严格限制知识产权的"流毒"恐怕一时难以清除。实际上有学者考察了美、欧知识产权反垄断制度后得出结论，认为该制度在历史上呈现出"注重知识产权—强调反垄断法—重视知

---

① 杨继绳：《知识必须通过法制渠道进入经济——二谈知识经济》，《经济参考报》1998年7月7日。

② 王先林：《我国反垄断法适用于知识产权领域的再思考》，《南京大学学报（哲学、人文科学、社会科学版）》2013年第1期，第36页。

③ 王晓晔：《知识产权强制许可中的反垄断》，《现代法学》2007年第4期，第93页。

④ International Salt Co., Inc. v. United States, 332 U. S. 392 (1947).

⑤ Jefferson Parish Hospital District No. 2 et al. v. Hyde, 466 U. S. 2 (1984).

识产权—二者并重（20世纪末）"的螺旋式发展轨迹。[①] 特别是20世纪90年代以来，人们已不再把知识产权领域限制竞争的行为看成"黑白分明"的问题。[②] 由此，对待这一问题应当秉持"合理原则"。以知识产权排他性限制为例，"鉴于知识产权在某些情况下更易被侵犯的事实，许可人阻止或者限制被许可人使用竞争性技术的这一事实在其他情况下可能被视为违法，但在知识产权许可协议中则可能是正当的"[③]。

通过上文论述可以看出，知识产权既具有专有性、独占性，其使用也可能排除、限制竞争，涉嫌垄断。知识产权与垄断互相反制，就大多数政策而言多是在保护竞争和保护知识产权二者之间寻找平衡点。对于涉嫌垄断经营者而言，他能够提出的行为正当理由也恰恰是来自于知识产权对于反垄断制度的反制。因此，笔者基于这一思路将知识产权作为经营者行为正当理由的权利类型之一。

接下来，笔者从实践出发挖掘知识产权作为正当理由的经验基础。滥用知识产权涉及的垄断行为包括价格限制、数量限制、市场限制、专利联营和交叉许可、排他性许可（包括拒绝交易）、搭售等类型，其中前四种行为主要涉及非法垄断协议，被称为滥用市场支配地位的滥用知识产权主要指后两者。而在实践中，经营者以权利抗辩垄断指控又主要集中在知识产权拒绝许可行为。一般而言，具备知识产权的经营者没有义务将其知识产权授予任何人，这被称为直接（或称单边）拒绝许可。而这种行为正当性正是来源于知识产权自身的排他性，正如"SCM 诉施乐公司"[④] 案中法院所强调的，"若专利系合法所得，专利法允许的后续行为得免除反垄断法责任"。在"数据通用公司

---

[①] 王晓晔、吴玉岭：《与知识产权相关的限制竞争问题研究》，载王晓晔主编：《反垄断法实施中的重大问题》，社会科学文献出版社2010年版，第542页。

[②] 王晓晔：《知识产权强制许可中的反垄断法》，《现代法学》2007年第4期，第94页。

[③] 王晓晔：《滥用知识产权限制竞争的法律问题》，《中国社会科学》2007年第4期，第134页。

[④] SCM Corp. v. Xerox Corp., 645 F. 2d 1195 (2nd Cir. 1981).

诉格鲁曼系统支持公司"（简称"数据通用诉格鲁曼"）[1]案中，数据通用公司停止向格鲁曼公司许可其计算机软件著作权，因而被控图谋垄断，但这一指控被第一巡回法院驳回。法院认为，即使主观目的是为了排除与竞争者的竞争，数据通用公司的单边拒绝行为也应被假定为合法。在"CSU，LLC 诉施乐公司"[2]一案中，第一巡回法院继续重申了知识产权作为拒绝许可抗辩的正当性，它认为："如果不存在非法搭售证据，表明专利授权机构欺诈的证据，以及虚假诉讼的权利，那么，专利持有人可借法定权利排除他人对专利的使用……不需承担反垄断法责任。"

相比直接拒绝许可，间接拒绝许可能否以知识产权作为抗辩正当理由则要复杂得多。间接拒绝许可指的是，知识产权人设置条件作为许可知识产权的前提，例如搭售，即被许可人获得授权的条件是必须购买另外一项专利或者产品。例如在早期案例"莫顿盐业公司诉苏匹格"[3]案中，盐业公司要求租赁专利撒盐机的承租人（被许可人）必须同时购买它生产的盐片。由此法院认为，该行为超出了其专利权利范围，专利权不具有抗辩的正当性。并且如果专利权人实施搭售但同时专利权也受到侵犯，其专利权无法通过诉讼获得救济。但这一状况在1980年的"道森化学公司诉罗门 & 哈斯公司"[4]案中发生改变。该案中，罗门公司拥有唯一能够证明在农作物上使用一种除草剂的方法专利，该除草剂并非专利产品，但若没有罗门公司的方法专利，该除草剂也没有商业用途。道森化学公司谋求获得该专利许可同时不购买罗门公司的除草剂未果，于是在自己生产的除草剂使用说明中使用了罗门公司的方法专利。在该案中，两个事实能够确定：一是罗门公司涉

---

[1] Date General Corp. v. Grumman Systems Support Corp., 36 F. 3d 1147 (1st Cir. 1994).
[2] CSU, LLC v. Raytheon Co., 769 F. 2d 842 (1st Cir. 1985).
[3] Morton Salt Co. v. G. S. Suppiger Co., 314 U. S. 488, 62 S. Ct. 402, 86 L. Ed. 363 (1942).
[4] Dawson Chem. Co. v. Rohm&Haas Co., 448 U. S. 176, 100 S. Ct. 2601, 65 L. Ed. 2d 696 (1980).

嫌搭售；二是道森公司侵犯罗门公司专利权。按照以往的法律规则，由于涉嫌搭售，罗门公司不得提起侵权之诉。但是法院对于本案作出不同以往的判决，支持了罗门公司的侵权诉讼，保护了其专利权。因此有学者评价道，该判决认可了"专利制度设立的财产权"，同时也进一步明确"专利权所有人无须许可其发明"。[1] 当然这一判决不能改变知识产权搭售违法的性质[2]，值得总结的一点就是，知识产权的财产属性决定了经营者拥有排他的合法权利，并且可以此来抗辩垄断指控，至于能否抗辩成功，则要判断其行为是否产生了足够大的竞争损害。

接下来要讨论的是一种具有复合性质的隐晦的拒绝许可行为。它在表面上看起来是价格限制、数量限制或者市场限制等垄断协议行为，但从实质上来看则属于拒绝许可。例如，专利许可人可以要求被许可人按照规定的价格转售，或者要求被许可人对专利产品的生产或者购买达到一定数量，或者要求被许可人在特定地域使用。如果专利权人认为被许可人可能会低于转售价格销售，他就可能会拒绝许可专利权。那么在这个问题上实际上存在一个传导机制：设定价格、数量或者市场限制→拒绝许可。因此，拒绝许可是否存在正当理由实际上转移到价格、数量或者市场限制是否存在正当理由。而这一转换常常能给经营者提供权利支撑。例如在"雅达利诉任天堂"[3]案中，法院认可了一个限制最高生产数量的条款。本案当事人达成的许可协议中有两个限制条款：一是禁止原告将其按照被告专利生产的产品向美国境外销售；二是被告给原告规定了最高生产数量。因此原告提出反垄断诉讼。法院则认为"禁止专利产品出口"和"限制最高生产数量"行为都不构

---

[1] 欧内斯特·盖尔霍恩等：《反垄断法与经济学》，任勇等译，法律出版社2009年版，第405页。

[2] 该案中搭售之所以未被认定违法，主要是因为搭售尚未成功。

[3] Atari Games Corp. v. Nintendo of American, Inc., 897 F. 2d 1572, 14 USPQ 2d 1034 (fed. Cir., 1990).

成本身违法，也不会导致被告的专利无效，因为这些限制是专利法授予专利权人的权利。因此，数量限制和市场限制通常被视为专利权的固有权能，因此专利权本身能够成为经营者抗辩垄断指控的正当理由。而价格限制的情况则要复杂一点，因为限制转售价格早已被视为典型垄断行为，对其规制也基本遵循"权利用尽"原则，即知识产权产品一旦投入市场就脱离了知识产权人的财产权控制，权利人不得再作出转售价格限制。但在实践中，"权利用尽"原则通常用于国内或者共同经济体内部，对国外则不适用，例如根据美国"赛诺菲诉医疗技术兽药"[①]案的判决，"权利用尽"原则并不适用于在国外销售的商品。欧盟法院也曾根据欧共体理事会《商标指令》第5条规定，认可权利人排除非欧盟商标产品向英国进口的权利。由此看来，即便被视为违法的限制转售行为也存在以知识产权（权利用尽的例外）为基础的抗辩。那么接下来的逻辑就是，既然价格、数量以及市场限制行为存在以知识产权作为正当理由的抗辩，那么由上述三种行为传导而来的拒绝交易行为显然也应当继受这一抗辩，将知识产权作为行为正当理由。

## 二、所有权

从本质上来讲，所有权和知识产权都属于财产权范畴，特别是关于占有、使用、处分以及收益的权能并无本质区别。但在大陆法系，所有权是物权项下的核心权利，这也是笔者将其与知识产权进行区分的依据。所有权既表达了人与物之间的关系，也体现了人与人之间的社会关系。就前者而言，所有权集中体现在权利人对物的排他性占有，这也是权利人进行使用、收益和处分的基础；就后者而言，所有权厘

---

① Sanofi, S. A. v. Med-Tech Veterinarian Products, Inc., 565 F. Supp. 931, 218 USPQ 1002 (D. N. J. 1983).

定了发生"交易"的当事人的权利界限。简而言之，我们评价一个人拥有所有权，那就意味着他所拥有的权利在相应界限内他人不得侵犯。因而，我们将所有权列为经营者行为的正当理由，看重的就是它所具备的"防御"功能，即所有权作为一项权利，他人不得侵犯。正如《法国民法典》所宣示的："所有权是对于物有绝对无限制的使用、收益及处分的权利。"所有权的防御功能面对不同的主体有强弱之分。时至今日，所有权"绝对神圣不可侵犯"的理念恐怕已没有多少市场，因为基于社会公共利益对私权进行限制已成为理论和实践的普遍共识。因此，当经营者面对其行为涉嫌垄断并损及社会公共利益时，经营者很难以所有权抗辩垄断指控，这时其防御功能较弱。但是防御弱并不代表所有权失去意义，当所有权并未逾越界限，如果仅仅因为公共利益而受到限制，那么所有权人则被赋予"讨价还价"或者抗辩的权利。因而，如果经营者行为属于所有权的正常行使，那么即便产生反竞争效果也不应当被视为非法。当所有权面对私人利益而不涉及公共利益时，其防御功能则强大得多。也就是说，其他竞争者（试图）破坏经营者所有权的权利结构，在形式上表现为（试图）侵权，那么经营者理所当然地可以行使所有权权能，排除其他竞争者的干扰。

因此，经营者对垄断指控的抗辩变成所有权抗辩。经营者所有权抗辩第一种表现体现在"关键设施"垄断而拒绝交易的行为。例如在"阿纳荷姆市诉南加州爱迪生公司"（简称"阿市诉爱迪生"）[1]一案中，双方就爱迪生公司的电力输送系统是否构成关键设施存在争议，换句话说，爱迪生公司对自己电力输送系统的所有权能否排除阿市的进入存在争议。本案中，被告向南加州地区输送、销售电力，但并不包括阿市。阿市在本市有自己的电力输送系统并垄断电力零售，但由于阿市并不生产电力，所以它不得不从被告等供应商处购买电力。由于太

---

[1] City of Anaheim v. Southern California Edison Co., 955 F. 2d 1373 (1992).

平洋东北部电力充裕、价格低廉，阿市谋求从该处购买电力，但它不具有运送电力的能力，而必须依赖由被告所有的从太平洋东北部输往外界的电网，所以阿市只能从被告处批发电力。因此阿市向被告提出长期共享由被告所有的电网，供其输送从太平洋东北部批发的电力。被告则提出可短期共享，但不允许长期共享。于是，阿市向法院提出诉讼，指控被告垄断关键设施。[①] 法院认为，阿市并不是必须通过被告的电网才能获得电力，它完全可以向被告购买从太平洋东北部输送来的电力，只不过价格贵一些而已。而被告的抗辩显然是从自己对电网的所有权出发。被告提出，它所拥有的电网输送能力有限，需要全部的输电能力才能把阿市要求的从太平洋东北部直接购买的电力输送到目的地，如果这样的话，它自己的客户将难以获得电力保障。由此来看，被告以电网输送能力以及电力买方利益为由提出的抗辩已经非常清晰。首先，被告拥有该电网的所有权，能够决定电网的使用和收益。并且被告为修建、维护电网进行了投资和管理，它没有理由与他人分享该电网的所有权。其次，该电网的所有权权能受到被告客户债权的制约。被告批发、零售的电力有赖于该电网的输送，它应当先用来满足自己客户的电力需求；否则，被告就会因为所有权能力不足而陷入违约。再次，如果为阿市运送电力，则破坏被告电网的所有权。因为该电网所有权所能发挥的权能是有限的，就像分配蛋糕，总量固定，甲得之多，则乙必然得之少，被告可能会因为共享电网而丧失收益。还有一点就是，允许阿市共享电网则意味着电网经常满载甚至超负荷运载，那么长此以往，电网使用寿命必然降低，进一步影响被告爱迪生公司的所有权。从更广泛的实践来看，主流观点都认为，即便构成关键设施，其所有人也不必为容纳他人而妥协，或损害自己的经营。[②]

---

[①] 该案还涉及掠夺性定价的指控，因与本处讨论的问题无关，在此不予阐述。
[②] 赫伯特·霍温坎普：《联邦反托拉斯政策：竞争法律及其实践》，许光耀等译，法律出版社2009年版，第342页。

经营者所有权抗辩的第二种表现存在于搭售抗辩当中。顾名思义，搭售就是将搭卖品与结卖品强制地一同销售。因此，认定非法搭售的一个必要前提就是存在两个独立产品。在搭售规制早期，对于两个独立产品的认识不管普通人还是专家都能得出清晰且一致的结论，比如，对打孔机和卡片两种产品的搭售[1]，对制盐机和盐两种产品的搭售[2]。但是伴随技术发展以及经济发展的需要，越来越多的产品以"整合"的面目出现。例如，在"ILC诉IBM"[3]案中，IBM通过电路技术将驱动器、存储器以及数据处理器同它们的控制器整合为一个产品出售，这就给市场上单独生产每个元件的公司产生不小的压力。同样在"美国诉微软"[4]案中，微软公司将浏览器与视窗操作系统捆绑在一起销售。而且不同于传统产品的物理整合，在软件行业，产品的整合更容易也更隐蔽。因为整合基本不需要物理条件制约且边际成本几乎为零，从根本上讲，经营者实施整合只需要多敲几个代码即可。但产品整合带来的问题却是深刻的，它直接关系到行为是否合法。关于上述行为属于非法搭售还是产品整合的争议从根本上讲是对产品所有权的争议，换句话说，整合的产品是否只产生一个所有权。而经营者提出产品整合的抗辩实际上是在强调一个所有权的主张。

之所以通过所有权抗辩搭售指控，是因为所有权的设立、行使以及保护都和"一物一权""所有权的完整性、绝对性"等理念紧密相随，研究产品整合（或者搭售）里面的所有权问题，才能真正弄清经营者行为的正当性基础。第一，整合的产品是否只存在一个所有权。"一物一权"是所有权设立的基本原则，如果一件物品上存在两个权

---

[1] International Business Machines Corp. v. United States, 298 U. S. 131, 56 S. Ct. 701, 80 L. Ed. 1085 (1936).
[2] International Salt Co., Inc. v. United States, 332 U. S. 392 (1947).
[3] ILC Peripherals Leasing Corp. v. IBM Corp., 448 F. Supp. (N. D. Cal. 1978).
[4] United States v. Microsoft Corp., 231 F. Supp. 2d 144 (2002).

利，那么必然造成权利冲突。以汽车为例，汽车由轮胎、车灯、烤漆等不同部件组成，如果认为一部汽车的物权是由多个所有权构成并且也不允许这些不同部件在一起销售，那么恐怕人类现在还享受不到"汽车"服务。简而言之，在整合产品中只适合存在一个所有权，将整合产品置于一个所有权下，意味着它的销售并非逾越权利边界。第二，整合产品在可分的情况下，所有权是否受到破坏。在有些情况下，整合产品是可以拆分出不同产品，例如平台产品。平台产品如腾讯QQ，其基本功能是即时通讯，同时还具备游戏、支付、邮箱等其他功能。虽然在技术上可以去除QQ产品的附加功能，即赋予其多个所有权，但剩下的QQ产品仅仅具备即时通讯功能，其使用功能大大降低，产品收益也将大打折扣，目前产品的所有权还能产生以前的收益权能吗？显然，即便整合产品可分，也不宜将其视为多个产品所有权的集合。第三，整合产品是否是由合同来强制的。传统的搭售行为一般都是合同强制的，因此，违法搭售也通常被视为垄断协议来规制。但整合产品显然不是通过合同强制实现的，而是出于技术设计。如果是通过合同强制实现的，消费者会认为，"这是两件不相干的产品"；而对于整合产品，消费者则会想，"这是一件具有不同功能的新产品"。因此，作为单一产品，经营者完全可以用所有权进行抗辩，并且一个所有权不可分，如果将其视为两件产品，那么原所有权将受到破坏。

经营者所有权抗辩的第三种情形与防止"搭便车"的行为有关，这类行为包括独占交易、拒绝交易等。"搭便车"指的是某些人或某些经济组织，不付出任何代价，从他人处或社会获得收益的经济现象。[1] 在经济生活中，搭便车现象比比皆是，比如，我们到实体店挑选喜欢的服装，然后到网络上购买更为便宜的同款产品；又如，一个厂家设计了一款手机备受欢迎，其他厂家纷纷仿造。由于搭便车坐享他人之

---

[1] 卢现祥：《西方新制度经济学》，中国发展出版社2003年版，第72页。

利，无论在道德还是法律上都备受谴责。但是搭便车行为的治理却相当困难，法律在这个问题上往往缺位。而法律缺位的原因又在于权利界定不清，无法为利益受损者提供权利保障。因此，经营者往往通过商业行为最大限度地限制搭便车给自己造成的损失。因此，防止搭便车常作为经营者辩护自己行为正当性的抗辩理由。比如，供应商与经销商保持了长期的合作关系，供应商为经销商提供了场地、设施上的便利，借助供应商良好的商誉，经销商逐渐壮大。结果有一天经销商又销售另一种替代产品，那么，这种替代产品无疑对供应商提供的商品产生搭便车效应。[1] 这种情况为供应商所极力避免，因此，他们往往要求经销商只能销售自己的商品，或者与该经销商断绝交易往来。又比如在"联合出版协会诉美国"[2]案中，该协会负责向其1200家成员报纸提供新闻素材，这些新闻素材来源于协会雇员、协会成员报纸以及国外新闻机构。协会章程规定，允许成员否决当地竞争对手加入该协会的申请。而之所以作出这样的规定，很主要的原因就在于，如果允许竞争对手加入，那么它可能只是过来复制其他成员提供的新闻素材，增加了搭便车风险，并减少了该协会所能提供的收益。[3] 上述案例中的经营者防止搭便车的行为可能被"不明所以"的执法者视为拒绝交易、独占交易以及联合抵制等。对此，经营者必须明白无误地提出自己的所有权主张。那么为何将所有权主张作为防止搭便车行为的正当性基础呢？这是因为明晰产权是克服搭便车问题的不二途径。

在产权学派看来，搭便车现象属于外部性问题，它将产生交易纠纷和障碍。由于谈判存在成本，且难以解决外部性，为此，科斯提

---

[1] 类似的案例可参见 Standard Oil Co. of California v. United States, 337 U. S. 293, 69 S. Ct. 1051, 93 L. Ed. 1371 (1949)。

[2] Associated Press v. United States, 326 U. S. 1 (1945).

[3] 基斯·N. 希尔顿：《反垄断法：经济学原理和普通法演进》，赵玲译，北京大学出版社2009年版，第168页。

出通过界定市场行为人的初始权利即所有权来明确纠纷各方权利和义务。① 因而，所有权的重要功能就是将外部性（搭便车）内部化。因此，上文案例中经营者所采取的防止搭便车的行为实际是设定所有权、主张所有权的行为。例如，供应商为便利经销商销售自己的商品而投入培训、管理、场所、设施等，如果是品牌商品的话，经营者实际还投入了自己的商誉。虽然经销商与供应商是两个不同主体，他们分别拥有自己的产权，但是对于上述投入在实践中产权并不明晰。按照投入与产出的关系，供应商应当对上述投入拥有产权，这也是为何供应商拒绝经销商销售其他品牌商品的原因。如果在理论和实践中不承认这一产权，那么供应商无疑将采取替代方案——无争议的完全所有权方式，即供应商将独立发展自己的销售渠道，或者实施纵向一体化策略，合并市场上的现存的经销商。如果是这样的话，正如道格拉斯大法官反复强调的，供应商将建立自己的产业"帝国"。② 这对于竞争无疑是更糟糕的。

经营者所有权抗辩第四种情形发生在"自由定价"领域。对于立法者而言，反垄断法所要扮演的角色就是要终结管制而代之以更为自由的方案，为广泛的价格管制、数量管制以及准入管制等寻求一种市场的方式。因为从本质上讲，"企业提供何种服务，向谁提供服务，总体上仍属于契约自由的范围，这一前提是市场机制形成并发挥作用的基础"③。但令人遗憾的是，一直以来，人们在反垄断领域的所作所为使得反垄断法俨然成为管制的替代品。例如，对于经营者自由定价进行了广泛的干预，而从本质上讲，这是企业所有权的范畴。因此，经营者会通过所有权抗辩重申自己作为企业经营者的权利，尤其是定价的

---

① R. H. 科斯等：《财产权利与制度变迁——产权学派与新制度学派译文集》，刘守英译，上海三联书店1994年版，第3—52页。

② Standard Oil Co. of California v. United States, 337 U. S. 293, 69 S. Ct. 1051, 93 L. Ed. 1371 (1949).

③ 李剑：《百度"竞价排名"非滥用市场支配地位行为》，《法学》2009年第3期，第62页。

权利。所有权一项重要权能就是权利人可以自由支配、处分财产，包括定价。那么经营者在市场中定价高低，或者给某个交易相对人制定所谓"歧视性"价格，归根到底属于经营者自由权利。

以价格歧视为例，按照反垄断法执法机构的思路，给予不同的客户以不同的价格，造成这些客户彼此竞争时面临不同的成本，因而会出现不公平竞争。但现实情况是，经营者往往不会考虑这些问题，他只会考虑赚取更多利润，获得更多的所有权收益。并且在逻辑上讲，经营者没必要给某个客户以更高的价格，因为这会降低产出，进而降低自己的收益，虽然向不同客户销售可能存在成本上的差异。[①] 唯一能够解释的是，受到歧视的客户可能存在影响经营者所有权收益的其他问题。实践也表明，受到歧视的客户往往"不受待见"，他们要么缺乏诚信，要么不好相处，等等。经营者与其交易时面临较大的风险，不得不将这种风险转移给客户，让其自身消化。最为明显的例子就是银行的差别利率。银行根据借款人的信用、还款能力以及还款期限等情况，分别制定有差别的利率。就形式而言，这无疑属于价格歧视，但就实质而言，这不过是银行降低风险、发挥所有权更高权能的利己之举。但无论如何，你不能指望经营者给一个"账单满天飞，信用薄如纸"的人和他人相等的待遇，否则不仅经营者所有权面临风险，而且对于守信者而言也缺乏激励且显得不够公平。

## 三、政治权利

在大部分案例中，经营者提出抗辩的正当理由或是知识产权类型，或是所有权类型，基本属于经济属性的权利。但权利的类型并非仅限于此，现实生活的生动性使得正当理由认定的大门不仅向经济权利类

---

[①] 由于成本抗辩更多表现为效率抗辩，在此先不展开。

型开放，政治性权利在特殊情况下也能够成为经营者抗辩的正当理由。

政治权利在内容上表现为言论及表达自由、集会自由、结社自由等。将政治权利作为垄断经营者抗辩的正当理由始自"东部铁路董事长公会诉诺尔货车公司"（简称"诺尔诉铁路公会"）[①]一案。该案经过是这样的：自 20 世纪 30 年代以来，卡车业迅速兴起，取得大量原本属于铁路行业的货运业务。因此，许多铁路公司董事长共同组成了东部铁路董事长公会，自 20 世纪 50 年代起该公会组织了大规模的请愿活动，煽动民众对货车业的敌对，雇佣写手发表对货车业不利的研究与评论，在此基础上，该公会向各州请愿要求对货车行业管制并提高其税负。而货车行业代表诺尔公司指控铁路公会一系列行为图谋垄断长途货运业务，排斥了货车行业的竞争，涉嫌联合抵制（拒绝交易），因而违背《谢尔曼法》《克莱顿法》，并请求法院给予其三倍经济赔偿。该案最终上诉至联邦最高法院。

最高法院总体上保持了对人民政治权利的尊重，因而保持了相当程度的谨慎与克制。最高法院首先明确了宪法赋予人民的重要权利，它指出，"人民有权向其代表（请愿组织或者议员）自由表达他们的愿望和诉求，并且也有权要求议会和政府按照其意愿立法或执行相应政策"。其次，最高法院指出这一宪法权利的绝对性，"人民向其代表表达意愿的活动是否合法并不依赖其动机，因为很有可能人们是从个人利益出发而要求政府采取行动以满足其愿望"，否则如果拒绝人们因自利而自由表达的话，"这不仅会闭塞言路，使政府无法获得来自民间的有用的信息，同时还会导致利害关系人无法参与与己相关的立法及政策实施，进而剥夺了人民在关乎切身利益方面请愿的权利"。最后，最高法院还为《谢尔曼法》厘定了适用边界："《谢尔曼法》所涉垄断行为主要发生在商业领域，而发生在政治领域的行为则不受其约束。"因

---

[①] Eastern R. Presidents Conference v. Noerr Motor Freight Inc., 365 U. S. 127 (1961).

此，在最高法院看来，铁路公会的行为属于行使宪法赋予他们自由表达意愿的权利，虽然就其请愿内容而言具有自利性，并且在商业上可能会限制竞争，给诺尔公司造成损害。但是，这种损害是铁路公会政治活动不可避免的结果。如果说存在限制竞争的话，也是国会通过法律对卡车货运行业的限制。因此，诺尔公司的诉请被驳回。因垄断行为具有请愿权抗辩而获得正当性的原则也被称为"诺尔原则"（Noerr Doctrine），该原则在后来的反垄断案件中多被法院认可。

另外一起因政治权利而抗辩垄断指控的典型案件是发生在20世纪80年代的"美国联邦贸易委员会诉高等法院出庭律师联会"（简称"FTC诉律师联盟"）[①]案。该案中，被告虽然也基于政治权利对联合抵制指控提出了抗辩，但却被最高法院驳回，在此我们有必要看一下其案件经过。为穷人提供刑事辩护法律援助是早在1963年"吉迪恩诉温赖特"案中就确立的一项基本原则（被称为"吉迪恩原则"），其中由政府购买律师服务会免费提供给没有经济能力的刑事被告人。本案中的被告就是哥伦比亚特区聘任的100名律师组成的联盟。哥伦比亚特区政府对刑事辩护法律援助的补偿标准过低，长期以来引起这些律师的不满。为此，他们从1975年起就与政府交涉希望提高补偿标准。1982年，律师联盟及其他律师组织希望政府将补偿标准提高至每小时35美元，政府虽然同意，但迟迟不予兑现。1983年在一次律师联盟会议上，从事刑事辩护法律援助的这100名律师投票成立"罢工委员会"，其中8名委员立刻召开会议，他们提出，联合抵制政府是提高补偿标准的唯一可行方案，所以刑事法律援助律师应当向政府停止登记，而政府应当将补偿标准提高至庭外援助每小时45美元、开庭援助每小时55美元。他们还向议会发出请愿书，要求在9月6日前通过提高刑事援助法律服务补偿标准的法案，否则他们将拒绝向政府服务。与此

---

[①] FTC v. Superior Court Trial Lawers Assn., 493 U. S. 411, 110 S. Ct. 768 (1990).

同时，他们将请愿书向社会公布以获取舆论支持。面对即将到来的刑事审判危机，政府不得不将补偿标准提高至每小时 35 美元，并承诺日后将庭外与出庭律师服务提高至每小时 45 美元和 55 美元。

律师联盟的行动虽获成功，但却遭到 FTC 的调查和指控。FTC 首先查明，律师联盟官员和律师们达成了罢工协议并签字，要求政府提高刑事法律援助服务补偿标准，否则自 1983 年 9 月 6 日起拒绝为政府服务，并且他们将保证不会为争夺案源而竞争。因此，FTC 认定律师联盟的行为构成联合抵制与共谋，在目的上体现为强迫政府提高补偿标准；在效果上，由于政府保证穷人获得刑事法律援助服务是一项必需的义务，而联合抵制却因提高标准将每年增加 400—500 万美元的支出；同时，联合抵制还实质性地限制了律师们之间的竞争。

对此指控，律师联盟先以"诺尔原则"为挡箭牌，他们指出，《宪法》第一修正案赋予人民言论自由与请愿的权利，其联合抵制行为不过是一种政治活动，是在行使宪法权利。反托拉斯法的目的并不能限制人民向政府表达意愿的权利，也不能阻止人民向政府提出反竞争的请求。归根到底，人民向政府请愿的权利和言论自由并不受其行为垄断意图的限制，"民众根据自身利益，请求政府制定法律与政策，没有合法目的与非法目的之分。即使对其竞争对手造成了经济损害，那也是政府的责任，与请求者无关"。接着，律师联盟还援引"克雷鲍恩"案[①]中的抗辩理由，坚持认为自己拥有《宪法》赋予的权利。对于上述抗辩，上诉法院予以支持并作出有利于律师联盟的判决："律师联盟的联合抵制行为属于言论自由，是《宪法》第一修正案保护的行为。"

---

① "克雷鲍恩"案大体经过是这样的：克雷鲍恩县的数百名黑人参加全国有色人种协进会，他们组织起来拒绝购买白色人种商人的商品。白人店主向法院请求禁止黑人的联合抵制行为。联邦最高法院认为，黑人的联合行为系行使宪法赋予的政治权利，因而其行为并不违法。参见王卓君、吴玉岭：《是图谋垄断，还是行使宪法权利——从律师联盟案看美国宪法权利的冲突与协调》，《政法论坛》2004 年第 4 期，第 182 页。

而且法院还指出，在历史上"联合抵制就存在被作为人民自由表达意见的先例"①，因此法院将律师联盟的行为定性为向社会、政府传递政治信息的自由行为。当然，上诉法院也指出，除非有更为重要的政治利益（governmental interest），否则对律师联盟言论自由的限制就是不正当的。

与此相反，最高法院则作出对律师联盟不利的判决。最高法院指出，律师联盟的联合抵制属于垄断行为还是宪法上的请愿权利、言论自由是本案的核心问题。最高法院毫不否认律师联盟向公众解释其行为、说明其行为动机以及游说政府作出于己有利的决策是在行使宪法权利。但最高法院也同时指出，律师联盟联合抵制行为的经济目的非常明显，他们就是要提高补偿标准，而这与"克雷鲍恩"案中黑人团体争取平等自由权的动机明显不同。更为关键的是，需要在律师联盟谋求提高补偿标准而自由表达意愿的权利与穷人获得刑事法律援助的权利之间进行平衡。因此在最高法院看来，保护穷人、社会弱者免费获得刑事辩护法律援助的宪法权利比保护"有自助能力的、有多种权利选择方式"的律师的请愿权和言论自由更为迫切。

当然，政治权利与自由也并非绝对价值，它必须被放置在具体的案件当中进行衡量、比较。正如在"FTC诉律师联盟"案所展示的法律原则，即经营者从事请愿的政治权利应当受到保障这一条，但当在具体案件中遇到一个更为紧迫的权利时，它可能需要作出适当让步，况且它在实质上可能并非出于政治目的。因此，基于对经营者实质目的的考察实际突破了"诺尔原则"的范围，因为在"诺尔原则"里不会考虑经营者是否存在合法的目的。这种突破被称为"伪装例外"原则。法院在"哥伦比亚市诉欧姆尼户外广告公司"②一案中明确了"伪

---

① See United States v. O'Brien, 319 U. S. 367 (1968).
② City of Columbia et al. v. Omni Outdoor Advertising, Inc., 499 U. S. 365 (1991).

装"的含义：人们滥用政府程序或者反对政府正当程序的结果，以此作为反竞争的工具。典型的例子包括提起琐碎诉讼，利用听证反对给竞争者颁发许可。实际上行为人并不指望政府真的按照其意愿行事，而只是通过这些手段最大限度地增加竞争对手的成本。因此，法院认为，这样的请愿自由是"伪装"的，应当排除"诺尔原则"的适用，而适用《谢尔曼法》。

但无论如何，政治权利可以作为经营者抗辩垄断指控的正当理由，尽管存在"伪装例外"原则以及存在权利平衡，但这只不过是体现了法院在具体案件中的审慎。甚至在权利"原教旨主义"看来，包括请愿自由在内的政治权利具有绝对意义[1]，这些政治权利能够帮助人们对抗政府。因此我们不得不回顾一下政治权利作为经营者抗辩正当理由的深刻政治与社会背景。一方面，自20世纪上半叶以来政府广泛地干涉到经济生活当中，人们传统的乃至自《独立宣言》以来就被赋予的财产权受到极大的限制。另一方面，自20世纪中叶以来，面对种族问题、民权问题、政教问题等重大议题，政府关怀限于琐碎，始终无法迈出坚定的步子。因而，通过限制财产权以实现更大政治自由的思路和目的也无法实现。相反，不仅财产权得不到保障，政治权利也难以实现。面对如此困局，联邦最高法院反而发挥了更大的作用，而这源于该时期沃伦法院坚持司法能动主义的司法哲学。个人权利在最高法院那里获得前所未有的关注，而关注的重点也从财产权转向政治自由，坚持自由优先于财产。沃伦法院两位干将——布莱克和道格拉斯法官——反复重申：第一修正案确立的权利是绝对的，政府不能作出任何限制。[2] 因此从总体上而言，沃伦法院对待个人权利实际采取了迂回

---

[1] Eugene Volokh, "Tort Liability and the Original Meaning of the Freedom of Speech, Press and Petition", *Iowa Law Review* 96, 2010.

[2] Vincent Blasi ed., *The Burger Court:The Counter-Revolution that Wasn't*, New Haven: Yale University Press, 1983, p.761.

的保护思路。因为自1937年美国"宪法革命"以来，政府管制经济就已经具备合宪性了，如果法院反对政府干预经济，就显然不具备美国三权分立的政治原则。由此，沃伦法院转而将反托拉斯法的适用严格限制在商业、经济领域，一旦涉及人民政治权利，法院立马划定界限不得逾越。反对垄断不过是保护市场贸易自由，它在本质上是财产权，关乎人民利益；而请愿、言论自由、结社、集会等是政治自由，关乎人民人格。因此根据"自由优先于财产"的权利哲学[①]，联邦最高法院由此确立了政治权利可以作为经营者抗辩垄断指控的正当理由的原则，具体体现在"诺尔诉铁路公会""FTC诉律师联盟"等案件中。

## 第三节 正当理由的效率类型

在目前有关反垄断法的实践与研究当中，恐怕没有人反对将效率作为其价值目标，也没有人反对将其作为经营者正当理由抗辩的主要依据。例如，波斯纳教授建议，可根据以下标准判断垄断行为："原告要证明所指控的行为在这种情形下（具备垄断力。——笔者注）可能会把同样有效率或者更有效率的竞争者排挤出被告的市场。被告可以证明，虽然它是一个垄断者，被指控的行为也是排他性的，但总的来看，该行为是有效率的。"[②] 史普博（Daniel F. Spulber）教授则走得更远。在他看来，那些所谓排他性行为不过是经济学所描述的外部性问题，对此他持的立场是："排他性行为与降低价格等竞争性市场行为较难区分，对其限制反而降低生产力。"[③] 在部分国内学者看来，效率也

---

[①] 刘连泰：《美国法上请愿免责的标准变迁》，《法制与社会发展》2015年第3期，第154页。
[②] 理查德·波斯纳：《反托拉斯法》，孙秋宁译，中国政法大学出版社2003年版，第227页。
[③] 丹尼尔·F. 史普博：《管制与市场》，余晖等译，格致出版社、上海三联书店、上海人民出版社1999年版，第13页。

是经营者提出正当理由抗辩的重要依据。例如，王先林教授认为，我国反垄断法应当允许企业对滥用市场支配地位行为的指控进行效率抗辩。[①] 肖江平教授强调，基于"效率"的正当性在资源稀缺的今天越来越重要。[②] 而将效率作为经营者行为正当理由的实践也非常丰富。在立法上，不少国家、地区确立了效率抗辩的正当性。比如，欧盟在《适用欧共体条约第82条执法重点指南》中提示，滥用市场支配地位的经营者可以"证明其行为是客观必要的或者其行为产生的实质性效率大于对消费者产生的任何反竞争效果"。这就是我们常说的"客观合理性抗辩"与"效率抗辩"，其中效率抗辩经常在司法中实践，业已成为人们头脑中的固有观念。美国立法远不如司法发达，但在有限的反垄断规范性文件中，主管部门不吝笔墨地强调了效率抗辩的重要性，在《知识产权许可的反托拉斯指南》第四章"效率与正当性"一节中强调，如果当局认为知识产权许可限制具有反竞争效果，"他们将会考虑有关限制是否是为了达到促进竞争效率所合理必需的"，主管部门对"反竞争损害"和"促进竞争的效率"进行比较是必要的。韩国、日本以及我国反垄断法也都对滥用市场支配地位经营者效率抗辩作出了明确规定。而关于经营者效率抗辩的司法或执法实践则更为丰富，笔者将在下文逐一展开。那么由此看来，将效率作为正当理由的一大类型已无异议。

## 一、效率内涵：争议以及作为一种类型

虽然效率作为经营者行为正当理由已是共识，但大家口中所说的恐怕未必是同一事物，即效率内涵并未形成统一的认识。博克最早引

---

[①] 王先林：《论滥用市场支配地位行为的法律规制——〈中华人民共和国反垄断法（草案）〉相关部分评析》，《法商研究》2007年第4期，第16—17页。

[②] 肖江平：《滥用市场支配地位行为认定中的"正当理由"》，《法商研究》2009年第5期，第92页。

出这一争议，他认为《谢尔曼法》和其他反垄断法的立法历史表明，其主要目的在于通过提高分配效率促进消费者福利。[1] 很多人误以为博克在强调消费者福利在反垄断法中的重要意义，实际上他强调的是消费者福利要靠配置效率来实现。配置效率也被称为"帕累托效率"，即在社会所有成员不产生损失的情况下至少有一个福利改进。毋庸讳言，帕累托效率基本存在于理论假设当中，实践中人们更愿意用潜在帕累托效率进行替代，即一项改进带给人们的收益要大于带给人们的损失。在实践中，通常把消费者福利的增进归功于帕累托效率的改进。因而在反垄断法中，帕累托效率即配置效率实际说的就是消费者福利改进。[2] 而波斯纳则不再强调消费者福利，他用"经济福利"表达反垄断法目标，并且用经济学家的效率概念来理解经济福利。因此在他看来，评价商业活动对反垄断法的意义时，要分析该行为是不是"一个追求利润最大化的理性人以效率为代价增加利润的一种手段"[3]。由此可见，波斯纳将效率视为经营者成本与收益的对比，即经济学所说的"生产效率"。而就立法而言，各国对效率内涵也展现出不同的认识。由于欧盟将"实质性效率"与"对消费者反竞争效果"相联系，即对消费者福利的增进应当大于其损失，因此，欧盟基本将效率定位为"配置效率"。[4] 而美国则不同，它将效率与反竞争效果相对比。[5] 而反竞争效果显然包括消费者损失、市场产出减少等。并且按照阿瑞达（Phillip Areeda）、卡普洛（Louis Kaplow）的解释，竞争通过两种途径产生效率：生产效率产生于低成本生产者抛售（undersell）而导致低效率生产淘汰；配置效率产生于以下情况，即市场引导商品或服务从消费者价

---

[1] Robert H. Bork, "Legislative Intent and the Policy of the Sherman Act", *Journal of Law and Economic* 9, 1966.
[2] 叶卫平：《反垄断法价值问题研究》，北京大学出版社 2012 年版，第 64 页。
[3] 理查德·波斯纳：《反托拉斯法》，孙秋宁译，中国政法大学出版社 2003 年版，序言。
[4] 参见欧盟《适用欧共体条约第 82 条执法重点指南》第 28 段。
[5] 美国《知识产权许可的反托拉斯指南》第 4.2。

格弹性高到价格弹性低的行业流动。① 因此，美国立法所指竞争效率内包含了生产和配置效率。而我国则将效率与消费者利益、社会公共利益并列使用，由此来看，效率在《反垄断法》中主要指的是生产效率。

之所以对效率产生上述争议，关键在于人们使用了不同的评价标准：社会总福利标准和消费者福利标准。前者着眼于经营者行为能否带来社会总福利的增加，即生产者剩余和消费者剩余的总和。换句话说，即便经营者行为造成消费者福利减损，但社会总剩余有所增加，那么该行为也被视为有效率的。后者则着眼于经营者行为是否带来消费者剩余的增加而不论生产者剩余。由于反垄断法重点在于调整垄断造成的社会财富不公平的转移，这使得它与一般的激励社会产出的产业政策法明显不同，因而，经营者行为能否产生配置效率、能否给消费者带来福利才是立法的重点。当然，生产效率也并非没有意义，按照"渗漏理论"，生产者财富的增加能够自然带给消费者福利。因此，生产效率在判断经营者行为是否具备正当理由时具有辅助意义。

当人们考察生产效率和配置效率时，往往建立在既定数量的知识、技术以及其他投入的基础上，这属于效率的静态分析。而动态分析思路则将技能的改善、技术的进步和新产品的研发与引进等创新因素纳入效率的考量。这是因为对研发追加额外一部分投入的成本等于这个投入预期所能产生的额外收益时，经济体发展就处于一个社会最优的速率。② 并且由于创新对生产和销售的不可替代的作用，新商品、新技术、新供应来源、新组织形式（如巨大规模的控制机构）的竞争比其他竞争（价格竞争）产生大得多的效率。③ 鉴于创新与动态效率的正

---

① 菲利普·阿瑞达、路易斯·卡普洛：《反垄断法精析：难点与案例》，中信出版社2003年版，第7页。

② 乌尔里希·施瓦尔贝、丹尼尔·齐默尔：《卡特尔法与经济学》，顾一泉、刘旭译，法律出版社2014年版，第12页。

③ 约瑟夫·熊彼特：《资本主义、社会主义与民主》，吴良健译，商务印书馆1999年版，第149页。

相关性，我们可在判断经营者行为效率时将创新因素考虑在内。因此，以创新为基本表征的动态效率也成为效率内涵不可或缺的一部分。

实际上这些争议都能够反映效率的内在品格，即一种效果标准下的"产出"或者"福利"。只不过这种效果可能存在不同主体（生产效率还是配置效率）、不同时期（静态效率还是动态效率）的差别。因而作为一种类型研究的效率概念，其内涵必然要归结到经营者行为的根本"意义"（事物本质）上来。那么，反映其本质的特征都应当纳入效率内涵。虽然我们无法在"效果"与"效率"之间画等号，但是毫无疑问，效率代表了效果大部分的产出，也基本包办了效果所能表达的概念，如社会福利、消费者福利、投入与产出、成本与效益、创新、公共利益等。并且相对于其他概念，效率对人们来说更为"可欲"，其技术性、经济性使得人们能够在实践中应用而非仅仅作为空洞的概念进行说教。更为重要的是，将配置、生产以及动态三类内涵纳入效率概念并不会出错，即经营者从这三个方面提出行为正当理由抗辩，只能增加其说服力而不是减少。从实践来看，经营者们也都自发地践行着理论家们"开发"出来的效率概念，社会福利、消费者福利、创新都成为经营者抗辩滥用市场支配地位指控的"利器"，并得到了反垄断当局的认可。下面，笔者就逐一对效率概念所展示的内涵进行分析。

## 二、配置效率类型：消费者福利

兰德教授强调，"反垄断法的基本目标是要阻止财富从消费者不公平地转移给拥有市场势力的生产者，即防止其通过垄断剥夺消费者应得的福利"[1]。纽尔教授也指出，消费者在竞争法中主要是作为一种

---

[1] Robert H. Lande, "Wealth Transfers as the Original and Primary Concern of Antitrust: The Efficiency Interpretation Challenged", *Hastings Law Journal* 34, 1982.

"论据"而出现的,权力机构和企业通过参考消费者的地位来说明自己的立场。[①] 因此,如果经营者能够证明其行为不仅不会剥削消费者,还能给消费者带来福利,那么该行为不仅不会受到制裁,反而会受到反垄断法鼓励。因而,增进消费者福利通常成为经营者抗辩滥用市场支配地位指控的正当理由。在考察具体实践之前,关于消费者福利至少有三个问题需要提前指出。一是涉嫌垄断行为与消费者福利的关系。滥用市场支配地位在欧盟竞争法研究中通常被划分为"剥削性滥用行为"和"排他性滥用行为"[②],前者主要指的是垄断高价,后者则包括价格歧视、搭售、拒绝交易等行为。由于剥削性滥用行为对消费者的直接压榨效应,因而很难实现消费者福利抗辩举证,相反,如果经营者实现举证,那么其行为垄断指控自然也就很容易解除。而排他性滥用行为主要针对竞争者,消费者在排他性滥用行为中属于"殃及池鱼",间接受害。因而其消费者福利抗辩虽易举证,但却不容易免除责任。这是需要在具体案件分析中区别对待的地方。二是关于消费者福利的主、客观属性。福利与利益相关,但又不局限于利益,正如转变中的福利理论所指出的,"福利是选择、偏好或欲望的满足:我的福利存在于我得到我所选择的、偏好的或想要的东西之中"[③]。纽尔教授在讨论竞争对消费者的指向作用时就提到两种后果:一种是给消费者提供了选择,另一种则是改善了对消费者的供应。[④] 因而,消费者福利可以划分为主观选择性与客观实效性两种属性。实践中,两种属性都不应当偏废。接着上一个问题,第三个问题就是关于消费者福利的

---

[①] 保罗·纽尔:《竞争与法律:权力机构、企业和消费者所处的地位》,刘利译,法律出版社 2004 年版,第 59 页。

[②] 许光耀:《欧共体竞争法通论》,武汉大学出版社 2006 年版,第 382 页。

[③] 奥利弗·布莱克:《反垄断的哲学基础》,向国成等译,东北财经大学出版社 2010 年版,第 37 页。

[④] 保罗·纽尔:《竞争与法律:权力机构、企业和消费者所处的地位》,刘利译,法律出版社 2004 年版,第 12—13 页。

内涵。根据其主观属性,涉嫌垄断行为是否带给消费者更多选择属于消费者福利内涵;而根据其客观属性,消费者是否享受到价格降低带来的实惠、能否降低交易成本,以及能否享受良好的产品品质应当属于消费者福利的内涵。

### (一)消费者获得财富转移

消费者福利最为直接的体现就是经营者让利,表现为涉嫌掠夺性定价以及垄断低价等行为。从常识来看,"低价格通常与较高的消费者和社会福利联系在一起"[1],而无论如何也和垄断扯不上关系,但是反垄断法就是如此奇妙,如果低价行为排挤竞争,那么就可能涉嫌垄断。而经营者所能提出的有力抗辩中,消费者福利就算一个。经营者可以证明,其低价行为对于财富转移产生了积极效应,消费者由此减少了购买支出。但是在掠夺性定价这一行为中,这一财富转移必须附加其他佐证,例如消费者不是短期获利,而是长期受益增加。这是因为主流观点认为,掠夺性定价的经营者短期内低于成本定价,待将竞争者排挤出市场,再恢复原价甚至制定垄断高价以补偿损失。所以掠夺性定价经营者的消费者福利抗辩必须有其他条件的保证。其一,经营者不存在补偿的可能性。正如美国联邦最高法院在"布鲁克诉布朗"[2]案中所指出的,补偿是非法掠夺性定价的最终目的,它是给掠夺者带来利润的方式,如果没有补偿,市场总价格反而会因掠夺性低价而降低,从而增进消费者福利。而在该案中,法院认为原告并未提供证据证明被告具备事后通过"超竞争水平定价"来收回成本的目的和可能。换句话说,起码就证据而言,低价能够证明给消费者带来短期福利(长期不明),但补偿性高价却无法证明,消费者的长期福利起码不会受到

---

[1] 马西莫·莫塔:《竞争政策——理论与实践》,沈国华译,上海财经大学出版社 2006 年版,第 356 页。

[2] Brooke Croup Ltd. v. Brown and Williamson Tobacco Corp., 509 U. S. 209, 224 (1993).

损失。其二，掠夺性定价本身被视为"不可能"。这一反对意见可谓"釜底抽薪"，因为在其看来，掠夺性定价因为潜在进入者、其他竞争者扩大产量等情况而几乎很少发生。伊斯特布鲁克指出，在预见到经营者可能在未来涨价的前提下，消费者可能会和其他经营者或者潜在进入者订立长期合同，维持目前所获得的低价。因而对所谓"掠夺性定价"进行干预常常压制了价格竞争，使得消费者从低价中受益。[1]

另外，在众多掠夺性定价案件中，消费者福利即便不会增加，但起码也不会损失。这类案件的一大难点就在于，原告很难证明掠夺性定价损害消费者福利。例如在"大西洋富田公司诉美国石油公司"[2]一案中，联邦最高法院认为，美国石油公司并没有根据《克莱顿法》第4条提出对方低价行为损害消费者福利，因而认为富田公司的低价并非掠夺性定价。因而在这里，关于消费者福利问题的主张责任转移给对方。最后，由于法院担心过于严格的价格控制行为会导致反垄断诉讼变成"维持高价的工具"[3]，因而对掠夺性定价保持了较为宽容的态度，基本上认可掠夺性定价带给消费者享受低价的福利。

垄断低价又被称为买方垄断，它是指买方利用垄断地位，以明显低于市场的价格要求销售商出售商品。垄断低价是直接产生财富转移的另一种价格行为。而对于垄断指控，经营者可能提出他会把从销售商处获得的成本节约返还给消费者，增进消费者福利。那么这一抗辩能否成立关键就在于这一传导机制是否真的发生了。[4] 比如，一家大型零售超市在当地零售市场上具备支配地位，它对供应商提出的购买

---

[1] Frank H. Easterbrook, "Predatory Strategies and Counter Strategies", *University of Chicago Law Review* 48, 1981.

[2] Atlantic Richfield Co. v. USA Petroleum Co., 495 U. S. 328 (1990).

[3] 欧内斯特·盖尔霍恩等：《反垄断法与经济学》，任勇等译，法律出版社2009年版，第138页。

[4] 实际上，掠夺性定价关于消费者福利抗辩的情形也适用于垄断低价，只不过掠夺性定价是将财富直接转移给消费者，而垄断低价存在通过经营者自身向消费者转移的传导过程。

价格远低于市场价格,但它坚称自己的转售价格也远低于其他零售商,由此产生了成本节约向消费者传递。这一抗辩基础往往并不牢固:一方面,它需要证明自己的购买价格与转售价格能够成比例,否则的话,它可能并未将全部成本节约给消费者;另一方面还需要注意这样一个问题,由于低转售价格会带来产出增加,由销量增加带来的利润是否也转移给了消费者,也需要经营者证明。因此,不仅垄断低价在市场较为少见,经营者进行消费者福利抗辩也面临较高证明责任。

### (二)消费者交易成本降低

消费者交易成本降低主要体现在搭售经营者抗辩当中。霍温坎普曾以一个极端例子说明这个问题。如果禁止生活中的所有搭售的话,那么大衣和扣子可以分开卖,一双鞋子也可以分开卖。这虽然能够使消费者短期利益最大化,比如,消费者可以不用为扣子付款了,想买一只鞋的人也可以不用花两只鞋的钱了;但是长期来看,消费者还是要回家缝扣子,鞋店库房积压的单只鞋子最终成本也要转嫁给消费者。因此霍温坎普认为,搭售规制应当关注消费者整体利益和长期福利。[①]

如果消费者对两件产品都有需求,搭售规则却要求分开销售,那么消费者的搜寻成本无疑将增加。事实上,搭售经营者提出的一项重要理由就是降低消费者搜寻成本。尤其在互联网领域,不同产品之间的界限已非常模糊,有时消费者需要的是一个"整套产品",比如要求 Windows 视窗内置 IE 浏览器,QQ 软件内置游戏平台,购物网站内置支付功能,等等。以微软为例,它将 IE 浏览器、MSN、Office 办公软件等整合到 Windows 视窗系统,虽然先后遭到美国、欧盟、韩国等反垄断主管部门的调查和处罚,但是它也提出其行为是为消费者考虑,

---

① 赫伯特·霍温坎普:《联邦反托拉斯政策:竞争法律及其实践》,许光耀等译,法律出版社 2009 年版,第 435 页。

节约了消费者寻找、安装相关软件的时间和金钱成本。[①]另外一项交易成本的节约来源于消费者学习成本的降低，因为使用同一家厂商提供的产品，其性能和操作方法都相对熟悉，不用再投入时间、精力学习使用自己不熟悉的产品。对于微软的解释，不能一味指责其搭售商品限制竞争，更为重要的是，微软公司也的确给消费者带来了现实的利益。[②]

### （三）消费者选择权扩大

接着上一个问题，搭售有时不仅能够降低消费者的交易成本，还能够扩大消费者的选择权。这在网络领域更为明显，网络领域最大的经济特性就是网络效应。网络效应简单地讲就是指一方用户的数量与另一方的收益直接相关。[③]网络经营者通过搭售不同网络产品，将网络打造成具有不同功能的产品，以满足消费者的不同需求。例如，消费者在QQ软件上既可以实现即时通讯，又可以玩游戏，还可以进行支付，等等。总之，网络产品搭售扩大了消费者的选择权。不仅如此，网络经营者搭售提供了整合程度高、互补性强的产品，这种产品配置较高、操作简单并且性能得到优化，因此增加了消费者的福利。更为重要的是由于产品的互补，网络效应因此被放大，产品的价值因此而提高，从而提高了该网络产品对消费者产生的效用。另外在市场中，经营者还经常通过广告宣传、推送等方式预告下一代产品，让消费者提前了解其功能和优点，为已使用产品的更新换代做好准备。由此，在代际更替中消费者的选择权进一步扩大。

消费者选择权还体现在对搭售产品的差别化设置。虽然消费者是个抽象概念，但是市场中的消费者层次并不相同，他们的知识水平、

---

[①] 因为在微软免费推出IE浏览器之前，网景的浏览器收费不菲。
[②] 李剑：《MSN搭售和单一产品问题》，《网络法律评论》2004年第1期，第159页。
[③] Mark Armstrong, "Competition in Two-Sided Markets", *Rand Journal of Economics* 37, 2006.

支付能力以及对产品功能的需求等都有差异。那么如何让所有消费者都对自己的产品满意呢？经营者通常采用产品差异化策略。与产品差异化相伴而行的则是价格差异化。但由于过度差异化可能会存在价格歧视嫌疑，因而经营者满足不同消费者需求的动机受到抑制。但在网络领域要简单一些，因为软件产品整合在一起不存在物理和成本障碍。因此，我们可以看到更为丰富的网络产品。而这些成本迎合了不同消费者的需求，虽然表面上看价格存在差异，但这种差别定价无非是为顾客评价产品提供了主动权和更多选择机会。①

## 三、生产效率类型：社会总福利

作为经营者行为正当理由的生产效率类型指的是经营者行为具有生产或销售上的规模经济、范围经济，能够带来更大的社会产出以及产品质量的提高。由于它以社会总产出为目标，并不专门关注消费者福利，因此与消费者福利有所区别。规模经济主要指的是产品产量提高而引起的平均成本降低。以信息产品为例，其研发成本较高，但复制成本却极低，一旦研发成功就可大规模复制，具有典型的规模经济特征。范围经济指的是多产品生产带来的平均成本下降，它一般来源于联合生产、产品不可分割性、网络效应以及知识分享。在滥用市场支配地位规制中，生产效率抗辩有着丰富的实践和讨论。下面笔者以搭售和价格歧视为例，作进一步说明。

### （一）搭售的生产效率抗辩：规模经济与商誉

关于搭售抗辩，正如希尔顿（Keith N. Hilton）教授所强调的，许

---

① 臧旭恒、尹莉：《美国现行反垄断法对软件产业的适用性探析——以搭售和掠夺性定价为例》，《中国工业经济》2005 年第 5 期，第 30 页。

多案例似乎都能与两点联系起来：规模经济辩护和商誉辩护。[1] 例如，"IBM诉美国"[2]案、"国际盐业公司诉美国"[3]案等。但是在这些案件中，关于效率的抗辩并未被法院认可，这是因为早期本身违法原则的严格管制，使得有效率的经营者也难以获得一丝喘息。直到"美国诉杰罗德电子公司"[4]"柯达诉图像技术公司"[5]等案件，合理思想的逐渐渗透才使得效率引入案件审查当中。因此，笔者讨论的关于搭售的早期案例中，并非这些企业没有效率，而是效率是否获得了法院的认可。

如果在生产或销售中，两件产品一起生产、销售比分开更经济，经营者往往有动力这样去做，通过搭售实现规模经济和范围经济。例如在"BMI诉哥伦比亚广播公司"[6]案中，被告通过集中收取版权费用从而降低交易成本。法院认为，本案中被告在版权实施与收费方面存在规模经济，因而其涉嫌搭售的行为并不违法。而在"美国钢铁公司诉福特纳"[7]一案中，虽然多数法官认为美国钢铁公司将预制房屋与获取贷款服务捆绑在一起销售是非法的，但大法官怀特的异议意见强调，"如果结卖品与搭卖品在功能上有联系，那么将其联合生产或销售将产生节约，降低成本"，言外之意，被告搭售行为是有效率的。而在"克劳福德运输公司诉克莱斯勒公司"[8]案中，后者就通过将产品销售与运输进行集中统一管理而节省了数百万美元的成本，法院也认为，虽然克莱斯勒通过搭售获得了数百万美元的成本节约，但这并非垄断汽车运输市场所得。

---

[1] 基斯·N. 希尔顿：《反垄断法：经济学原理和普通法演进》，赵玲译，北京大学出版社2009年版，第233页。

[2] IBM v. United States, 298 U. S. 131 (1931).

[3] International Salt Co., Inc. v. United States, 332 U. S. 392 (1947).

[4] United States v. Jerrold Electronics Corp., 187 F. Supp 545 (E. D. Pa. 1960).

[5] Eastman Kodak v. Image Technicolor Services, 504 U. S. 451 (1992).

[6] Broadcast Music Inc. v. Columbia Broadcasting System, Inc., 441 U. S. 1, 99 S. Ct. 1551, 60 L. Ed. 2d 1 (1979).

[7] United States Steel Corp. v. Fortner Enterprises, 429 U. S. 610 (1977).

[8] Crawford Transport v. Chrysler Corp., 338 F. 2d 934 (6th cir 1964).

人们一直怀疑，为何像 IBM、国际盐业公司这样在商业上非常成熟、老练的公司本可以在搭卖品市场合法获得利润却仍甘冒风险实施搭售？一种解释认为，经营者可以根据搭卖品的使用情况来确定消费者的生产或销售规模，以此实施价格歧视。那么支持通过搭售实施价格歧视的学者认为，这种行为能够鼓励经营者增加产出，与单一定价相比减少资源的不合理分配。[1]但是也有学者不认可这种解释，彼得曼（John L. Peterman）并不认为国际盐业公司的做法是想通过搭售收取歧视性价格。他认为最大的可能是公司利用了在盐销售中的经济效率。搭售合同提供了一个稳定的需求群体，由此节约了国际盐业公司的成本。在彼得曼看来，国际盐业公司虽然降低了撒盐机的价格，但它同时可以从销售盐的成本节约中得到补偿。[2]并且从总体上来看，这种搭售符合销售中的范围经济和规模经济。

关于搭售产生的生产效率也要作一下区分。第一种情况就是，两个产品结合在一起销售成本更低或者质量更高，如果分开销售则缺乏效率。最为明显的例子就是一双鞋分开销售。第二种情况则是虽然两件产品捆绑销售能带来产出增加，但是单独售卖也是有效率的，捆绑销售带来的效率并不明显。第一种情况的司法裁判往往将两个产品看成整合的产品，即单一产品规则。而第二种情况的司法裁判则重视消费者需求，即两件产品都存在独立的消费者需求，就像在"柯达诉图像技术公司"[3]案中法官的判断一样，"要把照相机与配件服务视为两件不同的产品，那么它们必须存在独立的充分的消费者需求，使得经营者只提供一件产品也是有效率的"。因此，在第二种情况下，经营者的效率抗辩很难获得认可。由此看来，经营者关于生产效率的抗辩也要

---

[1] Henry N. Butler, et al., "The Futility of Antitrust Attacks on Tie-in Sales: An Economics and Legal Analysis", *Hastings Law Journal* 36, 1984.

[2] John L. Peterman, "The International Salt Case", *Journal of Law & Economics* 22, 1979.

[3] Eastman Kodak v. Image Technicolor Services, 504 U. S. 451 (1992).

结合搭售产品认定的司法裁判规则进行判断。

搭售的经济效率不仅体现为产出的增加，还体现在产品品质的保障，因此，经营者也经常以维护商誉来抗辩垄断指控。这是因为产品良好的品质是其销售并占有市场的主要保证，如果在消费者头脑中对某个牌子的产品形成"劣质""不经用"等类似的不良印象，那么该经营者的生产和销售不会是有效率的。相反，如果消费者认为其产品质量"过硬"，那么口碑积累就能转化为产出的增加。最早在 1936 年的"IBM 诉美国"[1]案中，经营者就曾提出商誉抗辩。IBM 提出它把穿孔卡片与打孔机一同出租是为了保护自己产品的良好声誉。当然法院认为这一理由并不充分，IBM 完全可以警告客户要按照公司要求使用特定卡片，从而把出租机器限定在客户必须使用特定卡片的条件下。而在"国际盐业公司诉美国"[2]案中，也发生了类似的抗辩，国际盐业公司认为，出租给客户的撒盐机要由公司维修，因而为降低机器损坏的风险，公司可以要求客户遵守质量规范，而最好的方式就是由自己向承租人销售比市场上质量要纯的盐。法院也同样认为，国际盐业公司可以要求客户使用何种质量等级的盐，而不应该把盐的来源特定化，特别是只能由自己提供。而在"美国诉杰罗德电子公司"[3]一案中，美国法院的态度明显更为宽松。杰罗德公司向偏远地区提供天线系统，而这个天线系统是由不同的配件组装而成的，它要求消费者只能让自己安装该系统并为之提供后续服务，并且还规定未经公司同意，消费者不得安装额外设备。在该案中，杰罗德公司面临的是一个尚未成熟开发的市场，市场技术条件并不成熟。如果允许消费者自己安装天线系统，或者允许他们为天线系统装配配件，那么杰罗德公司的产品声誉将难以保证。在分析杰罗德公司提出的商誉抗辩时，法院分析了两

---

[1] IBM v. United States, 298 U. S. 131 (1931).

[2] International Salt Co., Inc. v. United States, 332 U. S. 392 (1947).

[3] United States v. Jerrold Electronics Corp., 187 F. Supp 545 (E. D. Pa. 1960).

个问题：一是搭售是否存在可替代的同样保护商誉的其他方案，二是杰罗德公司是否可以长期将搭售安排下去。这两个问题的出现都与天线系统市场的不成熟有关。法院指出，即便杰罗德公司将保证天线系统成功使用的规则介绍给消费者，消费者也未必能够学会，最终其商誉仍将受损。同时法院又指出，天线系统一开始的搭售是合理的，但随着行业的发展、成熟，杰罗德公司搭售的策略越发丧失正当性。人们所熟知的"柯达诉图像技术公司"[1]案中，柯达公司提出了三点抗辩理由，其中第一点就是维护其对洗相机等设备维修的高品质服务，避免自己因图像技术公司等独立维修组织错误判断、维修故障等情况而被投诉。法院对此并不认可并给出两点理由。其一，图像技术公司等独立维修组织的服务质量并不差，甚至得到很多柯达设备消费者的喜爱。其二，柯达一方面认为消费者掌握充分信息并可以作出关于柯达产品生命周期定价的决策，另一方面又认为消费者是愚蠢的，难以分清是设备故障还是独立维修组织的维修故障。这种矛盾反映了柯达的商誉抗辩只不过是个"借口"，其核心在于柯达公司将售后服务与产品本身搭售是不必要的。

通过上述案例可以看出经营者商誉抗辩的裁判原则。最根本的一点就是搭售作为商誉维护措施的必要性。法院会判断是否存在维护经营者商誉的其他措施，例如在上述案例中，IBM、国际盐业公司可以给机器承租人以警告，提醒他们按照自己要求的质量标准为机器提供配套的产品。柯达公司的产品售后服务也完全可以由独立的维修组织来提供。如果不存在这样的替代措施，那么经营者维护商誉而搭售的行为就是合法的。当然，关于搭售的替代措施能否合格也是一个存在争议的问题。比如，有的学者就提出了替代措施不可靠的两个原因。[2]

---

[1] Eastman Kodak v. Image Technicolor Services, 504 U. S. 451 (1992).

[2] Benjamin Klein, Lester F. Saft, "The Law and Economics of Franchise Tying Contracts", *The Journal of La & Economics* 28, 1985.

一是"视角问题",产品出租和出售所导致的后果不同。比如在"国际盐业公司诉美国"案中,由于机器是出租给客户,承租人关心的是能否短期内获得机器的最大价值,因而他并不会爱惜机器,也不注重维修,即便出租人警告他需要使用特定质量的盐,但实际他为降低成本很可能会使用低劣的盐,反正机器会由出租人来修。而如果机器是由客户购买使用,作为所有权人,他自然关注长远利益。即便国际盐业公司不采取搭售行为,客户也会使用高级别质量的盐。二是"特许问题",特许更容易产生搭便车问题。特许经销商很可能会降低投入要素搭特许品牌的"便车",而品牌由此贬值的损失却由所有特许经销商和供应商来承担。比如,一家麦当劳加盟店获得快餐制作秘方而被特许在某地经营,但是为降低成本,该加盟店使用劣质的蔬菜、牛肉以及其他原料。长此以往,食客对麦当劳品牌产生了质疑。那么为避免这种情况的出现,麦当劳总店就会倾向于把快餐秘方和食材一同销售给加盟店。虽然可以要求加盟店购买一定质量的食材以替代搭售,但是加盟店的搭便车行为使得替代方案不合格,搭售也只能是唯一的必要选择。因此,关于搭售中的商誉辩护需要结合案件具体情况来判断。但对于搭售在维护商誉、增进产出的必要性不应当设置过高的证明标准,否则,裁判错误将导致经济效率被遏制。

### (二)价格歧视的生产效率抗辩

价格歧视在经济生活中既是经营者普遍采取的竞争策略,同时其表现又相当复杂,不容易作出一刀切的判断。因此,有学者指出,作为企业开展竞争的价格策略之一,价格歧视确有其存在的合理经济基础。[①] 而所谓"合理经济基础"常常归因于效率,甚至有学者认为,"价

---

① 叶高芬:《认定违法价格歧视行为的既定框架及其思考》,《法商研究》2013年第6期,第113页。

格歧视不应当成为反垄断法所关注的问题,因为它并不像其他垄断行为那样减少产出"[1]。也就是说,价格歧视在生产效率上具备优势。因此,当遭受垄断指控时,经营者常常提出生产效率抗辩。

就具体形式而言,价格歧视在经济学上通常分为三类,分别为一级、二级和三级价格歧视。一级价格歧视指的是按照消费者的保留价格要价,因不同消费者群体保留价格不同,因此在形式上表现为同一产品不同价格。由于一级价格歧视的产出与完全竞争水平一致,并且它基本存在于理论模型当中,因而不是实践所关注的重点。二级价格歧视即通常所说的数量价格歧视或者数量折扣。简单来讲,数量折扣就是经营者给予达到一定数量标准的购买者一定的优惠价格,因而不同购买者之间由于购买数量的不同而遭受了差别待遇。但是在经济学上,这种行为却是值得褒奖的行为。因为这能够发挥规模经济效应,增加产出。经营者在销售时面临广告、管理、运输、包装等支出,同样也面临之前固定资产投资的成本问题。因此对经营者而言,最大限度的发挥生产潜能,实现生产和销售的规模经济,是降低成本、增加收益的必然选择。而为了扩大销售,按照购买数量给予一定额度的"奖励"是实现生产和销售扩大的合理策略。这并非是针对某些竞争者的排挤行为。而实际上,立法也注意到这一点。例如,美国《罗宾逊-帕特曼法》第1条规定,该法并不禁止在联邦贸易委员会制定的数量标准以内实施的差别定价。欧盟也不禁止于竞争无害的价格折扣,当然如果折扣产生"实际或潜在的封锁"效应则应当禁止。欧盟对于数量折扣的态度基本取决于它的产出效应和反竞争效应的平衡。数量折扣可分为增量数量折扣和追溯数量折扣,欧盟鼓励更有效率的数量折扣。例如在"米其林诉欧盟委员会"[2]一案中,欧盟初审法院认为,一

---

[1] Robert H. Bork, *The Antitrust Paradox: A Policy at War with Itself*, New York: Basic Books, 1978, p. 392.

[2] Case T 203/01 Michelin v. Commission (Michelin Ⅱ) [2003] ECR Ⅱ 4071.

般而言，增量折扣计划比追溯折扣计划更能刺激经销商生产和转售更多数量的产品。以电力服务为例，先设定一定的数量折扣标准，比如1000度，增量数量折扣指的是消费超过该标准时，对于超出的部分给予优惠；而追溯数量折扣则是指消费超过该标准时，对所有用电量给予优惠。而实证表明，后者更有效率。

三级价格歧视是指对不同消费者采取逆弹性法则[1]，对于需求弹性高的消费者制定较低的价格，而对需求弹性低的消费者则制定较高的价格。这类定价策略在经济生活中也比较常见。例如，不少软件公司开发出"家庭版"和"专业版"两个版本，但这两种软件在开发成本和功能上并没有绝对性差别。航空公司针对商务出差者采取高价格，而对旅游乘客则采取低价格。在电子商务平台，卖家需要缴纳大量的费用，而许多服务对买家则是免费的。这种价格歧视往往是收回沉没投资的基本手段，因而其效率尤其突出。[2] 这是因为经营者在产品开发出来后，其首要目的就是要扩大生产和销售，特别是在网络经济中，用户规模是经营者获得成功的关键。那么，它采取的策略必然是通过低价甚至是免费扩大用户基数。但投资毕竟是要有回报的，因而需求弹性较低的用户成为"替罪羊"。相反，如果经营者面向市场制定同一的价格，那么它只能将投资成本与风险内部化，结果只能制定一个平均价格，需求弹性高者决然不会购买该产品，所以产出无法增加。因而总体来看，这类价格歧视行为能够扩大产出，增进效率。

## 四、动态效率类型：创新

动态效率指的是经营者引入新产品或者新的生产过程的程度，它

---

[1] 王玉霞：《价格歧视理论中的若干问题》，《财经问题研究》2001年第11期，第20页。
[2] 许光耀：《价格歧视行为的反垄断法分析》，《法学杂志》2011年第11期，第23页。

意味着经营者能够在跨期生产和销售中实现长期均衡。动态效率是一种过程，它强调经营者生产、销售的动态性，即时时突破静态的条件限制，以"破坏者"的角色打破静态均衡。动态效率也是一种结果，它在效果上也表现为社会剩余的增加。动态效率的实现源于创新驱动。这是因为创新对于市场结构、市场行为以及市场绩效都能发挥积极作用。按照竞争性垄断理论，创新作为市场结构变迁的核心变量，影响着市场结构在垄断与竞争中变化，形成竞争性垄断市场结构。在市场结构变化的第一阶段，经营者竞争由创新发起，进而引起剧烈市场变化，胜者垄断市场，败者被市场淘汰。而在第二阶段，创新的强度和市场变化的烈度更大。作为竞争者有极强的创新激励去突破垄断获取利润，因而在这种情况下，垄断不是抑制了创新而是促进了创新，使得市场结构状况在长期看来是一个动态的过程。[1] 创新也同时改变了市场行为。在没有创新影响的市场，价格是竞争机制的核心，一切市场行为围绕价格涨跌而展开。但是在创新影响下，竞争不再局限于价格之间的争夺，创新成为企业最主要的竞争手段。[2] 由此，经营者在生产过程中的研发比重将大大增加，研发投入也将大幅增长。当然由于创新也具有不确定性，投入面临较大风险，投入与产出并不一定成正比。因此，经营者决定实施创新策略，一旦实现产出，那么往往通过知识产权、商业秘密等措施保护产出成果。由于创新产品研发投资较大，但边际成本却较低，因此在销售时，经营者通常极力扩大产出，以弥补巨大的创新投资。市场绩效在创新影响下也会发生深刻变化。创新带来生产效率的提高，这种提高一方面体现在生产技术改进、营销手段的丰富，进而带来生产和销售成本降低，使得经营者能够在低于社

---

[1] 约瑟夫·熊彼特：《资本主义、社会主义与民主》，吴良健译，商务印书馆1999年版，第151—177页。

[2] 杨文明：《论互联网企业市场支配地位认定的非结构因素》，《河北法学》2014年第12期，第167页。

会平均成本的前提下获得更多财富。另一方面,生产效率的提高还体现在创新能够开发需求而不仅仅是增加需求。也就是说,新产品面世带来需求刺激,也导致社会产出的增加。创新对于消费者福利提升也大有裨益。我们之前曾说过,消费者福利不仅仅局限于财富剩余,还包括对产品的主观体验与自由选择。无疑,创新能够提升产品品质,还能创造更多选择性,从而在根本上提升消费者生活品质。创新在经济生活中的重要性也必然反映到法律制度中,创新日渐成为一项独立的法律价值。那么,基于创新在动态效率促进方面的良好表现,笔者将其作为动态效率类型的主要内容进行讨论。实践表明,经营者也经常在受到垄断指控时提出创新抗辩。

　　创新在大部分情况下体现在技术层面,而技术创新往往意味着不同技术的融合,由此带来体现不同技术的产品的融合。[1] 反垄断法对于技术创新的态度在不同时期虽有所差别,但总体保持了谨慎,避免对技术创新造成不适当的抑制。最早在"ILC诉IBM"[2] 一案中,由于IBM整合了存储器、驱动器等不同元件,使其打包成一个产品组合,由此带来技术创新引发搭售的争议。但遗憾的是,法院对这种技术创新带来的搭售问题相当困惑。在接下来的"柏基图片公司诉柯达"[3] 案中,法院指出,"任何经营者包括垄断者,通常都可以用任何方式在任何时候将自己的产品推向市场"。而以柯达为被告的另一起案件[4] 中,柯达通过设计将新相机只能与自己开发的新胶卷相容。法院对柯达将新相机与新胶卷一起投放市场的行为采取宽容态度,拒绝将其认定为搭售。并且法院认为,任何否定这种"技术性搭售"的裁判规则都只

---

[1] 虽然在上文,笔者通过权利进路分析过"产品整合"问题,但该处从效果进路对产品整合的创新效果须再作进一步分析。

[2] ILC Peripherals Leasing Corp. v. IBM Corp., 448 F. Supp. 228 (N. D. Cal. 1978).

[3] Berkey Photo, Inc. v. Eastman Kodak Co., 603 F. 2d 263 (2nd Cir. 1979).

[4] Foremost Pro Color v. Eastman Kodak Co., 703 F. 2d 534 (9th Cir. 1983).

能阻碍新技术的开发与应用,而这种新技术乃是经济持续发展所必需的。应当说,发生在这一时期的案件确立了对于技术创新产生的垄断行为的"宽松"原则,给予了经营者在开发和营销方面较为广泛的创新自由。[①]

当然,"柏基图片公司诉柯达"案也并未给予经营者以无限的自由,即经营者技术创新产品的成功不能是"强迫"的结果。虽然法院未对强迫作出明确解释,但应当可以推断出它是"排除市场竞争"的意思。这一含义可以在后来的"美国诉微软案"[②]中得到体现。该案中,微软公司在开发 Windows 视窗系统时内置了 IE 浏览器,但是这种行为被美国司法部视为捆绑销售,其目的被认为排挤竞争者。针对这一指控,微软总裁比尔·盖茨以创新激励进行抗辩,他指出,"司法部的计划将扼杀操作系统方面的创新,削弱成千上万个依靠不断创新的操作系统的软件开发者的生命力,使他们无法创造出更有魅力的产品"[③]。另外,微软提出,实际上在 1993 年,微软就投资一千万美元对浏览器产品进行开发,而自开发之初,它就坚持将浏览器内置在操作系统。初审败诉后,微软上诉,而上诉巡回法院对微软持同情态度。上诉巡回法院认为,将浏览器内置在操作系统的做法属于产品整合,而新产品具备功能创新。另外,上诉巡回法院还站在互联网产业的高度评估微软的产品整合行为,它强调产品整合在互联网行业比较普遍,而如果禁止微软这样做,那么"就可能会给个人计算机、网络计算机和信息应用的创新投下阴影"。此外,搭售对创新的影响可能短期内难以呈现,不过不能因此而认为搭售没有创新效果。这是因为创新往往面临市场振荡,而创新产品从开发、问世再到被市场接受,往往面临着一个较长周期。对创新行为的规制要保持相当的审慎和耐心,"面对人类

---

[①] Gregory Sidak, "Debunking Predatory Innovation", *Columbia Law Review* 83, 1983.
[②] United States v. Microsoft Corp., 231 F. Supp. 2d 144 (D. D. C. 2002).
[③] 李成刚:《从 AT&T 到微软——美国反垄断透析》,经济日报出版社 2004 年版,第 104 页。

惊人创造力的信息技术革命,理性的、怀有敬意之心的学者应该避免以预言家的姿态出现"①,如果一开始就给出阻碍技术创新的判断并在立法上予以禁止,那么创新将无从谈起。

另外一种情况是,经营者为了获得投资回报,拒绝将创新成果向竞争者开放,通过技术壁垒排除市场竞争。最为明显的例子就是拒绝兼容。例如 20 世纪 80 年代,任天堂公司推出自己的 NES 游戏系统,凭借具有卓越品质的超级玛丽等游戏,它很快就取得市场支配地位,NES 系统也取得标准竞争的胜利。但是其后任天堂为让独立的游戏开发商开发的游戏只能运行于 NES,拒绝向 Atari 和世嘉等竞争对手的系统兼容,极大地打击了竞争对手。类似的事件也发生在 20 世纪 90 年代,在计算机操作系统竞争中,微软取得几乎垄断市场的成功。但是在控制了标准之后微软开始实施非兼容策略,使得在 Windows 视窗系统运行的应用软件与在其他系统上运行的应用软件互不兼容,从而减少了其他平台争夺用户的可能性。人们对于经营者非兼容策略褒贬不一,但从创新角度而言,非兼容策略具有明显的积极效应。正如在微软因非兼容而涉诉时,反垄断经济学家鲁宾菲尔特(Daniel Rubinfeld)所强调的:"我们在控告微软时就意识到,对这类案子,经济上的规则已经变了。创新,远重于价格,才是微软案的意义。"②在考察对创新激励的影响时,有学者指出,理论上讲,在兼容条件下会出现 R&D 激励不足,而在非兼容条件下则会出现 R&D 激励过度。③而在考虑不同的兼容类型后,我们发现在两种竞争性产品之间的兼容会阻碍创新,而非兼容却能够促进技术创新。一方面在兼容策略下,其他经营者为了获得现有技术的网络效应不得不采用现行标准,技术研发和升级都要

---

① 王传辉:《反垄断的经济学分析》,中国人民大学出版社 2004 年版,第 233 页。
② 黄武双:《技术标准反垄断的特征及其对我国反垄断立法的启示——从微软垄断案说起》,《科技与法律》2007 年第 3 期,第 26 页。
③ 张保胜:《网络产业:技术创新与竞争》,经济管理出版社 2007 年版,第 112 页。

考虑与技术标准相匹配，这无疑使网络企业囿于原有的技术开发路径而被锁定在某一技术标准上。另外，产品或技术的兼容意味着经营者的技术成果可以被其他经营者共享，"由于承担了技术创新的成本和风险却无法控制技术创新的外溢"[1]，这将导致行业创新收益率降低并使网络企业研发、创新的积极性减弱。而另一方面，非兼容策略使得掌握技术标准的网络企业获得高额利润，对其他企业产生极大的创新激励，使其他企业专注于对现有技术的破坏性创新，因而不必对现有技术形成路径依赖。因此相比之下非兼容策略更有利于技术的创新。

通过上述分析，我们基本可以得出经营者以创新为抗辩正当理由的一般思路。第一，创新作为抽象概念，可以在实践中表现为创新投入与产出。经营者寻求研发投资回报可以被视为正当诉求，特别是当强行限制一项创新行为时，对于创新激励有明显的抑制作用。就创新产出而言，技术改进或者产品设计可以作为经营者主张行为合理性的正当理由。第二，创新必须具有真实性，即这种创新必须带来产品性能的明显改进。例如，在"自动无线电制造株式会社诉福特汽车公司"[2]案中，被告只是将车载收音机的空间尺寸进行了改进。但这种改进只是"美学"上的改进，并且能否称之为改进都见仁见智。因此在法院看来，这种行为并非真正的创新行为。第三，创新应当具有必要性，反对不必要的"损害性"创新。如果一项创新专以排挤竞争者为目的，而它在必要性方面也无太大优势，则应当予以禁止。这一思路也是美国政府在"微软案"中的思路。[3]应当说，创新与限制竞争之间的争议远比笔者的上述讨论复杂。但是，作为经济生活的实践需求，

---

[1] 陶爱萍：《网络产业的结构、行为与绩效研究》，上海社会科学院2009年博士论文，第132页。

[2] Automatic Radio Mfg. Co. v. Ford Motor Co., 272 F. Supp. 744 (D. Mass. 1967).

[3] 赫伯特·霍温坎普：《联邦反托拉斯政策：竞争法律及其实践》，许光耀等译，法律出版社2009年版，第347页。

创新的确可以作为经营者正当理由抗辩的主要依据，关键就在于对创新的界定，以及创新与反竞争效应的衡量。

## 第四节　正当理由的客观必要类型

"客观必要"（objectively necessary）[①]这个概念源自欧盟《适用欧共体条约第82条执法指南》，意指经营者实施涉嫌滥用市场支配地位的行为具有客观上的必要性，换句话说，如果不实施该行为，经营者生产经营将无法正常进行。客观必要概念也相当抽象，但好在各国反垄断法对其有较为明确的规定以及相对丰富的实践，使其不至于过于空洞。客观必要是欧盟法对于效率以外的经营者行为正当理由的抽象，它在其他国家则表现为"客观合理性""商业理由""商业惯例"等概念。例如，马来西亚《竞争法》不禁止经营者采取"具有商业理由的任何措施"以及"对竞争者的市场进入或市场行为采取合理的商业反应"。[②]英国、瑞典、芬兰等国禁止附加与"合同性质或商业惯例"无关的合同条款。[③]阿根廷《保护竞争法》则针对价格歧视、掠夺性定价强调了依"商业惯例"行事的正当性。[④]换句话说，经营者行为在满足其他条件且出自合同目的或商业惯例时，则不应禁止。我国《反垄断法》在立法体例、思想等方面与欧盟相仿，所以国家工商总局在《工商行政管理机关禁止滥用市场支配地位行为的规定》中将"客观必要"描述为经营者"基于自身正常经营活动及正常效益"的考虑。而大部

---

[①] 也译作"客观必然"，但无论哪种译法，都暗含经营者行为的"不可或缺性""不可避免性"，而这一属性恰能为经营者行为提供有说服力的证据，成为行为的正当理由。

[②] 参见马来西亚《竞争法》第10条第3款。

[③] 参见英国《竞争法》第18条，瑞典《竞争法》第19条，芬兰《竞争法》第6条。

[④] 参见阿根廷《保护竞争法》第2条。

分国家立法并未抽象出类似"客观必要"的概念,而是通过列举方式明确经营者可以提出的除效率以外的正当理由。例如,美国《克莱顿法》以及《罗宾逊-帕特曼法》对价格歧视、掠夺性定价、搭售等行为给予了"成本抗辩""应对竞争抗辩""情势抗辩"等权利,就实质而言属于"客观必要"类型。法国、南非的相关竞争立法也有类似规定,我国台湾地区情况略同。[①]

客观必要作为经营者抗辩滥用市场支配地位指控的正当理由类型,与权利类型、效率类型有较大差异。在形式上,各国将客观必要类型与效率类型分置的立法体例就体现了这一点。特别是欧盟明确规定,客观必要与效率是经营者正当理由抗辩的两种不同类型。而就实质而言,客观必要与权利、效率类型的差别体现在以下两个方面。其一,权利、效率类型从本质上讲属于规范范式下的正当概念,它承载了人们对于经营者行为的主观评价与先验设计,因而权利、效率类型是属于价值维度的。权利类型强调经营者行为的所属、所用、所得,实际上人为划定了人们行为正当性的边界。效率类型的价值属性更为明显,体现了人们追求福利、追求效果的行为指向。客观必要类型则与此截然不同,它从本质上讲属于经验范式下的正当概念。它崇尚人们在市场中形成的自发秩序,所谓正当的经营者行为不过是顺应市场规律的存在。因此,客观必要类型必然是事实维度的,它来源于人们对商业行为认识的经验积累。这也是为何将"商业惯例"列为客观必要类型的原因。其二,效率类型意味着行为具有良好的效果、表现,因而它强调"产出",关系到经营者的"发展"。而客观必要类型意味着行为对经营者而言必不可少,关系到经营者的"生存"。至于该行为是否具备效率在所不问,即便没有效率也可能是"客观必要"的。例如,出

---

① 参见法国《商法典》第 L 442-4 条,南非《竞争法》第 9 节第 2 条,中国台湾地区"公平交易规定施行细则"第 26 条。

于"健康""安全"的考虑而拒绝向未成年人售卖香烟，拒绝向没有处方的病人售卖药品，以及拒绝向没有特定资质的人售卖麻醉剂。

由此可以看出，正如"客观必要"这一概念的组合词所表示的含义一样，其含义有两大要点。一是"必要"。必要意味着行为具有不可或缺性，如果没有这一行为将导致经营生产产生重大困难，或者对社会产生不可预计的不良后果。由于它既非源于法定的权利，也无明显的效率指向，因而在具体适用时必须附加严格的标准。反垄断法实施机构也避免对"必要"概念作扩大解释，以免行为产生明显的反竞争效应。二是"客观"。客观主要是从经营者行为的来源进行判断。经营者行为正当理由的客观必要类型必须源于经验，源于市场经济运行的客观规律，体现人们认识竞争活动的实践理性。

## 一、成本合理化

成本合理化抗辩是经营者提出正当理由抗辩的重要类型，其本体行为主要指的是价格歧视。因为价格歧视在形式上表现为价格差别，但市场活动并非整齐划一，也不是出自政府计划，难免会因为制造或销售条件、运输距离等客观原因造成不同成本，进而导致对不同地区、不同时期的人群产生有差异的价格。由于市场定价离不开成本的影响，因成本差异而体现出的价格差异是经营者合理安排价格分布的体现，能够保证经营者的合理利润与经营的持续性。因而这种价格差异实际上是成本差异的正常反映，对经营者而言具有客观必然性。因此，反垄断法并不禁止因成本合理差异而表现出的价格差异。例如，《罗宾逊-帕特曼法》第1条禁止价格歧视的规定并不适用那些"因制造、销售、运输成本不同所做的合理补贴"。而在实践中，这种制造、销售或者运输成本的差异被称为"功能"或者"职能"差异，经营者以此给予的价格优惠往往被称为功能折扣或职能折扣。当然，由于价格歧视在某种情况下与掠夺性定价、搭售等行为存在竞合，因而广义上来讲，成本合理化也适用于掠夺性定价、搭售等行为的抗辩。

历史上，关于成本合理化抗辩的案例有不少，其中较为典型的有"联邦贸易委员会诉标准石油公司"（简称"FTC诉标准石油"）[1]案、"美国诉波登"[2]案以及"德士古诉哈斯布鲁克"[3]案。但遗憾的是，这些案例中，经营者的成本合理化抗辩并未获得成功，这也显示了成本合理化抗辩适用相当严格。"FTC诉标准石油"一案，被告根据零售商的不同功能而给予了不同折扣，并且宣称不同零售商给自己带来不同的成本节约。当然，法院先承认，被告能够根据买方的功能分类而提出成本合理化抗辩。但是在功能划分与成本差异的联系上，当事人与法院却存在不同认识。按照被告的划分，大型客户被划分为一类功能群体，中小客户则属于另一类。道格拉斯大法官则强调与每一个"特定客户"交易成本的重要性。言下之意，被告按大客户和其他客户进行功能划分并不合法。因为这样产生的结果就是"大型零售商以一种价格交易，小型零售商则以另一种更高的价格交易"。

实际上，出于定价的目的而将客户进行分类的"集团划分"做法并非违法。联邦贸易委员会早就说过，"在卖方有大量客户情况下，如果完全拒绝以集团账目进行集团定价将会消除成本合理化抗辩的法律效力，也会阻止卖方将其成本节约转移给顾客。如是，则与国会的用语和立法目的背道而驰"。换言之，经营者有权将客户分成不同的"集团"，分别给予有差别的定价。但在"美国诉波登"案中，这一问题又被进一步延伸，涉及集团划分的标准问题。被告波登公司是芝加哥地区液体奶制品分销商，它将所有客户分为两类（或者两集团）：一类由两家连锁店构成，涉及254家商店；另一类则包括1332家独立商

---

[1] Federal Trade Commission v. Standard Oil Co., 355 U. S. 396 (1958).
[2] U. S. v. Borden Co., 370 U. S. 460 (1962).
[3] Texaco Inc. v. Hasbrouck, 496 U. S. 543, 110 S. Ct. 253 (1990).

店，按照其购货量差异，这类商店又被分为四个亚种。针对两类客户，波登公司制定了不同的价格方案，对于前者，它给予了 8.5%—11% 的固定折扣，而对于后者则按照购货量给予一定的折扣，但给予前者的固定折扣明显高于后者。本案的关键在于波登公司的客户集团划分是否合理，能否真正反映向两类客户供货的成本差异。波登公司辩称，它是按照人员报酬、运输费用、坏账损失以及退货风险损失等来考虑成本问题的，其中，交付方式的差异是对不同客户分类的关键。交付方式涉及两项工作，波登公司称，两大连锁店并不需要这些工作。第一项工作指的是特定收款方式，因为波登公司要求独立商店收货付现。在波登公司看来，等待收款以及延迟收款都是一种成本。第二项工作指的是客户服务，比如，独立商店可能会要求送货司机搬运牛奶、将牛奶放到指定位置等。这一成本在连锁商店那里是没有的。对于这一抗辩，法院先承认，波登公司有将客户划分为不同集团而进行定价的权利。但是，法院也指出，按照《克莱顿法》，在决定成本的关键因素上，被划分为一类的单个客户必须都是"极其"类似的。在法院看来，本案被告对客户集团的划分显然未达到"类似"标准。其一，波登公司夸大了两类客户的成本差别。波登公司选取连锁经营店的平均购买量与 80 家独立商店购买量进行比较，这人为拉大了两者之间的差距。而实际上，较小连锁商店的购买量比不上较大独立商店。其二，波登公司人为分配给独立商店的"成本"未必真实。比如有的独立商店并未用现金付款，但是收取现金的成本也被分摊给它。有的独立商店也并未选择"可选择"的客户服务，比如让司机搬运牛奶。根据波登公司自己提供的证据，也只有约 2/3 独立商店选择了相应的客户服务。其三，独立商店如果不选择客户服务也无法获得相应的折扣，波登公司制定的集团划分方案明显缺乏灵活性。最后法院总结道，价格歧视正当理由是向不同类别客户提供的服务存在成本差异，但本案中，波登公司无法证明它所归为一类的客户具有充分的相似性。

而在"德士古诉哈斯布鲁克"案中,德士古公司按照不同职能给予不同价格的行为也未获得认可。该案中,德士古在斯波坎地区批发、零售汽油,它给予古勒(Gull)和多姆皮尔(Dompier)两家批发商以价格折扣和补贴,但对哈斯布鲁克等零售商却无任何优惠,甚至连这些零售商想自己组织运输来自德士古的汽油以降低成本的请求也遭到拒绝。问题在于,古勒和多姆皮尔也同时进行零售业务,前者给消费者以价格折扣,后者的零售价格也比哈斯布鲁克等零售商低。结果,本案零售商受到竞争损害,市场份额大幅降低。对此,哈斯布鲁克认为是被告的价格歧视行为所致。而德士古公司答辩称,"销售过程中按照不同职能而给予的不同折扣行为应当被豁免"。被告还援引国会议员乌特拜克(Utterback)的评论:"如果货物在不同市场销售,而且市场环境差异将影响经营者作出不同的价格决策,那么,以不同价格将商品销售给不同消费者的做法将不构成《罗宾逊-帕特曼法》意义上的价格歧视。"因此,被告实际区分了批发商和零售商的不同功能,在此基础上给予了不同价格。不出意外,法院还是同意"在销售过程按照不同职能而给予不同价格的合法地位",但法院也同时强调,"成本合理化抗辩的理由应当集中在成本节约方面,而成本节约则是源于不同客户的销售手段和服务质量差异"。法院认为,只有买方实际履行了一定职能,并因此承担了相应风险和成本,它才能获得功能折扣的资格。接着法院指出,没有证据证明被告给予批发商古勒和多姆皮尔的折扣与二者发挥的市场职能有关。而实际上,古勒自己托运已经获得了单独的补偿,并且这两个批发商也并无任何大型存储设备以实现其相应职能。因此,这两个批发商不能被认为具备给予折扣的市场职能,所以,德士古给予的所谓"功能折扣"也就缺乏事实依据了。

从立法以及上述三个案例可以看出,成本合理化可以作为滥用市场支配地位正当理由抗辩的重要因素,但关键是成本合理化的具体适用面临较为严格的司法规则。首先,经营者给予价格优惠的客户应当具备相应功能,足以使经营者产生相应的成本节约。经营者给予客户们不同的定价也是因为与成本有关的相应功能的差异。这类功能通常指的是,客户为经营者的运输、销售、储藏以及其他交易提供了便利,节约了成本。当然,影响定价的因素有多种,直接影响成本差异的因素才能构成成本抗辩。例如,在"联合商标公司诉欧委会"[1]案中,欧盟委员会和欧盟法院认为,由于联合商标公司的定价只存在于批发环节中,那么这一环节的市场因素,如香蕉产量与市场需求关系、海运成本、装卸费用等与成本直接相关,但发生的零售环节的各国市场供求因素不是合理的成本抗辩。而美国联邦贸易委员会和最高法院则明确了成本有关因素的范围,装载和运输成本、科目支出、单独用于一位顾客或一群顾客的销售所使用的设备折旧、佣金全部退还所有的顾客以及制造成本应当计入产品成本范围。[2]

其次,原则上,对客户的差别定价只能依据与它们交易而实际存在的成本节约来确定。但是,实践中,经营者往往面临规模庞大的客户群体,如果一一把他们在成本方面的节约区分开来,显然不具有现实性。因而,经营者在作出差别定价决策时往往先按照某种相似性对客户进行划分。而且这种区分也是成本合理化抗辩规则的本旨所在。因此,按照某种类别对客户进行集团划分也符合立法目的。但是,集团划分不能成为一种托词,经营者不能"武断"地把实际上不同的客户归为一类。在这种武断行为中往往意味着对某些客户给予了与其职能不符的优惠,而对另外一些客户强加了本可以避免的成本。总之,价格折扣必须与客户承担的成本与风险密切相关。

最后,不仅如此,价格折扣还应当与客户承担的风险、成本相称。经营者给予的价格优惠应当合理,保持在成本节约范围内。在"德士

---

[1] United Brands v. Commission of the European Communities, Case 27/76 [1978] ECR 207.
[2] 范建得、庄春发:《公平交易法:不公平竞争》,台湾汉兴书局 1994 年版,第 137 页。

古诉哈斯布鲁克"案中,法院指出,尽管"功能折扣"在原则上完全合理,但由此导致的价格差别"仅仅是对市场功能应有的承认和补偿"。虽然客户所得价格补偿与其市场功能增加的成本并不一定完全吻合,但是也必须合理计算,经营者所给予的优惠对成本只能补偿而不能超过。

## 二、应对竞争

"应对竞争"抗辩直接源于《罗宾逊-帕特曼法》第 1 条（b）款,它规定,如果经营者证明其低价或劳务、设施的提供"是善意的"（in good faith）,或者平等地"应对"（meet）竞争者的低价、劳务或设施的提供,那么可以此作为抗辩价格歧视指控的初步证据。按照美国学者的说法,应对竞争抗辩是协调《罗宾逊-帕特曼法》与反垄断法鼓励卖方竞争一般性目标之间的首要方式。[1] 这是因为竞争乃反垄断法所追求的目标,这就意味着反垄断规制只能禁止那些排除、限制竞争行为而不能伤害竞争机制本身。但遗憾的是,很多经营者的垄断行为都是依托竞争机制发挥作用。"竞争对于企业表现为一种风险。企业可能经常面临着客户或别的合作者转向其他供应者。"为此,经营者通常建立一套在竞争中"自我保护的机制"。这一机制一是发挥竞争优势,二是阻碍竞争。但这两种策略通常综合使用。价格歧视策略就是如此,它一方面可能产生排除竞争的效应。另一方面也可能是经营者面对市场竞争的自我保护方案。有时,经营者为适应特定地区竞争环境而给予该地区客户价格优惠；有时,为保护旧客户或获得新客户,竞争者也可能对特定用户给予价格优惠。[2] 因此,将它作为滥用市场支配地位

---

[1] Robert T. Joseph, Blake T. Harrop, "Proof of the Meeting Competition Defense: Investigation and Verification of Reported Competing Offers", *Antitrust Law Journal* 62, 1993.

[2] 肖伟志:《价格歧视的反垄断法规制》,中国政法大学出版社 2012 年版,第 174 页。

进行规制时,很有必要将这两种情况区分开来。《罗宾逊-帕特曼法》一方面禁止价格歧视行为[①],另一方面也不得不为适应竞争的行为提供免责的口子,以满足反垄断法保护竞争的宗旨。为此,该法明确规定,经营者可以"应对竞争"抗辩价格歧视指控的初步证据。

  作为滥用市场支配地位正当理由抗辩的一种类型,应对竞争抗辩仅在美国、南非等少数几个国家成文法中有所规定。我国反垄断立法并未对此作出规定。欧盟虽然在《欧共体条约》中没有规定应对竞争抗辩,但是其丰富的反垄断实践为应对竞争抗辩提供可适用的规则。应对竞争抗辩在欧盟最早并非来源于价格歧视,而是来源于拒绝交易。在"联合商标"[②]案中,联合商标公司拒绝向丹麦香蕉催熟商奥尔森(Olesen)公司供应青香蕉。而联合商标公司辩称,1967年奥尔森公司成为联合商标品牌香蕉在丹麦的最大进口商,奥尔森公司向其施加压力,要求获得比丹麦国内其他七家进口商更为优惠的价格,但联合商标公司予以拒绝。奥尔森公司转而成为标准水果公司(Standard Fruit)的排他性销售商。而标准水果公司正是联合商标公司的主要竞争者。后来,奥尔森公司销量下降又向联合商标公司寻求供应但被拒绝。联合商标公司认为其拒绝供应是合理的,因为"如果一家公司受到其主要竞争者的直接攻击,而后者攻击的方法是使用前者重要的长期客户作为自己在该国的独家销售商。那么这家公司为了自己的利益、竞争的利益,别无选择只有还击"。而欧盟法院指出,诚然,在支配企业受到攻击时,的确不能剥夺其保护自身"商业利益"的权利,而且该企业有权采用它所认为适当的合理方式维护自身利益。但是,欧盟法院同时指出,经营者应对竞争的实际意图,而不能是加强市场支配地位。由此看来,欧盟允许经营者提出"应对竞争"的抗辩,但该行为不得

---

  ① 该行为不一定产生"排除、限制竞争的效果"。
  ② United Brands v. Commission of the European Communities, Case 27/76 [1978] ECR 207.

恶意排除或限制竞争。

因此，综合各国应对竞争抗辩的立法和司法实践，笔者首先分析一下应对竞争抗辩的适用规则。应对竞争抗辩需要满足两大要件：一是善意（in good faith），二是应对（meet）。如此含混的两个词语在实践中充满争议，在不同的案例中，人们对其作出宽严不同的解释。但总的来看，它们的含义可以按照以下规则来解释。

### （一）善意（in good faith）

就善意而言，它在主观上指的是"诚信""不知情""无恶意"，即并非出于排挤竞争者的目的而实施的低价行为。另外，主观标准还需要得到客观标准的验证，竞争压力这一事实的存在才是使经营者实施价格歧视的客观证据。美国法院在"FTC 诉斯特利公司"[1]一案中指出，至少存在以下事实，让一个合理谨慎的人相信采取价格优惠策略能够应对竞争者同等低价：竞争压力真实存在，经营者确信必须采取歧视定价，并且歧视定价能够应对竞争者低价。由此看来，决定经营者行为"善意"的客观事实在具体案件审查中必不可少。而在善意判断的主、客观标准之间存在一个"连接点"问题，即经营者获得客观事实信息的方式及其确信程度。并且二者是相互联系的，比如，法院坚持较高的确信标准，那么经营者就需要获得竞争者更多的低价事实与证据，以达到较高的确信程度，使得自身行为被证明是善意的；相反，法院坚持较低的确信标准，则经营者就不需要获得完全充分的竞争者低价事实与证据。事实上，出于对经营者获取竞争者价格信息会造成共谋的危险的防范，法院一般都采取较低的确信标准。

道理很简单，经营者为获得竞争者价格信息，必然采取各种手段，而最有效的手段就是与竞争者进行信息交流，或者从竞争者的客

---

[1] Federal Trade Commission v. A. E. Staley Manufaturing Co., 324 U. S. 746 (1945).

户那里获取。无论哪种方式都涉嫌交流价格信息，违反《谢尔曼法》第1条有关"共谋"的规定。因此在"美国诉石膏公司"①案中，法院指出，《罗宾逊-帕特曼法》与《谢尔曼法》在理论上存在某种"潜在的紧张关系"。在该案中，被告提出，他们为实现《罗宾逊-帕特曼法》应对竞争抗辩关于"善意"的要求，就必须查清楚竞争者是否确实为客户提供了更低的价格，为此不得不违反《谢尔曼法》。法院则指出，《罗宾逊-帕特曼法》必须与其他反垄断法相协调，为此，应对竞争只能是"善意"的，而不能要求经营者必须实际地了解竞争者的低价行为。因而早在"FTC诉大陆烘焙公司"②案中，联邦最高法院就指出"善意"的确信标准是"弹性的、实际的，而非技术性和教条式的概念"，确信标准仅仅是谨慎的商人对于竞争环境的合理相信，并且由此作出应对。这种确信可以表现为，听信了客户所说的"我可从你的竞争对手那里获得更低的价格"③，也可以是善意地看到了竞争者的价格目录④。而在"大西洋和太平洋公司诉FTC"（简称"A&P诉FTC"）⑤案中，作为第三人的波登公司甚至都不知道竞争者的任何价格信息。该案中，A&P不满意波登公司的第一份要约，在波登公司询问时，A&P的贸易代表表示，"就我方招标而言，你方报价远达不到要求"，事实上这时A&P也在接洽另一供应商波曼公司，当然波登公司并不知情。之后A&P贸易代表又提到，波登公司的要约至少还需要5万美元的让步。波登公司基于与A&P长期的合作关系，他相信A&P陈述是可信的，因此他作出第二份要约，由于这份要约作出了实质性让步，A&P遂接受。事实上，波登公司也不知道第二份要约价格是否比竞争对手

---

① United States v. United States Gypsum Co., 438 U. S. 422, 98 S. Ct. 2864, 57 L. Ed. 2d 854 (1978).
② Federal Trade Commission v. Continental Baking Co., 63, 2071 (1963), 522.
③ Bristol Steel & Iron Works v. Bethelehem Steel Corp., 41 F. 3d 182, 4th Cir. (1994).
④ Bryant Corp. v. Outboard Marine Corp., 77 F. 3d 488, 9th Cir. (1996).
⑤ Great Atlantic & Pacific Tea Co., Inc. v. Federal Trade Commission, 440 U. S. 69 (1979).

更低。因此，在这些事实的基础上，法院认为波登公司应对竞争的抗辩是"善意"的。

## （二）应对（meet）

在美国反垄断法中，"应对"的含义指的是经营者适应竞争者的"同等低价"，而非打败（beat）竞争者或者削弱（undercut）竞争。而围绕"应对"含义所产生的争议，实际上取决于对竞争范围理解的差异。一种观点认为，竞争范围应当局限于老客户，即当竞争者试图抢占经营者的客户资源时，经营者的价格歧视可被视为"应对"。另一种观点则认为，竞争范围应当扩大到相关市场，无论是新客户还是老客户，只要经营者面临竞争者为争夺市场而采取低价策略，那么经营者就可以"应对"竞争而实施价格歧视。这一争议集中体现在"瀑布城实业公司诉凡科饮料公司"[①]案中，而法院选择了较为宽松、灵活的解释。该案中，凡科公司认为，《罗宾逊-帕特曼法》只允许经营者为保护老客户而实施防御性价格歧视。法院也承认经营者应对竞争应当是防卫性的，但法院同时指出，对于"应对"的理解不能在老客户和新客户间进行区分。法院指出，"这种区分与条文用语和逻辑不符，也和市场竞争的原则不一致，事实上会产生僵硬的商业关系"。因此，法院允许经营者为获得新客户而适用应对竞争抗辩。不仅如此，法院对"应对"的解释还突破了"两个惯性思维"。其中，一个惯性思维认为，应对竞争抗辩一直仅适用于削价产生的价格歧视。法院的理解并不局限于此，它认为，在价格大幅上涨的市场，经营者应对竞争的策略可能是较小幅度的涨价而非削价。另一个惯性思维认为，经营者实施价格歧视所采取的"应对策略"应当仅仅适用于单个竞争情势，而不能成为普遍的竞争措施。对此法院解释道，《罗宾逊-帕特曼法》并未

---

① Falls City Industries v. Vanco Beverage Inc., 460 U. S. 428 (1983).

"将价格歧视的对象限定在某个面临竞争者低价的客户","它可以包括某个地区或者某一客户群体"。由此看来,美国对"应对"的解释比较宽松、灵活,按照美国法院的说法,应对竞争抗辩的立法目的就在于"允许卖方区别对待不同的竞争环境"。[1]

与美国相比,欧盟对于"应对"的解释则要严格得多,它强调经营者价格歧视的实施必须是被动应对,且出于"防卫"的目的,尤其不能在主观和客观上增强市场支配地位。例如在"AKZO 诉欧盟委员会"[2]案中,欧盟法院强调,"为应对竞争者同等低价,经营者在客户间实施合法歧视只能是防卫性的,任何图谋利用该策略扩大市场支配地位的行为,都将被视为违反《罗马条约》第 86 条[3]"。在"利乐国际诉欧盟委员会"[4]一案中,利乐集团辩称,在意大利市场对 Rex 纸盒制定的低价并非掠夺性定价,而是为了应对意大利激烈的市场竞争。欧盟法院承认经营者有权采取合理步骤保护其商业利益,但是不能容忍那些加强和滥用市场支配地位的行为。法院提供证据显示,从 1976—1982 年间,利乐集团的 Rex 纸盒净边际收益为 -11.4%— -34.4%,总边际收益为 -9.8%—33.8%。虽然利乐集团的利润在不断减少,但它与竞争对手的价差却从百分之几增加到 30%。结果,利乐集团在意大利市场的份额增加,而竞争者埃罗帕克公司的纸盒销量则有所下降。欧盟法院提供的证据试图证明,利乐集团的行为导致其竞争对手"失败",而它自己攫取了市场支配地位。但问题在于,我们如何能把防卫竞争对手和打败竞争对手的行为区分开来?这使得欧盟关于应对竞争抗辩的规则相对僵化、教条。因此,我们主张应当坚持美国较为灵活的适用规则。即使经营者存在打败竞争者的"意图",也应当采取更为

---

[1] Falls City Industries v. Vanco Beverage Inc., 460 U. S. 428 (1983).
[2] Case 62/86 AKZO Chemie v. Commission [1991] ECR Ⅰ 3559.
[3] 现指《欧盟运行条约》第 102 条。
[4] Case T-83/91 Tetra Pak International SA v. Commission [1994] ECR Ⅱ 00755.

宽容的态度，因为保护自己的商业利益是包括支配性厂商在内的所有经营者的权利，即使它所应对的是中小竞争者的竞争。[1]

## 三、情势变迁

"情势"一词显然借鉴了私法上的"情势变更"概念，二者在内在精神上具有一致性。私法上的情势变更指的是"合同履行过程中难免出现的客观事实"[2]，而这种情势的变更将导致当事人合同无法正常履行，或者履行将导致极不公平的结果。而笔者在此借用"情势"一词来表达那些影响经营者决策、行动及其后果的重大市场变化。将"情势变迁"作为滥用市场支配地位行为的正当理由类型主要在于以下两点。其一，情势的客观性。它的不可预计性导致经营者无法提前预防，因而经营者应对情势变迁的行为非出于主观设计。情势变迁的这一特点也使它不同于一般的商业风险。其二，应对情势变迁的必然性。情势的产生导致的最大后果就是市场条件的剧变，因而在正常市场环境下的行为规则将难以适用。面对"客观"情势，经营者无力改变，但却可以改变自身行为，以适应新的市场条件，除非经营者甘愿在变迁的市场当中被淘汰。为此，经营者必然要采取不同于正常市场条件下的行为，这些行为在形式上可能表现为拒绝交易、掠夺性定价、价格歧视、搭售等。而这些行为不过是经营者在特殊市场情势下的被迫行为，只能说是与反垄断法上的垄断行为"无心"的竞合。若以垄断罪名科之，未免与市场现实不符。总的来看，情势变迁下，经营者有权自主安排生产经营活动，使损失降到最低。这是经营者在市场信号下必然产生的应激反应，也是经营者商业自由的表现。换句话说，当社

---

[1] Ulrich Springer, "Meeting Competition: Justification of Price Discrimination under E. C. and U. S. Antitrust Law", *European Competition Law Review* 18, 1997.

[2] 韩强：《情势变更原则的类型化研究》，《法学研究》2010 年第 4 期，第 57 页。

会发生重大情势，国家往往对价格予以管控，禁止经营者哄抬物价、囤积居奇，以维护社会公共利益。而当经营者遭逢重大情势，国家没有理由禁止它采取相应措施以自救。

就内容而言，私法上的情势变迁也能够提供借鉴。最高人民法院原《关于适用〈中华人民共和国合同法〉若干问题的解释（二）》第26条规定了情势变更应当源于无法预见、非不可抗力、非商业风险的重大变化，并且法院提出情势变更适用的"公平"原则。[1] 在英美合同法中，情势变更表现为"履行不能"和"合同受挫"，具体包括合同目的落空和履行艰难的情形，如非因当事人的原因导致标的物灭失，因法律变化使合同履行成为非法，合同基础的根本性变化使合同履行陷入严重困难，等等。[2] 当然，经营者据以抗辩垄断指控的"情势变迁"比私法上的含义要更广泛。私法上的情势变迁仅局限于当事人间的缔约、合同履行行为。本书语境下的情势变迁则不限于此，对于经营者的单方行为也同样适用。并且情势变迁的适用不仅仅局限于特定当事人、特定交易环节。例如，我国《反价格垄断规定》有关掠夺性定价的正当理由包括"降价处理鲜活商品、季节性商品、有效期限即将到期的商品和积压商品"，以及"因清偿债务、转产、歇业降价销售商品"。美国《罗宾逊-帕特曼法》规制非法价格歧视的规定不适用于"随着影响市场的条件的变化而产生的价格变化。也不限制容易变质腐烂的商品，司法扣押品以及停业中善意地销售商品"。南非《竞争法》也规定下列行为不属于被禁止的价格歧视："（3）适应影响相关商品、服务市场的条件变化而作出的行为，包括：（a）处理已经或接近变质

---

[1] 该条规定："合同成立以后客观情况发生了当事人在订立合同时无法预见的、非不可抗力造成的不属于商业风险的重大变化，继续履行合同对于一方当事人明显不公平或者不能实现合同目的，当事人请求人民法院变更或者解除合同的，人民法院应当根据公平原则，并结合案件的实际情况确定是否变更或者解除。"

[2] A. L.科宾：《科宾论合同》（下册），王卫国等译，中国大百科全书出版社1998年版，第634页。

的易腐坏货物采取的措施；(b)对陈旧过时产品采取的措施；(c)清算或扣押财产程序中的低价销售行为；(d)终止营业时对有关商品或服务出于善意的低价销售行为。"

如此看来，经营者面临的情势变迁于己非常不利，这也与"垄断者"的形象大大不符。因此，现实中发生的情势变迁抗辩并不多见，即便出现几例，经营者证明负担也较轻，能够获得抗辩的胜利。情势变迁抗辩的适用关键在于对相关情势的审查，这一事实较易认定。例如，在"英国石油公司诉欧盟委员会"[①]一案中，1973年爆发世界石油危机，英国石油公司从科威特和利比亚等国获得的原油供应减少，因此它不得不减少对荷兰客户ABG的供应，减少幅度高达73%。而对荷兰其他客户则平均减少12.7%。欧盟委员会认为该减少供应构成拒绝交易。但欧盟法院认为，在供应短缺时，供货方没有义务对不同消费者按相同的比例减少供应。实际上，当经营者遭逢重大的市场变化，不宜对其苛加过多的义务。无论实践还是理论上，情势变迁作为经营者抗辩垄断指控的正当理由都能获得较高认可。

## 四、商业模式

商业模式（Business Model）是个管理学概念，罗帕（Michael Rappa）教授认为，它是一种经商的方法，能够为经营者带来收益的模式，并且它为经营者生存所必需。罗帕教授还强调，在经营者创造价值的过程中，商业模式居于核心地位，能够为经营者获取收益指明方向。[②] 法学领域学者如吴莉娟博士也认为，经营者竞争离不开商业模式，它为经营者创造价值，提供逻辑，究其本质而言，商业模式属于经营

---

[①] Case 77/77 British Petrolum v. Commission [1978] ECR 1513: 3 CMLR 174.

[②] Michael Rappa, "The Utility Business Model and the Future of Computing Services", *IBM Systems Journal* 1, 2004.

者的竞争手段。[1] 至于现代管理学之父彼得·德鲁克（Peter F. Drucker）的名言更是被世人奉为真理："当今企业之间的竞争不是产品之间的竞争，而是商业模式之间的竞争。"现在司空见惯的一些商业行为从历史上看都是作为独特的商业模式而出现、发展直至被普遍接受。有的是公司整体运营模式，像一体化的托拉斯经营；有的是独特的经销方式，如特许经营；有的则表现为独特的产品设计，如计算机领域的"硬件+软件"捆绑销售。

当然，并非所有商业模式都能获得市场认可，也非所有商业模式能得到立法确认。在市场流通自由的条件下，我们肯定不会认可"设置路障收取过路费"作为一种赚钱的"模式"。因此，商业模式自然也要受到规范和经验的双重检验。但问题是，商业模式大部分情况下是作为"新事物"而出现的，现有法律未必能够起到规范作用。因而一些情况下，新出现的商业模式有被违法规制的风险。比如历史上，计算机公司将软件与硬件捆绑销售就曾被视为非法搭售。因此，本书语境下的商业模式抗辩就在于澄清反垄断法规制商业模式的一些误区。

既然反垄断法并未就商业模式构建任何秩序，那么市场对商业模式的自发认可恐怕就成为其正当性的首要依据。而市场认可归结到理论上就是商业模式具备经验范式的正当性，归结到实践就是商业模式遵循了商业习惯。事实上，在互联网领域新近发生的一些案例中，司法机关也遵循了依"商业习惯"判断商业模式正当性的规则。在"腾讯诉奇虎360"[2]案中，原告、被告实际都采取了"免费互联网服务+广告"的商业模式，被告通过"360扣扣保镖"安全产品强制屏蔽原告广告，被视为破坏了原告的商业模式。因而本案争议核心在于如何评价商业模式的竞争属性。最高人民法院判决遵循了商业习惯原则。

---

[1] 吴莉娟：《互联网不正当竞争案件中商业模式的保护》，《竞争政策研究》2015年第1期，第48页。

[2] 参见最高人民法院（2013）民三终字第5号民事判决书。

它指出，平台免费服务与广告等增值服务相结合已成为互联网行业的惯常做法，并且在激励互联网行业发展的背景下，上述模式也是应景之举。最后，实际上本案的原、被告都采用了这种商业模式，因而原告没有理由指责他人的商业模式违法。因而，商业模式如符合商业习惯，那么它就不违背竞争法维护竞争的基本精神。在"优酷诉金山"[1]案中，原告采取"网络视频＋广告"的商业模式，而被告开发的"猎豹浏览器"对原告视频服务予以屏蔽。那么这一商业模式的正当性何在？法院认为，这一商业构筑了良好的商业生态，这种正当的商业模式也必然产生受法律所保护的正当商业利益。首先，视频节目的免费提供吸引了大量观众的注意力，这对视频节目平台而言是潜在的资源和财富。其次，广告主需要将广告投放到有巨量点击的网站，正好与视频节目平台形成互补。最后，视频节目平台对观众免费开放，而对广告主收费以弥补平台运作成本。这种利益循环是互利共赢的，因而获得了业界的认同并被普遍接受。某种程度上讲，这一商业模式构成商业习惯。但是，被告的广告劫持行为却打破了这一商业习惯，破坏了互联网生态。因此，它必须承担侵权的后果。在"百度诉奇虎360"[2]案中，原告采取"免费搜索＋推广链接广告"的商业模式，但被告却宣称原告的广告形式非法，其360浏览器对原告的"推广链接广告"进行了屏蔽。在该案中，法院同样以商业习惯评价新兴商业模式的正当性。法院指出，我国相关广告法律法规并未禁止网络推广链接。在这种情形下，必须考虑市场形成的自发秩序。在免费搜索市场，经营者承担着巨大的信息运营成本，与此同时他可以通过有偿信息推广服务获得一定的收益。在严格区分自然搜索和推广搜索的情况下，这一商业模式并未损害消费者利益。因而，这一商业模式在互联网市场

---

[1] 参见北京市海淀区人民法院（2013）海民初字第13155号民事判决书。
[2] 参见北京市东城区人民法院（2013）东民初字第08310号民事判决书。

也被普遍接受。因此这种正当商业模式所产生的商业利益也应当受到保护。由上述几个案例可以看出法院判断"商业模式"正当性的逻辑，那就是是否获得市场认可，能否在相关行业构成通行惯例。最高人民法院原民三庭庭长孔祥俊法官也认为，对于未定型的反竞争行为进行正当性判断时，"需要结合具体行业公认标准和通行做法进行认定"[①]。

按照商业习惯的思路界定商业模式的正当性，说明商业模式本身具有"客观性"的特点，司法机关的做法是对商业模式在市场中客观存在的肯定。但这似乎并不完整。笔者认为，还应当增加"必要性"审查，对商业模式在市场竞争以及经营者自身经营活动中的必要性进行分析。商业模式的必要性体现为：其一，商业模式属于结构范畴，它由不同的要素共同组成并有机运转，缺少哪一部分，商业模式就无法有效运转；其二，商业模式能够创造价值，而且是价值创造的核心环节，没有商业模式，企业经营将陷入困境，甚至没有存在的必要。[②]这就表明，商业模式，或者商业模式中某一行为可能对经营结构而言必不可少。国内学者罗珉也认为，"企业的商业模式是指一个企业建立以及运作的那些基础假设条件和经营行为手段和措施"[③]。由此可见，商业模式离不开两个基本条件：第一，它必须是一个结构，由各种要素组成；第二，商业模式各组成部分紧密相连，离开任一部分，企业也无法创造价值。如果不理解商业模式及其结构要素对企业经营的必要性，那么经营者行为就很容易被执法者纳入反垄断法规制。

我们以新经济中常见的平台商业模式为例，它由平台经营者、分属双边市场的两类参与者构成。平台经营者往往给予一边市场参与者价格折扣甚至免费，而对另一边市场参与者制定符合价值规律的定价。

---

① 孔祥俊：《反不正当竞争法的创新性适用》，中国法制出版社 2014 年版，第 78 页。

② J. Linder, S. Cantrell, *Changing Business Models: Surveying the Landscape*. Institute for Strategic Change, availale at http://course.shufe.edu.cn/jpkc/zhanlue/upfiles/edit/201002/20100224120954.pdf.

③ 罗珉：《组织管理学》，西南财经大学出版社 2003 年版，第 59 页。

但是上述两种定价却极易被认定为掠夺性定价和超高定价，从而招致反垄断规制。应当说，这种观点存在重大误区，没能认识到平台商业模式的独特性以及平台经营者定价的必要性。[①] 目前，平台商业模式在经济活动中广泛应用，搜索引擎、电子商务、软件应用平台都是典型的平台商业模式。而平台商业模式的成功源于双边市场间的网络外部性，即一方参与者数量的增加能给另一方参与者带来收益的增加。因此，平台经营者需要设法将用户吸引到平台参加交易。而为激发网络外部性并实现用户规模的增加，平台经营者则需要实施倾斜性定价结构。这就是对需求价格弹性大、单归属性、网络外部性强度高的参与者实施免费定价以吸引其参与平台；反之，则对另一方参与者收费。并且，考虑到双边市场的总价格加成，必须以平台的总成本作为判断价格高低的基准。由此可见，平台经营者的价格策略实在是出于构建平台商业模式的必要性考虑。

---

[①] 杨文明：《互联网平台企业免费定价反垄断规制批判》，《广东财经大学学报》2015 年第 1 期，第 105 页。

# 第五章　滥用市场支配地位规制中的正当理由抗辩程序问题

滥用市场支配地位规制中的正当理由抗辩，显然是一个既包含实体法内容，又包括程序法问题的法律规则。前文所述及的正当理由类型分析与认定机制，仅仅属于实体法内容。就好比给经营者提供了一面盾牌，实体法内容决定了盾牌的材质、形制。但盾牌是手提的还是肩扛的，列于阵前还是置于身后，又在何种情况下使用，等等，这些问题则是关乎程序的问题。从一定程度上讲，程序问题甚至决定了正当理由抗辩能否实现。列举一个更为明显的事实，美国反垄断法实体内容经简化只有六个法律条文，分别是《谢尔曼法》第1、2条，《克莱顿法》第2、3、7条，《联邦贸易委员会法》第5条，其余大部分条文则专事程序设计与指引。[①] 而这种事实绝非无意义的，因为正是程序决定了法治与恣意的人治之间的基本区别。[②] 道格拉斯（Douglas）法

---

[①] 当然，这种说法过于绝对。关于六个条文的说法来源于波斯纳，他说"主要的反托拉斯成文法有6条"，即文中所述六条。其本意在于指出规范垄断行为的六个主要条文，这也是反垄断实体法的主要内容，而其余条文则主要是程序法。参见理查德·波斯纳：《反托拉斯法》，孙秋宁译，中国政法大学出版社2003年版，第305页。

[②] 道格拉斯法官虽然描述的是权利法案中实体内容与程序性条款的情况，但这种评价也同样适用于反垄断法。Justice William O. Douglas's Comment in Jiont Anti-Fascist Refugee Comm. v. McGrath, 参见 United States Supreme Court Reports (95 Law. Ed. Oct. 1950 Term), The Lawyers Cooperative Publishing Company, 1951, p. 858。

官这一评价扼要指出了程序的重要意义在于它是法治的必备要件。就本书语境下的正当理由抗辩程序而言,其法治意义体现在以下几个方面。其一,正当理由抗辩程序能够限制权力恣意。滥用市场支配地位的规制在垄断行为规制中恐怕最为复杂,争议最多。执法者、审判者若滥用权力,将对经营者权利构成重大隐患。因此,设计合理的正当理由抗辩程序能够限制权力过度扩张,避免经营者与权力机构利益失衡。其二,正当理由抗辩程序能够保证反垄断法的安定性。反垄断法之所以能被人信服,原因之一就在于人们能够按照该法的指引进行事前的行为预测,而这一功能的实现有赖于程序。程序能够为经营者提供"先例"示范,程序的"作茧自缚"效应使人们相信,遵循或违背反垄断法的结果都是必然的。其三,正当理由抗辩程序对经营者而言是理性的选择。面对垄断指控,经营者可以听之任之,也可以采取不合作的方式反对,但是选择抗辩程序陈述意见、提供证据、澄清事实无疑最为理性。这是因为正当理由抗辩程序的角色担当者富有经验,具备专业性。程序公开性使得各方错误能被及时发现并改正。程序一大特点在于凭证据发言,使得各方观点建立在事实基础上。其四,由于程序属于"过程的""交涉的",它被用来调整过程、组织关系、分配权利。程序既能避免形式法的僵化、麻痹,又能防止实质法的过度开放,因而能够实现学者所说的"反思性整合"。就正当理由抗辩程序而言,程序的意义就在于既为正当理由引入反垄断法提供了选择工具,同时也避免这一"口子"开得过大,防止过度实质化造成法律规范的虚化。[①]

程序之于正当理由抗辩意义非凡,但程序意义并非仅存在于理论层面,它还记载于规范、落实到实践上。但反观规范与实践,正当理

---

[①] 参见季卫东:《法律程序的意义——对中国法制建设的另一种思考》,《中国社会科学》1993年第1期,第87—91页。

由抗辩程序并不完美，它至少存在三个重要问题需要解决。① 第一，正当理由抗辩并无独立的实施程序。其他类似制度，如豁免、适用除外等，它们都有独立的实施程序。例如，欧盟对垄断协议规定了大量的豁免程序。② 而正当理由抗辩程序则散见于调查、听证、诉讼等程序中，这给研究带来一定困难。第二，正当理由抗辩程序公正性面临较大风险。事实抗辩的经营者与反垄断执法机构处于天然的"敌对"状态，但正当理由的认定却需要执法机构来完成，因而其中立性、公正性面临较大风险。第三，正当理由抗辩程序的一个很重要的功能就是激励信息提供，让正当理由事实能够展现出来，而这需要证据规则等保障程序的支持。

## 第一节　正当理由抗辩实施程序

正如前文所述，正当理由抗辩并无独立的程序可供依赖，它寓于行政执法程序和诉讼程序当中。因此，有必要归纳一下正当理由抗辩在何种情况下实施。虽然按照程序实施机关的差异可将正当理由抗辩的实施划分为行政和司法程序，但是这种划分割裂了行政与司法程序的衔接，并且正当理由抗辩的实施程序也并非封闭的，它面向的是经营者所有的抗辩、异议行为。所以笔者在本书按照正当理由抗辩实施的不同环节、不同的表现形式而对相应程序进行划分。另外，由于抗辩的"被动性"，它只能伴随执法机构或者其他当事人的指控而发生，

---

① 这三个问题也并非我国《反垄断法》所独有，在美国、欧盟反垄断法中也不同程度地存在着，只是程度稍有差异。当然，一些国家在某些方面做的要更好一些，因此能为其他国家正当理由抗辩程序提供借鉴。

② 例如《专业化协议成批豁免条例》《研究与开发协议成批豁免条例》《纵向协议成批豁免条例》《技术转让协议成批豁免条例》《汽车领域的纵向协议成批豁免条例》等。

或者在滥用行为构成中处于"对抗"其他构成要件的地位。因此,为了更好地实施抗辩、应对指控,经营者必须弄清其程序权利。

## 一、事前申请程序

事前申请程序较为特殊,它是经营者主动向竞争主管机构报告其可能滥用市场支配地位,由竞争主管机构对其申请予以批准或提供指导的程序。虽然经营者在该程序中的作用并非被动抗辩,但从滥用行为规制的逻辑来讲,经营者也是迫于其行为被认定违法的压力而不得不向主管机构提出事前申请。因此,从这个角度讲,事前申请程序中,经营者必然会提出行为具备正当理由的事实与证据。事前申请程序也不像垄断协议和经营者集中,滥用市场支配地位规制很少存在事前申请程序,但是一些国家和地区将事前申请程序看作反垄断法中通用的程序加以适用。就笔者目力所及,英国、瑞典、土耳其、巴西以及我国香港特区[1]对滥用市场支配地位提供事前申请程序。但是在我国香港特区的事前申请程序中,涉嫌滥用市场支配地位之行为仅能够通过豁除[2]、豁免而取得合法性。经营者行为正当理由抗辩似乎并无用武之地。因此,香港特区滥用市场支配地位事前申请程序不作为本书研究的制度模型。

事前申请程序的前提是经营者对其行为是否构成滥用市场支配地位存在疑问,并且行为存在限制竞争的可能性。因而为避免执法机构对经营者行为进行主动调查,或者被认定为滥用行为进而遭受处罚,经营者通过事前申请谋求执法机构给予行为"不违法证明"或者给予不违法指引。例如,瑞典《竞争法》第20条规定,竞争局若根据经营

---

[1] 分别参见英国《竞争法》第20—24条,瑞典《竞争法》第20—22条,土耳其《竞争保护法》第8、13条,巴西《反垄断法》第54、55条,中国香港特区《竞争条例》第24条。

[2] 即适用除外制度。

者提供的信息或自己掌握的事实证明相关协议、行为不属于第6条和第19条禁止的范围[①]，则竞争局不会采取本法规定的任何行动。由此，经营者行为实际获得了不违法证明，其行为也不会受到执法机构的禁止。英国《竞争法》规定，除可以申请执法机构作出不违法决定外，还可以申请执法机构给予指导。指导的内容自然是经营者如何行事才不会构成滥用市场支配地位。因而从这一层面看，执法机构发挥了教育、培训的作用，对于提高经营者竞争意识大有裨益。

为了获得不违法证明或者不违法指导，经营者必然提供事实证明，这方面的事实包括相关市场范围、市场份额数据、市场壁垒情况、市场竞争状况、行为事实情况，以及行为有无正当理由等。而正当理由是避免行为落入违法范围的最后一道防线。为此，经营者必然从权利抗辩、效率抗辩以及客观必要性等各角度证实其行为的正当性和不可或缺性。例如，巴西《反垄断法》第54条规定，经济防卫管理委员会有权批准任何符合或主要符合以下要件（至少三项）的行为：一是行为目标在于提高效率、促进技术进步以及提高产品质量；二是效果能够在经营者和消费者间公平分配；三是不会在相关市场排除、限制竞争；四是行为不可或缺。

对于经营者的申请，执法机构并不主动调查，而仅以经营者提供的信息为依据。例如英国《竞争法》要求经营者在申请指导或申请作出决定时，要向执法机构提供行为相关信息。据此信息，执法机构作出行为是否违法的决定，或者给予指导。但是，经营者不能因为执法机构不主动调查就提供虚假信息。因为执法机构如果有合理理由怀疑其作出（不违法）决定所依据的信息是不完整的、错误的或者令人费解的，那么，执法机构将采取进一步措施，即对经营者行为进行调查甚至会作出禁止决定。

---

[①] 即分别是垄断协议和滥用市场支配地位禁止规定。

## 二、陈述、说明程序

陈述、说明程序意指经营者就行为正当理由向执法机构进行陈述、说明，使执法机构对其所指控的"垄断行为"形成全面认识。陈述、说明程序发生在执法机构调查取证环节，它是经营者在了解到自身面临指控时的初步反应。各国反垄断法基本都规定了经营者正当理由抗辩的陈述、说明程序。例如，我国《反垄断法》第47条规定，执法机构可以"询问被调查的经营者、利害关系人或者其他有关单位或个人，要求其说明情况"；第51条规定，"被调查的经营者、利害关系人有权陈述意见"。欧盟第1/2003号条例第17条规定，欧盟委员会在对特定行业、协议进行调查时，"可能要求相关经营者提供为施行第81、82条所必需的信息"，委员会可以要求经营者告知其所有的"协议、决定以及协同行为"；第18条规定，委员会可以要求经营者提供所有必要的信息，并且经营者及其代表、代理人应当提交委员会所要求的信息；第20条规定，委员会对经营者进行检查时，可以要求经营者的代表或者职工对与检查标的、目的有关的事实或文件进行解释。德国《反限制竞争法》第56条规定，卡特尔当局应当给予当事人发表意见的机会，卡特尔当局也可以依职权或申请举行公开的口头辩论，那么在辩论程序中，经营者也可以就行为具备正当理由进行陈述、说明；第59条规定卡特尔当局有权要求经营者提供情况，并提交相关资料，这些资料包括可评估、分析竞争条件、市场结构以及经营者组织情况的市场调研。巴西《反垄断法》的实施任务由经济防卫管理委员会承担，其下设的理事会、经济法实施秘书处有权要求"个人、机构、机关以及其他的公共或私人的实体提供信息，并决定履行职责所需的行为"。韩国《垄断规制与公平交易法》第52条规定经营者有权获得陈述意见的机会，公平交易委员会对"违反本法行为之事项，实施改正措施或下达罚款缴纳命令前"，应当向经营者或利害关系人提供陈述意见的机会。此外，公平交易委员会还赋予经营者及利害关系人参加会议的权利，以陈述其意见、提供必要的资料。日本《禁止私人垄断及确保公平交易法》第 49 条规定，公平交易委员会针对垄断行为作出"排除措施"命令时，应当事先赋予该排除措施收件人（经营者）陈述意见及提出证据的机会，并且要给予经营者一定陈述意见的期限权利。除此之外，其他国家、地区也规定了经营者具有陈述、说明其行为正当理由的权利。

陈述、说明程序首先体现了经营者辩解自身行为正当性的权利。它是经营者抗辩权利实现的必要基础。当公权力机关对公民的实体权利进行限制的时候，不论是出于维护私权的目的还是限制公权的要求，公民就指控进行防御都是一条基本的法治原则。同理，在滥用市场支配地位的规制中，经营者私权面临受限制的较大危险，在此情况下，必然要赋予其自我辩护的权利。例如土耳其《竞争保护法》明确规定，被控违法的经营者有权向（竞管）委员会提交可能影响其决定的任何信息或证据，并且委员会不得依据当事人未获告知的事项和当事人未获抗辩权的情况下作出决定。[①] 经营者辩护权利的实现有赖于执法机构"兼听"，即经营者可以向执法机构充分表达自己的意见，因而这是陈述、说明程序的首要目的。其次，陈述、说明程序还赋予经营者一定的义务。这是因为陈述、说明相关情况不仅关系到经营者自身权利，还关系到执法能否正确进行。因而，陈述、说明程序也是案件的信息提供程序。基于以上判断，执法机构通常要求经营者提供相关信息，而这些信息显然也包括关系到滥用行为认定的正当理由问题。从这个意义上讲，陈述、说明也是经营者的一项义务。凡义务履行不虞，则必科之以责任。陈述、说明义务也不例外。例如，欧盟第 1/2003 号条例第 23 条规定，委员会在调查时向经营者索取信息，或者在检查

---

① 参见土耳其《竞争保护法》第 44 条。

时要求经营者就相关事项予以解释，但若经营者提供的信息错误、不完整，或存在误导，则经营者要受到罚款处罚。在马来西亚《竞争法》中，经营者提供虚假或误导性信息、证据或文件，销毁、隐匿、毁损或涂改记录等行为，甚至可能构成犯罪。[1] 这提醒经营者虽然可就行为具备正当理由进行抗辩，但不能逾越程序权利边界，否则要承担相应的责任。最后，就陈述、说明的形式而言，它可能是书面的调研报告、会计账簿、会议记录等证据材料，也可能仅仅是口头的解释、说明与辩论。例如，中间的差别主要是能否以证据出现，如果能够作为证据，那么它对于经营者抗辩无疑起到关键的支撑作用；如果仅仅是口头的解释、说明，那么只能由执法机构自由心证了。另外值得一提的是，无论作为权利还是义务，经营者的陈述、说明程序都有一定期限。

## 三、听证程序

笔者在第一章就曾提到，听证来源于英国古老的"自然公正原则"。现今，听证已演化为西方政治的一条基本原则，凡行政裁决的作出必须经过公开的听证程序。虽然听证历经漫长岁月，其适用范围、程序也出现不同的变化，但其思想内核仍然是"任何人或团体在行使权力可能使别人受到不利影响时必须听取对方意见，每一个人都有为他自己辩护和防卫的权利"[2]。在美国，听证更成为宪法正当法律程序条款的要求。其意义在于权力的公正行使，行政机关作出对当事人不利的决定时，必须听取当事人的意见，当事人享有要求听证的权利。[3] 由此看来，听证之本质就在于给行政处罚决定的当事人一个陈述自己意

---

[1] 参见马来西亚《竞争法》第23、24条。
[2] 王名扬：《英国行政法》，中国政法大学出版社1987年版，第153页。
[3] 杰罗姆·巴伦、托马斯·迪恩斯：《美国宪法概论》，刘瑞祥等译，中国社会科学出版社1995年版，第108页。

见的机会。① 而对正当理由抗辩而言，在形式上就表现为经营者陈述自己的反对意见，那么听证程序显然符合正当理由抗辩的程序要求。因此，一些国家或地区在反垄断法中也规定了听证程序，为当事人提供了可供自我辩护的平台。自然，经营者在听证程序中也可以就自身行为具备正当理由发表意见。例如，欧盟第1/2003号条例就对此作出了规定。首先，在认定经营者行为违法以及作出罚款等决定前，委员会有义务给予经营者表示异议并发表意见的机会。然后，委员会指出包括经营者在内的各方辩护权应受尊重。并且委员会认为如果存在必要可召开听证会，通过民主程序给经营者充分表达意见的机会。② 阿根廷《保护竞争法》也规定，竞争事务裁判庭在垄断行为调查程序中可决定召开其认为适当的公开听证会。③ 通过听证会，经营者可以公开地、民主地、全面地阐述自身行为的正当理由。土耳其《竞争保护法》规定，在认定当事人行为违法情况下④，经营者可在30日内向竞争委员会提交书面答辩状。经营者在答辩状中可申请委员会召开听证会，当然委员会也可依职权召开听证会。此时，经营者行为如具备正当理由，可在听证会上提出。马来西亚《竞争法》将听证程序与陈述、说明（口头陈述）程序并列，但无形当中更注重听证程序的功能。该法第37条规定了经营者在竞争委员会作出拟议（非正式）决定后可向委员会作出口头陈述。而该法第38条则规定，虽然存在口头陈述，委员会也可以在任何时间召开听证，以确定经营者是否存在滥用市场支配地位等垄断行为。那么在该条款下，立法者显然强调听证程序，能够以其民主性、广泛性，发挥比口头陈述程序更大的作用。

一般而言，听证程序应当坚持公开原则、职能分离原则、事先告

---

① 宋炉安、张越：《试论行政处罚的听证程序》，《中国法学》1996年第5期，第56页。
② 参见欧盟第1/2003号条例第27条。
③ 参见阿根廷《保护竞争法》第38条。
④ 但并非最终的行为违法决定作出后，它发生在竞争委员会调查终结后但作出最终决定前。

知原则以及案卷排他性原则。[①]其目的在于方便当事人提出抗辩意见，使案件事实的认定能够在民主、公开的程序中进行。相比执法机构，经营者处于权利、能力都相对弱势的地位。公开原则就是要求听证在程序完全透明的情况下运行，避免执法机构的专断、暗箱操作，使执法权力受到社会监督。因而，经营者在公开原则指引下，其正当理由抗辩也能获得应有的重视。当然，在涉及国家秘密、商业秘密需要特别保护时，不公开形式作为例外也要贯彻到程序当中。职能分离原则就是指从事裁决与审判听证工作的机构或人员，不得为与职能不符的行为。并且在同一案件中，从事调查的人员应当与从事听证的人员分开。该原则在于保障听证的独立性，避免因调查"前见"而导致听证结果有失公允。例如，欧盟第773/2004号条例[②]第14条就规定，听证会应当由完全独立的听证官主持进行。事前告知原则则是在听证程序开始前应当将听证的时间、地点、事项等情况公告之，一方面保证经营者能够及时准备证据、材料从而有效抗辩，另一方面也有利于公众监督。案卷排他性原则指的是，执法机构作出决定必须以听证程序中的案卷为依据，不得以案卷之外的当事人未论证、不知情的事实为依据。因此，听证程序要发言，辩论要记录，各方提交的证据材料要经过质证，相关记录和质证文件要各方签字。经营者提出的行为正当理由也受上述程序的约束。欧盟第1/2003号条例明确指出，委员会只能基于相关各方已发表意见的部分来作出决定。[③]

## 四、异议程序

所谓异议程序指的是经营者对反垄断执法机构作出的认定其行为

---

[①] 马怀德：《论行政听证程序的基本原则》，《政法论坛》1998年第2期，第82页。

[②] 参见《关于委员会执行〈欧共体条约〉第81条和第82条程序的（EC）第773/2004号委员会条例》。

[③] 参见欧盟第1/2003号条例第27条。

构成滥用市场支配地位的决定存在异议,就此提出反对意见的程序。经营者正当理由抗辩的异议程序的梳理相对比较困难。一是因为各国执法机构的设置不同,有的是执法机关,有的则是准司法机关,经营者反对意见的呈送机关也不相同,因而异议程序也不相同。二是因为执法程序与司法程序存在衔接,这就意味着经营者的异议程序不仅包括行政程序,还包括司法程序。总的来看,正当理由抗辩的异议程序包括行政复议程序以及行政诉讼程序。但是二者是替代关系还是延续关系,在各国的情况也不一样。

按照执法机构性质的差异,经营者提出异议的程序也不相同。有些国家的执法机构仅仅负责垄断案件的调查、取证而并无作出相应决定的权力,比如美国司法部反托拉斯局。这种情况下,反垄断法的实施依赖司法程序,因而对滥用行为的认定是由法院作出的。由此,经营者提出异议的形式转化为上诉程序。

大部分国家的执法机构既负责垄断案件调查也能够作出相应决定。因而经营者对这些执法机构作出的决定表达异议时可通过行政复议或者行政诉讼程序。例如,依我国《反垄断法》第 65 条之规定,对反垄断执法机构作出的认定滥用市场支配地位的决定不服,可依法申请行政复议,或提起行政诉讼。根据韩国《垄断规制与公平交易法》第 53 条规定,经营者对公平交易委员会作出的处罚决定不服,应当向该机关申请异议,这相当于我国的行政复议程序。当然,经营者也可以对公平交易委员会作出的处罚决定或者作出的复议决定提起诉讼。在德国,经营者对卡特尔当局作出的决定不服,可向州高等法院、联邦法院提起抗告。[1]德国反垄断法并未规定行政复议程序。而在日本,行政复议程序与行政诉讼程序不可替代,二者属于延续关系。依日本《禁止私人垄断及确保公平交易法》,经营者对公平交易委员会作出的处

---

[1] 参见德国《反限制竞争法》第 63 条。

分（排除措施命令）不服，可向其提出审判请求。公平交易委员会则以裁决的形式驳回经营者审判请求，或者撤销、变更被审的行政处分。在上述程序中，行为如果具备正当理由，那么经营者就可以提出抗辩，交由行政复议或行政诉讼程序裁决。

而另外有些国家的执法机构则具有准司法机关的性质，虽然调查、起诉以及上诉由不同机构负责，但是它们独立于一般的执法机构和普通法院系统。以南非为例，其竞争执法职能由竞争委员会、竞争法庭和竞争上诉法院承担。具体而言，竞争委员会负责调查和公诉，竞争法庭承担审判职责，竞争上诉法院则是上诉机构。由此可见，反垄断执法是通过准司法程序展开的。提出正当理由抗辩的异议程序也体现为呈现司法特征的起诉、上诉程序。就实质而言，执行反垄断法的准司法机关实际将执法程序与司法程序完全内部化，是以机构整合替代程序分立，最终实现程序整合。首先，在这些国家中，滥用市场支配地位的认定、处罚决定由准司法机关作出。例如在马来西亚、墨西哥，反垄断行政决定都是由自治的竞争委员会作出。其次，对行政决定的异议则交由执法体制内的其他准司法机关。例如，马来西亚的竞争法庭、南非的竞争上诉法庭负责审查经营者异议，并作出裁决。最后，也是最为重要的是，上述异议裁决具有终局性，经营者不能再向其他法院提起诉讼。准司法机关的设置一方面加强了反垄断执法的专业性，专门从事竞争事务的法官、经济学家、行业精英加入到程序当中，保证经营者行为正当理由能够得到专业的分析；另一方面也提高了反垄断执法的中立性，经营者行为正当理由进而获得较为中立、公正的审查。

## 五、私人诉讼程序

反垄断法除了公共执行之外，尚有私人实施之路径。而私人实施反垄断法的重要程序就是私人诉讼程序。从价值上讲，反垄断诉讼不仅作为争议解决机制,能够维护当事人权利,而且还被视为理性秩序建构机制,维护良好的竞争环境。[1]甚至在有的学者看来,通过行政程序和司法审查(即行政诉讼)只能发展出"大致的""不出格的"正义;而通过民事诉讼来解释反垄断法,则可以发展出"精致的""接近理想的"正义。[2]因而,各国反垄断法的私人诉讼程序也都较为发达。美国《谢尔曼法》制定时就包含了"鼓励受到损害的私人当事人提起反托拉斯诉讼"的理念[3],体现在规范上就是著名的"三倍损害赔偿规则"[4]。我国《反垄断法》第60条也规定了经营者实施垄断行为的民事责任。韩国《垄断规制与公平交易法》第11章规定了经营者的损害赔偿责任。日本反垄断法第24条也规定了利害关系人停止请求和损害赔偿的权利。那么,上述责任或权利的实现依赖于私人诉讼程序,而且由于损害赔偿甚至是惩罚性赔偿的激励,利害关系人有动力去控告经营者的垄断行为。而在另外一些国家和地区,私人诉讼原告获得的激励体现在其他方面。例如,欧盟《违反欧共体反托拉斯规则的损害赔偿诉讼白皮书》就如何扩大私人诉讼原告资格、证据来源、执法机构决定的约束力、证据标准、损害赔偿、传递抗辩、诉讼时效、诉讼成本、宽恕与损害赔偿的关系等九个方面提出了政策建议。由此看来,私人诉讼原告范围扩大,证明责任降低,诉讼风险也降低了,其目的在于为所有可能的垄断受害者提供有效的救济手段。呈现相同趋势的还有德国《反限制竞争法》,该法在2005年修订后,私人诉讼原告范围扩大,允许代表诉讼,限制传递抗辩,损害赔偿责任有所强化,卡特尔局的执法决定对法院产生约束,私人诉讼风险降低[5],上述改变显然有利于原告提起私人诉讼。

---

[1] 刘水林:《反垄断诉讼的价值定位与制度建构》,《法学研究》2010年第4期,第70页。
[2] 戴宾、兰磊:《反垄断法民事救济制度比较研究》,法律出版社2010年版,第4页。
[3] 王健:《关于推进我国反垄断私人诉讼的思考》,《法商研究》2010年第3期,第26页。
[4] 参见《谢尔曼法》第7条、《克莱顿法》第4条等。
[5] 分别参见德国《反限制竞争法》第33条1—4款,第89a条。

先不考虑经营者行为是否违法，或者原告权利是否真的受到侵犯。由与垄断损害直接或间接关系的私人主体向经营者提起诉讼，使经营者面临行为被认定为违法的风险当中。当私人提起诉讼受到制度激励，不论作为当事人的权利保护机制还是竞争维护机制，一项事实就是原告提起私人诉讼越来越容易，而经营者面临制裁的风险则越来越大。面对私人诉讼中原告日益增长的权利，经营者也应当获得相应的程序支撑其抗辩的权利。行为正当理由作为阻却行为违法性的抗辩事由，可以支撑经营者进行更为有力的抗辩。私人诉讼中，对经营者正当理由抗辩影响最大的是证明责任问题，正当理由的提出、证明以及证明负担，直接决定了抗辩能否顺利实现。而反垄断私人诉讼沿用民事诉讼证据规则，能否为经营者正当理由抗辩提供便利，尚存疑问。

## 第二节　正当理由抗辩的程序公正

在近现代法哲学史上，正当性问题经历了一个程序转向，即无论实证主义还是规范主义，都极力强调程序的重要性。法律实证主义坚持价值与事实二分，排除了价值在正当性构建中的作用。因而他们将正当性归诸法律实证，凡合法者即为正当。但问题在于，作为评价外部行为的法律其自身正当性来自何处？哈特将作为人们行为标准的法律称为"首位规则"，它来源于社会需要以及多数人的信仰。但仅止于此，哈特将与奥斯汀、凯尔森无异，因此他还提出了"次位规则"，作为承认、执行首位规则的法定手段。次位规则对旨在改变首位规则的"程序"进行规定，"通过建立详尽的审判和执法程序确保首位规则的实施"[1]。因而从本质上讲，哈特所说的承认、变更以及审判等次位

---

[1] H. L. A. Hart, *The Concept of Law*, Oxford: Clarendon Press, 1961, pp. 77-96.

规则属于程序规则。它的意义在于，法律的正当性能够归因于正当程序，只有具备正当程序的法律，并且经过公平、合理的执法与司法程序，才会产生正当的法律后果。[①] 因此，在法律实证主义那里，合法性问题转化为正当程序问题。不像实证主义，规范主义是认可价值作为正当性前提的。只不过他们面临的工作是要调和多元价值造成的"诸神之争"问题。对此，哈贝马斯给出的方案是通过商谈实现公意（the general will）。他强调规范性判断的正当性意味着"合理的、由好的理由所支持的可接受性"。不过正当性条件是否被满足不可能直接诉诸经验证据和理想直觉中提供的事实，而只能以商谈的方式，确切讲是通过论辩的方式而实施的论证过程。[②] 因此，在哈贝马斯看来，立法不仅在于"公意"本身，更在于达成公意的现代民主程序；司法判决的合理性不仅在于论据的质量，而且与论辩过程的结构有关。总之，程序成为正当性判断的前置问题，正当性判断转化为正当程序设计。

这一转向对于正当理由抗辩的启示主要有两点。一是正当理由抗辩需要正当程序保障。对于滥用市场支配地位的规制，执法机构或司法机关、经营者、竞争者以及消费者都会存在不同立场，进而产生认识上的差异。而解决这种差异甚至达成共识必然要求各方在正当程序中沟通、商谈、协调。正当理由抗辩作为经营者意识形态的集中表现也必然依赖正当程序的保障。二是正当理由抗辩的核心问题是正当理由判断，除了各方主体在规范意义上进行价值论证，以及在经验意义上寻求共同信仰[③]，对正当理由的判断是否出自正当程序也是衡量因素之一。因此，正当理由抗辩不仅依赖正当程序予以实施，而且正当理

---

① 季涛：《程序理性反抗价值虚无主义的徒劳——就"新程序主义法学范式及其对中国法学发展之意义"和季卫东教授商榷》，《浙江社会科学》2006年第5期，第87页。

② 哈贝马斯：《在事实与规范之间：关于法律和民主法治国的商谈理论》，童世骏译，生活·读书·新知三联书店2003年版，第278页。

③ 比如，各方都受到习惯的约束，并对习惯产生认同。

由实体内容也需要正当程序支撑。从这个意义上讲，被称为"正当"的抗辩理由，正当程序构成其正当性内涵的关键部分。

何谓"正当程序"？其内涵与程序正义、程序公正等概念相联系，并且在法学领域，程序公正成为判断正当程序的首要标准。[1] 对于程序公正的内涵，国内外研究成果较为丰富，形成多种标准，在此，笔者择其要者列举一二。例如，美国戈尔丁（Martin P. Golding）教授认为，以下三项条件是决定程序是否公正的重点。其一，程序中立。相反，如果裁决者与案件有利害关系，那么程序则难言公正。其二，程序应当具备劝导功能。比如，当事人提出的主张和证据应当受到公平的对待和回应。其三，程序的进行应当建立在经过质证的证据之上。[2] 国内学者如顾培东教授强调公正程序应当取决于三项要素：冲突事实的真实回复、执法者中立的立场、对冲突主体合法愿望的尊重。[3] 陈桂明教授从司法程序入手，提出公正程序应当遵循程序规则的科学性、法官的中立性、当事人双方的平等性、诉讼程序的透明性、制约与监督性。[4] 肖建国教授则从程序公正的最低限度标准出发，强调下列要求不能得到满足，将给人们带来不公正感：法官中立原则、当事人平等原则、程序参与原则、程序公开原则和程序维持原则。前两项标准主要在于维持公正的诉讼构造，后三项标准则强调实现公正的动态过程。[5]

---

[1] 当然正当程序是个极为复杂的概念，也很难形成具有完全共识的内涵与外延，但无论如何，程序公正都不会被否认为正当程序的内涵之一。并且在法学话语体系中，程序公正更易产生共鸣，并具有可操作性。

[2] 马丁·P. 戈尔丁：《法律哲学》，齐海滨译，生活·读书·新知三联书店1987年版，第240—241页。

[3] 顾培东：《社会冲突与诉讼机制》，四川人民出版社1991年版，第90页。

[4] 陈桂明：《诉讼公正与程序保障——民事诉讼程序之优化》，中国法制出版社1996年版，第12—15页。

[5] 肖建国：《程序公正的理念及其实现》，《法学研究》1999年第3期，第12—18页。

正如戈尔丁所言，他所列举的九项标准①未必就是完全的标准，如果只有其中几项，程序也未必就不能实现公正。因为程序公正之观念、标准与特定时代背景相适应，并受制于一个社会的法律传统，人们很难提出一种普遍适用于所有时代和社会的公正理想。②因此，我们探寻正当理由抗辩的公正程序，应当植根于其所生长的制度实践，并在其中发现正当理由抗辩的程序需要与程序本身的不足。

第一，反垄断法中的正当理由抗辩现象本身就体现了公正程序的内涵。正当理由抗辩强调经营者与执法机构、其他当事人的平等对话与沟通，程序应当允许经营者表达自己的意见，不论是出于自卫还是主张。正如顾培东教授所言，公正程序应当对冲突主体合法愿望予以尊重。无论执法者还是司法者都应当充分尊重经营者表达反对意见的权利，这从主体来讲也属于对当事人意志与行为自由的尊重。正如伯尔曼（Harold J. Berman）所言，应通过程序使当事人精神净化，而不应在他们的尊严之上再施暴行。③

第二，正当理由抗辩反映了当事人之间、经营者与执法机构之间的价值冲突。这表现出市场经济社会人们因利益冲突而上升为意识形态的对立，及至反馈到具体的案件处理程序当中。那么在人们暂时难以达成共识的前提下，执法机构和法院不宜有先见的立场和观点，他们应当保持中立，不带任何偏见地处理案件，更不要说他们不能在案件中存在个人利益。因此，在几乎所有研究者看来，中立原则都是程

---

① 具体而言，戈尔丁提出的程序正义标准包括：一是与自身有关的人不应该是法官；二是结果中不应包含纠纷解决者个人的利益；三是纠纷解决者不应有支持或者反对某一方的偏见；四是对各方当事人的意见均应给予公平的关注；五是纠纷解决者应听取双方的论证和证据；六是纠纷解决者应在一方在场的情况下听取另一方意见；七是各方当事人都应得到公平的机会来对另一方提出的论据和证据作出反应；八是解决的诸项条件应以理性推演为依据；九是推理应论及提出的所有证据论据和证据。

② 陈瑞华：《刑事审判原理论》，北京大学出版社1997年版，第59页。

③ 伯尔曼：《法律与宗教》，梁治平译，生活·读书·新知三联书店1991年版，第59页。

序公正的基本要求。这是因为任何人"不得做自己的法官"。

第三，正当理由抗辩作为一项权利，并不能掩盖这样的事实：执法机构权力强大，极易发生滥用。并且它在滥用市场支配地位规制角色中扮演着规制者，属于被规制经营者天然的"敌人"。更为糟糕的是，在许多救济程序中，由执法者或者执法系统自身裁判自己作出决定，比如行政复议。因此，我们看到，经营者正当理由抗辩的权利要么被侵犯，要么得不到有效的救济。

上述问题的存在影响程序公正实现，而上述问题的解决则有赖于机构改革与程序设计。另外，笔者在第三章曾以我国为例提出，反垄断执法机构存在多部门执法、中立性不足、公开性不足等问题，司法机关处理正当理由抗辩则略显知识弱势。因此，综合来看，正当理由抗辩公正程序的实现应当立足于改变执法的理念，塑造权威、独立的反垄断执法机构，应当着眼于保护垄断案件裁判者的中立性，应当加强经营者正当理由抗辩的权利救济。

## 一、构建反垄断实施的准司法机构

就我国而言，执法机构的独立性、权威性以及中立性备受质疑，对经营者正当理由抗辩权利产生较大威胁。而解决执法机构这些问题，目前通行的做法是执法机构的准司法化以及实施职能分离。通过准司法机构提高程序公正的原理在于，其一，准司法机构独立性更强。执法机构的准司法化意味着它必须脱离繁复科层行政体系的制约，作出的决定不再是行政首脑的个人意志或者更高级别官员的意志。执法机构的准司法化还意味着它脱离了与自然垄断部门的传统的利益纠葛与输送。其二，准司法机构权威性更高。准司法机构权威性与独立性相辅相成。除此之外，根据各国实践，准司法机构具备发布相关指南、行政调查和处罚，以及司法救济等功能，因而行政功能、司法功能甚至立法功能集于一身，其权威性不言而喻，由此赋予了准司法机构"超然"的中立地位。其三，准司法机构的功能统合将使反垄断法实施更为审慎，而非像纯粹执法机构那样，可独断专行、不考虑执法后果。例如，传统的执法机构只负责调查取证，以及作出决定，而不负责经营者权利救济。特别是将经营者作为规制对象时，更不会考虑其权利保障。而准司法机构不仅负责作出决定，还要负责经营者权利救济，后一项责任对其作出决定产生约束，因此，它在作出决定时就要保持公正中立。

建立准司法化的执法机构在世界范围内有着丰富的实践。综合各国实践模式，执法机构的准司法化呈现"委员会制机关、类法庭式审理和准司法性裁决"三项特色。[①] 委员会制机关独立性较高，例如，美国联邦贸易委员会属联邦独立机构，其五名委员由总统任命并经参议院批准。[②] 巴西竞争主管机构经济防卫管理委员会乃根据该国第4137号法律设立的联邦独立机构。[③] 南非竞争委员会具有独立性，其他任何国家机关应协助其维持独立与公正。[④] 类法庭式审理指的是反垄断案件的审理比照司法机关组织，当事各方与准司法机构形成类似于庭审的控、辩、审结构。在这一庭审结构中，双方当事人地位平等，准司法机构相对中立。不仅如此，庭审的程序以及证据规则等都与诉讼程序类似，甚至直接适用诉讼法。那么由准司法程序作出的决定，其性质也自然具有同法院判决类似的效力。例如在美国，联邦贸易委员会作出的决定相当于一审判决，而对此有异议，则需向上诉法院提起。而在印度，对竞争委员会作出的裁决不服要向最高法院提起上诉。[⑤]

---

[①] 时建中、陈鸣：《反垄断法中的准司法制度构造》，《东方法学》2008年第3期，第55页。
[②] 参见美国《联邦贸易委员会法》第1条。
[③] 参见巴西《反垄断法》第3条。
[④] 参见南非《竞争法》第19、20节。
[⑤] 参见印度《竞争法》第40条。

除了建立准司法机构外，执法机构的设置还应当秉持"职能分离"原则。反垄断执法机构的准司法化带来的一项可能的担心是，集行政、司法以及部分立法权于一身的机构是否会违背"三权分立"原则，甚至形成专制？因为从逻辑上讲，从事调查的人员也主持裁判，那么调查阶段形成的"前见"就会影响裁决作出的独立性，甚至可能导致裁判者"成为自己案件的法官"。因此，职能集中会给行政官员滥用权力创造机会，公民的权利和自由就得不到可靠的保障。[1] 这一问题的出现给准司法机构的设置造成悖论：为提高中立性设置准司法机构，但同时也给权力滥用创造良机，继而破坏行政公正性。对此，行政法理论和实践给出的方案是在权力不可避免地集中于某一机构时，机构职能的设置应当遵循分权原则，实现职能分离。为贯彻该原则，美国《行政程序法》第554（d）条规定，行政机构不得将调查或起诉与决策职能集中于同一人之手。在这方面，不少国家的反垄断准司法机构也按照这一原则分配职能。例如，在美国联邦贸易委员会，案件调查由下属竞争局负责，而行政裁决则由行政法官作出。在印度，案件调查由竞争委员会和局长负责，而裁决则由委员会所属法庭执掌。[2] 在南非，案件调查由竞争委员会实施，而案件裁决则由属于行政系统的竞争法庭负责。[3] 日本公平交易委员会内部职能设置也体现了职能分离原则，其内部分为审查官和裁判官，前者专司案件调查，后者则负责行政裁决。[4] 举例来讲，按照职能分离原则，如果机构领导已经在争议中做了证人，那么他就没有资格再审查听证事实。[5] 在"格罗公司诉FTC"[6] 一

---

[1] 张千帆：《论行政中立——从美国行政法看行政公正的制度保障》，《法商研究》2005年第6期，第139页。

[2] 参见印度《竞争法》第18—20、22条。

[3] 参见南非《竞争法》第13、26节。

[4] 参见日本《禁止私人垄断及确保公平交易法》第47、56条。

[5] Charles H. Koch Jr., *Administrative Law and Practice*, St. Pauh MN: West Publishing Co., 1997, p.312.

[6] Grolier Inc. v. FTC, 615 F.2d 1215 (9th Cir., 1980).

案，美国联邦贸易委员会召开的听证程序中，程序主持人是委员会委员，但由于他的顾问律师参与了案件调查与起诉，因而他本人极有可能获知了听证案卷以外的信息。因此，联邦贸易委员会的决定被指违反"职能分离原则"。

## 二、裁判者中立

程序的中立性应当是经营者正当理由抗辩权利受到尊重的重要前提，但事实上，程序中立性的实践却难以令人满意。例如笔者在上文中曾提到，执法者存在自身利益，有被俘获的可能。司法程序的中立性能够获得较大认可，但法官作为有情感、有意识形态的自然人，同执法者一样都有在具体案件中陷入偏私的可能，会对特定法律与政策、对特定事实以及特定当事人产生偏爱或者偏废。① 因此，裁判者中立也是维护程序公正的重要保障。在一定情境下，程序公正与裁判者中立甚至是同一含义。

通常影响裁判者中立的因素被分为三类：一是前见，二是私利，三是感情。例如，在"德士古诉联邦贸易委员会"② 案中，联邦贸易委员会指控德士古强迫零售商购买"好而富"（Goodrich）轮胎，而德士古认为联邦贸易委员会为此召开的听证程序有失公正。原因在于，联邦贸易委员会主席迪克森（Dixon）在听证期间曾发表公开讲话，指责德士古存在违法行为。德士古认为，迪克森的讲话表明，他在听证结束前就对自己存在成见，很难保证听证程序是公正的。法院认为，行政官员存在"前见"，他必然会先入为主，在后续程序中将丧失中立性。如果裁判者对案件存在私利，他也将被假定无法保持中立，即便

---

① Kenneth Culp Davis, *Administrative Law Text*, New York: West Publishing Co., 1972, p.245.
② Texaco, Inc. v. FTC, 336 F. 2d 754 (D. C. Cir., 1964).

没有直接证据证明他事实上产生了偏私。例如在"斯蒂沃尔斯诉皮尔斯"[1]案中,联邦第九巡回法院指出,即使没有证据证明裁判存在任何偏私,裁判者对诉讼结果的金钱或个人利益也可能侵害公正程序。感情因素也会影响裁判者中立,这种情况指的是裁判者对某个当事人特别讨厌,而在形式上则表现为对某一方表现出超出正常的"敌对态度"。按道理讲,裁判者应当秉持博克所说的"公正法官的冷漠中立"。美国《合众国法官行为准则》第3A(6)条也规定,联邦法官应当避免"对正在或即将审理的(案件)公开评论其是非曲直"。但事实上,法官们并没有完全保持中立,正如汉德法官所言,"求名欲在我们美国已成了一种病,成群俗不可耐的蛾子带着狂喜飞入吞噬的大火"[2]。例如在"美国诉微软"[3]案中,地区法院法官杰克逊在1999年9月至2000年6月7日作出判决之日,他曾多次与媒体约见会谈,并在高校、反垄断会议上发表大量不利于微软的言论。在这些会谈中,杰克逊用"搪塞、傲慢和顽固"描述微软行为。杰克逊法官暗示微软缺乏诚信,他谈到"有时我对微软的证人失去耐心,他们在发表演讲","他们告诉我的事情我一点也不能相信","一件事情撒谎,所有的事都在撒谎"。杰克逊还暗示盖茨缺乏商业道德,"盖茨是一名机灵的工程师,但我不认为他对商业道德那么内行",他将微软涉嫌刑事犯罪的行为与臭名昭著的"牛顿街团伙"联系在一起,后者曾在华盛顿特区的部分地区制造恐怖,却在法庭上大言不惭。如此等等。最终联邦巡回法院认为,初审法官所实施的程序完全被他自己的言行所玷污,因而司法过程的公正应受质疑。这是因为杰克逊法官和媒体关系过于紧密,他在公开场合发表了大量的对微软不利的言辞。

---

[1] Stivers v. Pierce, 71 F.3d 732 (9th Cir., 1995).
[2] 张千帆:《合众国诉微软公司——法官、媒介与司法公正》,《南京大学法律评论》2001年第1期,第185页。
[3] United States v. Microsoft Corp., 253 F.3d (D. C. Cir. 2001).

正如上述"美国诉微软"案中联邦巡回法院的判断，裁判者除了应当主观上排除对某一当事人的前见、偏见，在客观上不存在任何私利，也不应当在行动或程序上进行"单方接触"。禁止单方接触指的是裁判者"在做出裁决时不能在一方不在场的情况下单独与另一方当事人接触，听取其陈述，接受和采纳其证据"[①]。就其作用而言，它主要是避免裁判者与单方当事人接触以被不当地施加影响，或者防止单方当事人提供与待决案件有关的片面信息，以免造成裁判者先入为主。[②] 因此，禁止单方接触与裁判者中立关系紧密，前者构成维护后者的义务。那么违反这一义务将导致裁判缺乏公正性。在"优翰诉拉夫"[③]案中，行政机构的起诉官私下交给裁判官一盘有关证据的磁带，另一方被告律师并不知情，因而联邦巡回法院认为该做法属于单方接触，应予禁止。违背禁止单方接触义务，可能面临裁判资格以及相关决定被撤销的风险。当然，这要视情节而定。比如在"西南太阳网诉联邦贸易委员会"[④]案中，联邦巡回法院认为，要视单方接触对于裁决的影响程度、当事人是否因此获益、对方当事人知情后是否有机会辩护等情况来决定是否撤销裁决，同时还应当考虑撤销裁决的成本收益。

综上而言，前见、私利以及感情构成影响裁判者中立的主要因素，单方接触作为一种行动也会干扰公正裁决。因此，必须附加裁判者一定义务以排除上述因素的干扰，我们可以称之为"中立义务"。各国也通过立法限制裁决者行为，使裁决者符合法律规则和道德准则。除此之外，对于中立性义务的违反将可能被科以严格的责任，轻者，所作裁决视同未作出；重者，甚至可能被取消裁判者资格。

---

① 张引、熊菁华：《行政程序法的基本原则及相应制度》，《行政法学研究》2003 年第 2 期，第 51 页。
② 侯淑雯：《禁止单方接触与保障程序公平》，《现代法学》2001 年第 5 期，第 84 页。
③ Yohn v. Love, 76 F. 2d 508 (3rd Cir., 1996).
④ Southwest Sunsites, Inc. v. FTC, 785 F. 2d 1431 (9th Cir., 1986).

## 三、权利救济

经营者实施正当理由抗辩既是查清垄断行为事实的必要手段，也是经营者自我防卫不可剥夺的权利。作为一项权利，正当理由抗辩自然应当在公正程序中才会实现。那么，设置独立权威的准司法机构保障裁判者中立，是否就能保证正当理由抗辩权利的实现？虽然上述两项条件不可或缺，但也并不足够。问题在于，即便明确了经营者拥有抗辩权利，但却也可能被任意侵犯。例如，国内行政实践历来重实体轻程序，被视为公正程序所必需的回避、听证、职能分离、案卷排他、禁止单方接触等原则实践也不理想。这种情况下，一种观点认为，应当拓展抗辩权利内涵和外延，给经营者以更大权利；另一种观点则强调权利必须可被救济。后一种观点可谓抓住了问题的关键，因为无救济则无权利，与其空谈权利口号，不如增强程序的救济功能，反过来促进权利保障。[1]

因此，就我国《反垄断法》而言，设置准司法机构以及中立裁判者还远远不够，对经营者正当理由抗辩权利的救济也同样重要。拉德布鲁赫曾说，"如果原告本身就是法官，那只有上帝才能充当辩护人"[2]。其含义在于，如果执法机构既负责控诉又负责审判，那么，经营者抗辩权利将形同虚设。权利救济就是通过公正程序实现经营者的"上帝"权能，让正当理由抗辩成为裁决者必须重视的程序。经营者正当理由抗辩的权利救济最为有效的途径就是司法审查。因为司法审查是"监督反垄断执法和保护相对人利益的必要机制"[3]，突出的显示出其作为权利保障最后一道防线的特殊意义。例如，德国《反限制竞争法》

---

[1] 这一思路得益于阅读陈瑞华教授文章的启示。参见陈瑞华：《增列权利还是加强救济？——简论刑事审判前程序中的辩护问题》，《环球法律评论》2006年第5期，第530页。
[2] 拉德布鲁赫：《法学导论》，米健、朱林译，中国大百科全书出版社1997年版，第121页。
[3] 游钰：《论反垄断执法的司法审查》，《中国法学》2013年第6期，第34页。

规定，当事人法定听证权利受到损害时可以向法院申诉以获得救济。如果申诉理由成立，法院依申诉要求可继续进行相关程序，并对申诉人予以救济。当事人申诉的后果就是使程序回到口头辩论结束前的状态。在欧盟，"就程序方面而言，欧洲法院强调了委员会在竞争法执行中尊重'防御权'的重要性。在相当数量的案件中，欧洲法院都寻求确认委员会在依据条约第 101 条和第 102 条开展调查过程中以及在合并控制决定中对程序性权利的绝对尊重"[1]。

经营者正当理由抗辩权利的救济不唯司法审查一种途径。在许多国家也规定了行政复议程序，作为行政系统内部自我监督的手段兼顾当事人权利救济。在我国，行政复议被立法定位于"行政内部自我纠错的监督机制"，而且这一定位排斥司法程序、规则的运用，国务院强调，为"体现行政复议作为行政机关内部监督的特点"，"不宜，也不必搬用司法机关办案程序，使行政复议司法化"。[2] 这种定位导致行政复议公正性大大降低。其一，行政复议程序并无独立机关处理当事人异议。内附于行政机关的法制工作部门承担行政复议，这无异议行政机关处理一般政务。其二，与被申请人行政机关相比，申请人所处地位并不平等。由于人事、工作等关系的存在，很难相信法制工作部门给予同属行政系统的行政机关以充分的监督，申请人的权利却容易被肆意忽视。其三，行政复议并无言辞辩论，也无证据规则约束，其作出的决定缺乏理性制度支撑。其四，行政复议程序公开性差，也无保证程序公正的回避、管辖、听证等规则。[3] 行政复议因缺乏公正而制度效率极低，在实践中不得不面临这样的困局。在规定可申请行政复议

---

[1] Damien Geradin and Nicolas Petit, "Judicial Review in European Union Competition Law: A Quantitative and Qualitative Assessment", in TILEC Discussion Paper.

[2] 国务院提请全国人大常委会审议行政复议法（草案）立法说明："行政复议是行政机关内部自我纠正错误的一种监督制度。"

[3] 王万华：《行政复议程序反司法化定位的思考及其制度重构》，《法学论坛》2011 年第 4 期，第 114—115 页。

也可提起行政诉讼的情况下，当事人不再进行行政复议而直接提起行政诉讼。在规定行政复议前置的程序中，当事人也无多大程序参与积极性，只盼走完程序抓紧提起诉讼。这一困局将使得行政机关丧失对当事人救济的机会，也增加了行政诉讼负担。总的来讲，内部监督定位下的行政复议是没有效率的。在章志远教授看来，行政复议程序因当事人申请而提起，而其目的在于寻求行政机关救济自己的权利。因而，权利救济才是行政复议的主要功能，而监督功能则在权利救济过程中得以实现，其可谓行政复议的副产品。① 因此，行政复议应当充分发挥权利救济功能。正如笔者在研究正当理由抗辩"程序公正"问题的一贯思路，这种行政复议程序也应当司法化，唯此才能解决保证权利救济的到位与公正，也才会与反垄断执法机构准司法化的趋势相符合。

## 第三节　正当理由抗辩证据规则

应当说证据规则是正当理由抗辩保障不可或缺的程序环节。关于证据规则的研究浩繁而多样，但与正当理由抗辩程序相关者，无非正当理由事实的证据来源、证明责任以及证明标准。就证据来源而言，我国坚持证据法定原则，《中华人民共和国民事诉讼法》（以下简称《民事诉讼法》）规定了证据包括当事人的陈述、书证、物证、视听资料、电子数据、证人证言、鉴定意见以及勘验笔录八种类型。这就限定了经营者提出正当理由抗辩的形式。但是关于正当理由，经营者通常需要聘请专业人士提供对专门问题的经济分析。比如，在"奇虎诉腾讯"②案中，原告聘请的专家辅助人，即欧洲RBB调研机构顾问大卫

---

① 章志远：《行政复议困境的解决之道》，《中共长春市委党校学报》2008年第1期，第80页。
② 参见广东省高级人民法院（2011）粤高法民三初字第2号判决民事判决书。

（David）提出了关于该案行为的经济分析报告。应当说，这种证据材料对于解释经营者行为有很强说服力，但它却不能完全被我国法定证据类型所容纳。因此，很有必要研究经济分析意见的性质，并为其提供进入反垄断诉讼的理论基础和制度路径。关于证明责任，它强调当事人因证明不利而承担不利后果的负担性。那么，正当理由事实应当由谁来证明并承担由此带来的后果？这个问题看似简单，因为正当理由事实出自经营者抗辩，那么自然应当由他来承担。但透过这个简单的答案，实际还隐藏着关于证明责任分配的强烈的理论纷争。因而需要正本清源，理清经营者承担正当理由事实证明责任的来龙去脉。证明标准也是个不大不小的问题，标准设置显然会影响到正当理由能否顺利证实。证明标准的设置要考虑事实证明的难度，也要在当事人间进行价值衡量。虽然证据制度并不会因不同案件设置不同的证明标准，但也会考虑是否存在影响事实证明的特殊因素，而这些特殊因素将影响正当理由能否获得证实。

## 一、经济分析意见及其可采性规则

### （一）经济分析意见出现的原因

将经济分析意见作为正当理由事实的证据材料主要源于以下两点原因。其一，技术权与审判权的分离与互动。传统意义的诉讼建立在相对简单的社会关系基础上，因而法官基本依靠经验和诉讼技巧就能明察秋毫，实现自由心证。但在技术不断进步、社会关系日益复杂的今天，法官的智识已难以应对海量的知识挑战。传统的法律关系出现大量的技术因素，例如，一份证明父子关系的证词远不及以遗传学为基础的亲子关系司法鉴定有效。同时，在传统社会关系之外还出现大量依托专业技术的法律关系，例如在反垄断法中，经营者市场支配地位的认定离不开主流的经济学假设和推论。著名证据法学者达马斯卡

（Mirjan R. Damaška）甚至指出，"证据法的未来，很大程度上是要探讨正在演进的事实认定科技化的问题"①。英美法系的专家证人制度、大陆法系的鉴定制度及专家辅助人制度等都是应对诉讼中技术因素扩张的制度安排。因而在诉讼中，技术权与审判权实现分离，专家以专门知识向法庭提供技术支持，帮助法官阐明义理，辨清事实。其二，反垄断法独特的知识构造。"理性的法律研究，当前的主宰者或许还是'白纸黑字'的研究者，但未来属于统计学和经济学的研究者。"②霍姆斯大法官身处社会变革激荡的 19 世纪末，已经感受到统计与经济分析对于案件审理的重要性，其时，反垄断法刚刚诞生。而今，他的预测在反垄断法中已得到完美应验，诉讼中，法官通常会面对大量的案件经济分析意见。这一现象除了因应现代诉讼技术权与审判权相分离的趋势，反垄断法独特的知识构造也是重要原因。与传统法律部门不同，反垄断法中的大量知识来源于经济学。此外，这一判断也能为各国反垄断立法所印证。我国《国务院反垄断委员会关于相关市场界定的指南》为界定相关市场提供了经济学依据与方法，特别是假定垄断者测试（SSNIP）分析思路完全是经济学理论的应用。美国《司法部和联邦贸易委员会横向合并指南》运用经济学原理阐述了经营者合并产生的效果。鉴于经济学知识和经济分析证据的重要性，德国卡特尔法还特别规定了经济学专家意见采纳的原则与程序。

### （二）经济分析意见的证据法定位

在国外，经济分析意见通常被视为专家证据。国内不少学者也注意到了这一问题，并试图结合英美法系的专家证人制度进行制度融通。例如，江伟教授建议将英美法系的"专家证人"与我国的"鉴定人"

---

① 米尔建·R. 达马斯卡：《漂移的证据法》，李学军等译，中国政法大学出版社 2003 年版，第 200 页。

② Oliver Wendell Holmes, "The Path of the Law", *Harvard Law Review* 10, 1897.

两个概念统一为"专家证人",从而将我国原有的鉴定结论制度转化为专家证人制度。① 毕玉谦教授则以大陆法系鉴定制度为蓝本,扩充其内涵,将英美法系的专家证人制度容纳其中,"使两者各自的独特功能一并用于改造我国现行的鉴定制度"②。龙宗智教授则将诉讼中鉴定人之外有专门知识的人称之为"非鉴定专家",他还认为,"应扩展'证人'在我国的含义,使非鉴定专家以专家证人的身份参与诉讼,这样,专家所提供的意见也相应地成为证人证言,获得证据效力"③。而学者们描绘的制度图景目的就在于填补非鉴定类专门问题在诉讼中的空白。按照这一思路,经济专家也可以作为专家证人,在诉讼中提交经济分析意见,对反垄断诉讼中的专门问题作出解释。

当然,我国《民事诉讼法》也对鉴定范畴之外的专门问题进行了回应,设计了专家辅助人制度。例如,《民事诉讼法》第82条规定,"当事人可以申请人民法院通知有专门知识的人出庭,就鉴定人作出的鉴定意见或者专业问题提出意见"。因而目前,经济专家进入反垄断诉讼的角色一般都是专家辅助人,所提交的经济分析意见也遵循相应的证据规则。但是相比学者们积极的理论探索,我国的专家辅助人制度仍相对保守,经济分析意见并不能发挥应有的功能。第一,专家辅助制度仅作为鉴定制度的辅助或补充,根本目的在于辅助法院对包括鉴定意见在内的涉及专门问题的案件事实予以合理解释。④ 因而,经济专家并非像英美法系的专家证人一样享受应有的权利。第二,专家辅助人意见并非专家证据,按照《最高人民法院关于适用〈中华人民共和

---

① 江伟主编:《中国证据法草案(建议稿)及立法理由书》,中国人民大学出版社2004年版,第507页。

② 毕玉谦等:《中国证据法草案建议稿及论证》,法律出版社2003年版,第459页。

③ 龙宗智、孙末非:《非鉴定专家制度在我国刑事诉讼中的完善》,《吉林大学社会科学学报》2014年第1期,第106页。

④ 胡铭:《专家辅助人:模糊身份与短缺证据——以新〈刑事诉讼法〉司法解释为中心》,《法学论坛》2014年第1期,第46页。

国民事诉讼法〉的解释》第 122 条第 2 款之规定，专家辅助人"在法庭上就专业问题提出的意见，视为当事人的陈述"。那么，经济专家作出的经济分析意见仅附属于当事人的诉讼主张，其证据效力大打折扣，也根本无法体现专家的中立性和专业性。第三，专家辅助人制度虽然初步建立，但相应的证据规则尚不完善。这也导致经济分析意见仍然缺乏明确的证据法定位，更谈不上完善的证据规则规制。

综合而言，在英美法系国家，经济分析意见主要作为专家证据使用，而在我国，专家辅助人制度则是经济分析意见的现实归宿。但正如上文提到的专家辅助人制度容纳经济分析意见的种种不适，从长远来看，应当借鉴国外的专家证据规则改造我国反垄断诉讼中的经济分析意见，确立其专家证据的法律定位。

### （三）经济分析意见的可采性规则

将经济分析意见定位为专家证据，也就意味着需按照专家证据的要求型构经济分析意见。特别是在我国反垄断司法实践中，无论形式还是内容，经济分析意见还相当粗疏，因而专家证据规则的指引作用就显得尤为重要。其中，首要问题就是如何将经济分析意见构建成适格证据。因而从经济分析意见的规范化角度而言，应明确其可采性规则，确定经济分析意见采证的标准或条件。

证据的可采性是指一项证据"是否具有在法庭上提出的资格"[1]。经济分析意见的可采性规则就是指法庭采纳经济分析意见作为专家证据的规则。在"弗莱伊"[2]案中，法官对专家证据的采纳主要源于该证据所主张的科学原则或发现是否获得公认或普遍的接受。在这一标准下，法官并未判断专家证据与事实认定间的实质关系而是完全遵从科学界

---

[1] 胡卫平：《专家证据的可采性——美国法上的判例和规则及其法理分析》，《环球法律评论》2005 年第 6 期，第 709 页。

[2] Frye v. United States, 293 F. 1014 (D. C. Cir. 1923).

的共识。因而,一方面,科学的工具价值得以最大限度彰显;但另一方面,司法的权威性、终局性却受到挑战。以至在 70 年后,美国联邦最高法院评价道,"这种形式化的标准并不合适,相反,法院应当在实质层面上经手专家提供的证言,确保只有相关并可靠的证据才在审判中被采纳"[1]。这就是"多伯特"案确立的"可靠性标准",判断证据是否可采,不仅要审查证据的科学性,还应当保证法官对证据的阅读能力。但法官自身并不精通技术,因而专家证据应当发挥"教育"功能,通过揭示科学原理的可靠性以及对案件事实的解释力来说服法官。因而,可采性意味着专家证据专业性与法庭事实认定目的的契合程度。为实现这一目的,则需要考虑专家是否适格、证据是否科学以及论证能否证实。因此,笔者拟从这三个维度,发现经济分析意见可采性的影响因素,并建构其可采性规则:一是专家适格规则;二是可靠性规则;三是相关性规则。

专家适格规则首先考察的是专家在某一领域的专业能力。专业能力是保证经济专家作证的基础,但如果专家滥用技术权干扰法官对事实的认定,那么也不能视其为合格的专家。因而,专家适格规则的另一个标准就是中立性。中立性要求经济专家应当保持技术中立,只对技术负责,避免来自当事人的收买、法官干预以及个人偏见的影响。

传统"可靠性"概念内涵模糊,往往杂糅着"有效性""相关性"等概念,例如,布莱克门法官认为,"证据的可靠性应建立在科学有效性基础之上",但同时他又强调,"科学有效性就是证据的相关性和可靠性"。[2] 美国《联邦证据规则》第 702 条确立的通常所称的"可靠性规则"包含三个标准:一是证言基于"可靠的事实或数据";二是证言是"可靠的原理和方法"的产物;三是专家将这些原理和方法"可

---

[1] Daubert v. Merrell Dow Pharmaceuticals, Inc., 509 U. S. 592 (1993).
[2] Daubert v. Merrell Dow Pharmaceuticals, Inc., 509 U. S. 592 (1993).

靠地"适用于案件事实。其中,第三个标准其实主要强调专家证据与待证事实的相关性,而并非证据本身所具有的可靠性。再回到"多伯特"[1]案,该案的主审法官强调,专家证言的主题必须是"科学知识","科学"意味着证据须立足于科学方法或程序,"知识"则适用于"已知事实,或者从这种事实推论出的或者基于良好根据而被接受为真理的任何思想"。为确保专家证据具备"科学知识"品格,专家所作推论或主张皆应源于科学理论与方法,并应获得验证,即有充分的事实支撑。所以笔者认为,经济分析意见的可靠性应出自两个方面:一是科学的理论与方法;二是可靠的事实与数据。

相关性规则有两层含义:一是经济专家的知识背景应当与案件待证事实密切相关;二是经济专家提出的原理与方法应当与待证事实具有关联性。相关性规则首先要求经济专家必须就案件争议问题发表专业解答,即经济专家所受到的教育、积累的经验或者进行的培训应当与案件争议问题密切相关。所以,在英国司法实践中,法律甚至对专家正式的训练及书面证书、执业经验,以及相关的组织或知名团体的会员资格等方面都没有什么要求,而唯一要求就是"该证人是否拥有解决法庭上所争议问题的专业知识,而不论该专业知识是如何获得的"[2]。此外,相关性规则还要求经济专家必须提供与待证事实具有关联性的证据。例如,古诺寡占模型是分析垄断市场结构与行为的经典理论,因而在"康科德船业公司诉布鲁斯威克公司"[3]案中,原告专家依据该模型预测,在相同产品的双寡头垄断市场,具有相同效率的企业应当具有相同的市场份额。由此,原告专家进一步指出,被告公司高达70%的市场份额必然是其排他性交易行为之结果。而联邦法院也认为古诺寡占模型"是预测寡占市场上均衡价格形成的合理方法",因而

---

[1] Daubert v. Merrell Dow Pharmaceuticals, Inc., 509 U. S. 592 (1993).

[2] R. v. Silverlock (1894) 2 QB 766. CCR.

[3] Concord Boat, Corp. v. Brunswick Corp., 207 F. 3d 1039 (8th Cir. 2000).

该专家意见因具有关联性而被采纳。

## 二、证明责任

按照学界的通说，证明责任的分配指的是在诉讼中将提供证据的责任分配给一方当事人，并且该方在举证不能时要承担败诉风险。因此，负担证明责任的一方当事人必然积极提供证据，抗辩对方的指控，从而为法院查清事实提供信息基础。由此可见，证明责任分配能够直接决定司法机关对案件事实的查清和对法律后果的判断。基于正当理由抗辩的程序设计，正当理由事实证据自然应当由经营者提出。但提出证据责任与证明责任并不相同，当事实真伪不明，由谁承担败诉风险的证明责任是否也应由经营者承担？

一般而言，关于证明责任分配的理论分属两大阵营：大陆法系和英美法系。在大陆法系，现代证明责任分配理论包括"规范说"以及"法律要件分类说"等学说。其中规范说强调法律规范在证明责任分配中的作用，法律规范本身及不同法律规范的补充、支撑与排斥都可能构成界分证明责任的基础。这类法律规范被划分为基本规范和反对规范。基本规范指的是规定权利发生的法律规范，而反对规范则包括妨碍规范发生效力的权利妨碍规范、事后消灭规范基本规范效力的权利消灭规范以及排除已产生法律效果的权利排除规范。规范说极度依赖实体法规范，甚至有学者认为，证明责任分配就是应当基于由精明的立法者经历几个世纪构筑起来的正义——实定的实体法规——来进行。[1] 由此，分配证明责任的做法转化为对法律条文形式的分析，进而将其划分为原则与例外、本书与但书、第一项与第二项等条文的区别。

---

[1] 高桥宏志：《民事诉讼法制度与理论的深层分析》，林剑锋译，法律出版社2003年版，第441页。

比如,"本书"被视为权利基本规范,而"但书"被视为反对规范。由于规范说对实定法条文的重视,它又被称为"条文构造理论"。

法律要件分类说应当说与规范说同出一脉,只不过前者更为重视对行为构成要件的分析,虽然该说也同样重视对法律规范的分析。法律要件分类理论内部也存在不同学说。其中,因果关系说将法律效果发生的要件事实区别为原因和条件,当事人主张发生法律效果,那么就要对"发生原因的事实"承担证明责任。而主张"欠缺条件"的事实,则应当由对方当事人承担证明责任。三重关系说将法律要件划分为三种,即权利成立要件、权利妨碍要件以及权利消灭要件。而在诉讼中,主张权利发生的当事人应当就权利成立要件承担证明责任,对方当事人则应当承担权利妨碍要件和权利消灭要件的证明责任。完全通过法律条文并不能得出明确的证明责任分配结果,因而为弥补条文规定之不足,还需要考虑立法旨趣、条文规定的原则性与例外性、此条文与彼条文之间的整合性以及公平分配当事人之间的证明责任等因素。[1]

大陆法系属"规范出发型"诉讼,凡证明责任划分无不以法律规范为指南。由于法官依法律要件裁判,因而法官进而根据法律要件分类而分配证明责任,即根据隐含在法律规范条文及其相互结构之中的立法者的意思来分配证明责任。从路径上讲实施自上而下的方法,证明责任方提出要件事实并证明之,对方则可以抗辩或反证并提出证据。那么,案件中就会出现不同的证据信息,在均为真的前提下,法官通过权衡裁判,若双方势均力敌,那么法官则通过预先设定的证明责任分配规则作出一方胜诉、一方败诉的裁决。

与大陆法系的证明责任分配不同,英美法系呈现出以下几个特点。其一,"事实出发型"的证明责任分配。在英美诉讼中,控方提出可诉事实并提供证据,辩方则展开事实反驳与反证,一切围绕事实展

---

[1] 段文波:《要件事实的基础——民事裁判构造论》,重庆大学2007年博士论文,第68页。

开。在此基础上形成的证明路径是"从中心向外围扩散式"展开的。其二,证明责任并不会事先由立法规定,而是法官自由裁量的结果。英美法系事实证明标准较低,通常不会产生事实真伪不明的困局,因而,证明责任分配似乎并不是个太大的问题。因而,证明责任分配也不会由立法来规定。法官也不会立足于对法律规范的分析,而是直面特定案件特定事实争议,专注于特定案件中特定案件事实的争议。其三,证明责任分配更注重经验性。与大陆法系通过逻辑推演证明责任分配不同,英美法官在分配当事人的证明责任时可能根据证据持有、举证的难易或证明的可能性标准。上述特点也反映在学者们的理论当中。例如,拉尔特(Larter)认为分配证明责任应当坚持三P原则:政策、盖然性以及证据持有。克里瑞(Cleary)强调政策、公平以及盖然性的作用,并且任何单独一个因素都无法决定证明责任分配。魏格莫(Wigmore)不认同存在可以作为一般性标准的证明责任分配原则,而必须根据个案情况衡平政策与公平等要素。麦考密克(McCormick)则证明责任分配应当考虑请求变更现状的当事人自然应当负担证明责任、特殊政策上的考虑、便宜性、公平、裁判中盖然性的预测等因素。不仅如此,他还提出"有关争点的事实独为一当事人所熟知时",则该当事人应当就此负担证明责任。[①]

回到正当理由事实的证明责任问题上,上述理论能够提供有益的思考。依规范说,正当理由抗辩法律规范是证明责任分配的出处。在第一章中,笔者就总结了正当理由抗辩的规范形式,一种是"非P,则Q"形式,即没有"正当理由",则经营者行为构成滥用市场支配地位;另一种是"若P,则Q"形式,即若存在"正当理由",则经营者行为不构成滥用市场支配地位。二者区别不仅仅在于本身逻辑形式的

---

① 约翰·W. 斯特龙主编:《麦考密克论证据》,汤维建等译,中国政法大学出版社2004年版,第24页。

差异，还在于法条前后文的逻辑关系。在"非 P，则 Q"形式下，滥用市场支配地位行为表述是"单层结构"，即一个条文表述之；正当理由要件蕴含在滥用市场支配地位规制结构当中；但在"若 P，则 Q"形式下，滥用市场支配地位行为表述则是"双层结构"，"若 P，则 Q"相当于但书规定，在它之前尚有本文规定。在前一种规范形式下，"非 P"属于控方证明经营者行为违法的要件，按道理讲应当由控方负证明责任；而在后一种规范形式下，"若 P，则 Q"作为但书规定否定本文，自然应当由经营者负证明责任。规范说虽然操作简单，但法律条文只是变了个说法就可能导致证明责任的不同分配方案，这显然存在不合理之处。

仅从规范形式很难得出分配证明责任的确定依据，因此有必要更为深入研究滥用市场支配地位规制的要件实质，从中发现正当理由事实的要件地位。滥用市场支配地位规制历来就形成了似乎无可争议的构造：市场支配地位、行为、反竞争效果以及正当理由欠缺。但与其他部门法违法行为构成理论相比，还是显得不够抽象，缺乏逻辑性，比如犯罪行为构成要件理论。① 比如，我国在传统上将犯罪行为按照主体、主观方面、客体、客观方面进行要件认定。后来引进德、日刑法理论，将构成要件划分为该当性、违法性和有责性。国内学者张明楷在此基础上发展出"构成要件符合性、违法阻却事由、责任、责任阻却事由"四阶层理论。② 而笔者讨论的"正当理由"正是滥用市场支配地位"违法性"要件的组成部分，再进一步讲，它属于"违法阻却事由"，就好比"正当防卫"之于故意杀人罪一样。违法性本质可归结为法益侵害，但当"一些行为在符合作为违法类型的构成要件的同时，

---

① 这是因为滥用市场支配地位首先属于行政违法行为，只是因为法益损害的程度差异导致二者分野。实际上在美国，垄断行为也可入罪，这也证实了二者进行类比的可行性。

② 张明楷：《构建犯罪论体系的方法论》，《中外法学》2010 年第 1 期，第 45 页。

却保护了另一种法益（违法阻却事由），于是需要进行法益衡量"[1]。正当理由抗辩就是经营者认为其行为具有对抗指控侵害法益的另一种法益，因而谋求裁判者赋予其正当理由阻却违法的效力。

那么按照对正当理由事实的要件分类，控、辩何者担负证明责任？在这个问题上恐怕还是要对滥用市场支配地位与犯罪行为作一下类比。犯罪行为的违法阻却要件证明责任通常也要由控方负担。比如日本学者铃木茂嗣认为，（犯罪）阻却事由一旦争点化，也应理解为最终必须由检察官承担证明其不存在的举证责任。[2] 英国学者克罗斯（L. Cross）指出，"如果被告作了可信的辩解，陪审团则必须从总体上去考察证据，如果陪审团提出了任何合理的怀疑，那么……陪审团有义务假定被告是无辜的"[3]。国内学者如叶自强教授也认为，当被告提出"犯罪阻却事由"后，仍要由检察官方面承担此"阻却事由不存在"的说服责任和证明责任。[4] 而这一判断的法理在于无罪推定原则。任何人不得假定被告人有罪，当他提出违法阻却事由且又形成争点无法解决，那么这至少说明存在被告人无罪的合理怀疑。那么在无罪推定原则下，证明责任无疑落在控方身上，如果他不能排除行为的合法性将面临败诉风险。[5] 当执法机构在行政程序认定中，或者在司法程序中指控经营

---

[1] 张明楷：《违法阻却事由与犯罪构成体系》，《法学家》2010年第1期，第33页。

[2] 苏惠渔、西原春夫等：《中日刑事法若干问题——中日刑事法学讨论会论文集》，上海人民出版社1992年版，第96—97页。

[3] 鲁珀特·克罗斯等：《英国刑法导论》，赵秉志等译，中国人民大学出版社1991年版，第56页。

[4] 叶自强：《英美证明责任分层理论与我国证明责任概念》，《环球法律评论》2001年第3期，第348页。

[5] 当然，国内也有学者反对这一观点。比如，房保国教授认为："刑事诉讼中一般由控诉方承担证明责任，但对于量刑事实、非法证据排除、程序性事实、积极抗辩的事实和证明责任倒置的事实由辩护方证明。辩护方特定情形承担证明责任，体现了证明责任转移、倒置和推定的要求，没有违反无罪推定原则和不被强迫自证其罪规则。"张斌教授则认为，在"被告人客观证明责任"分析工具下，违法阻却证明既可能是权利，也可能是义务，也可能是二者的混合，应当由我国特有的犯罪构成要件理论和刑事诉讼结构来确定。参见张斌：《三论被告人承担客观证明责任——应用于刑事辩解和刑事推定的知识论阐释》，《证据科学》2009年第2期，第184页。

者滥用市场支配地位时,与认定或指控一项犯罪行为是一样的,它也应当坚持"无罪推定"。当经营者提出正当理由抗辩,并且正当理由事实使得案件出现争议,裁判者也无法判断经营者行为是否违法时,根据无罪推定原则,应当让执法机构承担司法程序中的败诉风险,或者在行政程序中不认定行为违法。

上文提到,英美法系并不存在事先预定的证明责任分配方案,而是在实际案件中依政策、公平、证据持有或证据远近、盖然性、经验以及便宜等标准来决断。对于正当理由抗辩问题,上述标准也并非完全适用。从客观角度讲,证据持有或者证据远近对于证明责任的分配最有价值,这是正当理由认定信息缺乏的现实所致。由于正当理由关系到滥用市场支配地位违法性判断,无论法院还是执法机构,从审慎角度讲都会考虑经营者是否存在正当理由。但现实情况是,正当理由信息一般仅存在于经营者手中,比如经营者的产权、契约、交易以及经营信息自然难以为外人所知。因此如何使正当理由信息"涌流"是裁判程序设计的重要目的。而证明责任分配显然属于符合该目的的重要制度工具。将正当理由事实证明责任分配给经营者,就会督促其提供高质量的正当理由信息,否则将面临败诉风险。因而,证明责任的压力机制使得经营者将手中的正当理由信息倾囊而出。当然,也不能仅凭此一点,就将证明责任分配给经营者。在有的学者看来,英美法系采取的是一种综合考量的"利益衡量论"。[①] 如何公正、有效地实现案件的程序控制,是英美司法程序的重要功能和目的,基于此,经营者负担正当理由事实证明责任也并非绝对。

从上述分析来看,对正当理由证明责任作出确定的分配方案似乎并不现实。但在具体案件或者特定情况下,证明责任的分配也并非不

---

① 段文波:《利益裁量与要件规制:美国民事证明责任理论与启示》,《南京社会科学》2009年第3期,第123页。

可行。在笔者看来，正当理由事实的证明责任分配应当处理好以下几个关系。

一是举证责任和说服责任。证明责任的分层理论已无须赘言，证明责任一般被划分为提出证据的责任和说服法官的责任。那么在一般情况下，举证责任毫无例外地应当由经营者承担。因为正当理由事实由经营者持有，或者距其较近，如果不由他提出这方面的证据，那么程序中恐怕很难存在正当理由认定环节了。因而这也是正当理由抗辩程序存在的意义所在。而说服责任恐怕就没那么简单了。至少在上述理论分析中存在不少争议。

二是控方承担证明责任与"没有正当理由"逻辑矛盾的处理。"没有正当理由"作为否定性事实如何由指控经营者违法的控方承担证明责任呢？因为否定性判断是全归纳，必须将概念范畴内所有要素全部否定才算完成判断。但是在理论上全部要素是无穷尽的，这就导致控方无法完成全部否定性事实的证明，因而让控方承担证明责任看似是一个荒谬的决定。但是事实上，为之附加两个先决条件，荒谬的逻辑就会合理。一方面，在举证责任由经营者承担的前提下，只有经营者提出了证据试图证明其行为具备正当理由，控方才会去对经营者抗辩实施"再抗辩"。这时控方证明经营者"没有正当理由"就会有的放矢，他只需要证明经营者提出的正当理由不成立即可。另一方面，经营者不提供正当理由证据，则控方推定经营者没有正当理由。在这里还是回到了第一对关系，即实施"推定经营者没有正当理由"在于千方百计地督促经营者实施抗辩。假如在这种情况下，经营者还不提出正当理由抗辩，制度只能认定其不存在正当理由。因而，在实践中，即便经营者行为正当理由不充分，现实的做法也是应当提出。这样就有可能使案件事实陷入争点，在争点存疑的情况下根据无罪推定原则，经营者行为极可能被视为"不违法"。

三是滥用市场支配地位作为行政违法行为与民事侵权行为的区别。

前者的语境是执法机构的执法程序和执法机构作为控方的司法程序；后者的语境则是私人主体作为控方的司法程序。那么两种语境下的证明责任分配是否会存在差别？笔者认为是肯定的。首先，当事人地位具有差异。执法机构作为控方，其地位明显强于经营者；但是私人主体作为控方，其地位与经营者相比却又大大不及。因而根据证明责任分配的公平原则，似乎应当对私人主体有所倾斜。其次，侵权行为构成要件中似乎并无"正当理由抗辩"的位置。根据我国通说，侵权行为构成需要具备损害事实、致害行为、因果关系和过错。前三者肯定与正当理由无关，而最有可能的是"过错"，那么控方需证明经营者有过错即"无正当理由"。但事实上通过第四章的分析，正当理由事实绝非过错这样的主观要件，而是权利、效果以及客观必要性等客观事实。再次，法益归属与衡平。滥用市场支配地位的违法性认定需要衡平经营者破坏的法益和保护的法益，而这两类法益的证明都需要执法机构承担。但是对于私人诉讼的原告，它只需要证明经营者破坏的法益（即自身损害）即可，经营者保护的法益要么与原告无关，要么与原告受到破坏的法益相悖，因而它不可能由原告证明。

## 三、证明标准

证明标准实在是一个重要却又复杂的范畴。它是指司法证明所必须达到的程度和水平，同时也是衡量司法证明结果的准则。[1] 通俗地讲，就是负担证明责任者的证明达到何种程度才能够使法官实现自由心证。我国证据规则强调证明必须坚持"客观真实"标准，即实现"事实清楚，证据确实充分"。客观真实标准强调证明必须向客观真实无限接

---

[1] 何家弘：《论司法证明的目的和标准——兼论司法证明的基本概念和范畴》，《法学研究》2001年第6期，第44页。

近，但事实上这一要求过高，司法实践中证明的目的不过是实现法律真实而已。大陆法系和英美法系基本上都采用"盖然性"标准。所谓盖然性指的是证明接近事实的可能性，盖然性越高，就能使法官越确信，直至高度盖然性使法官高度确信。比如，1885年德国帝国法院指出："由于人们的认识方法受到若干限制，无法就要件事实获得确实真实的认识。因此，若以彻底的良心尽其所能利用实际生活中现有的认识方法已获得高度盖然性时，即视为真实。"[1] 在刑事诉讼中，高度盖然性与排除合理怀疑含义一致。另外，人们还认识到，不同于刑事诉讼，民事诉讼解决的纠纷属私权性质，纠纷解决与当事人的意志密切相关。[2] 如果在民事诉讼中设置像刑事诉讼那样严格的证明将导致当事人权利难以实现。[3] 因而，民事诉讼通常采用"盖然性占优"或者"优势证据"标准。美国模范证据起草委员会主席摩根（Edmund M. Morgan）教授认为："凡于特定之存在有说服负担之当事人，必须以证据之优势确立其存在。法官通常解释说所谓证据之优势与证人之多寡或证据的数量无关，证据之优势乃在使人信服的力量。有时并建议陪审团，其心如秤，以双方当事人之证据置于其左右之秤盘，并从而权衡何者有较大的重量。"[4]

但无论哪个标准，存在的不可避免的问题就在于其操作性差，张卫平教授甚至认为证明标准的建构是不可实现的"乌托邦"。[5] 何家弘教授则认为，证明标准固然抽象，但可分层次，并将可操作层次的证明标准归结于单种证据和全案证据的采信标准。[6] 笔者无意评价学术大

---

[1] 张卫平：《证明标准建构的乌托邦》，《法学研究》2003年第4期，第63页。
[2] 罗玉珍等主编：《民事证明制度与理论》，法律出版社2002年版，第624页。
[3] 张卫平：《证明标准建构的乌托邦》，《法学研究》2003年第4期，第63页。
[4] 摩根：《证据法之基本问题》，李学灯译，台湾教育出版社1982年版，第48页。
[5] 张卫平：《证明标准建构的乌托邦》，《法学研究》2003年第4期，第60页。
[6] 何家弘：《司法证明标准与乌托邦——答刘金友兼与张卫平、王敏远商榷》，《法学研究》2004年第6期，第104页。

家们的"笔墨官司",但从其辩论中,可隐约感知证据性质本身对于证明标准的影响。实际上,影响因素还不止这些,李浩教授就认为,证明标准的确定受诉讼证明的特殊性、案件的性质、事实的重要程度、证明的困难程度、保障行使诉权、防止滥诉以及诉讼效率等因素的影响。① 综合来看,学者们的讨论为笔者分析正当理由事实的证明标准提供了有益思路。

第一,证明标准与滥用市场支配地位案件性质。滥用市场支配地位一般涉嫌行政违法或者民事侵权,在特定情况下构成犯罪。那么,在不同案件中的正当理由事实证明标准也存在差异。在构成犯罪的情况下,一般要坚持"高度盖然性"标准,裁判者必须排除对经营者行为存在正当性的一切合理怀疑。而在侵权案件中,适用比刑事案件更低的"优势证据"标准是各国普遍做法。这一做法在王利明教授看来是因为:其一,民事诉讼中利益的私有属性使得当事人必须提供充分的证据证明自己的主张,如果证据不充分,法官只能采纳优势证据;其二,对于已经发生的案件事实,证据不充分也在所难免;其三,如果为实现绝对的案件真实,那么将面临高昂的成本。② 那么对于行政案件,正当理由事实证明应当坚持何种标准呢?在行政执法程序中,一般认为也应当采用与刑事案件一样的高度盖然性标准。这是因为执法机构的调查、取证等手段为证据充分、完整提供了保证。更为重要的是,经营者相对执法机构缺乏对抗能力,行政裁决能够使经营者面临巨大经济、资格等风险,虽然这比不上刑事处罚。因此出于保障相对人权利的考虑,应当设置较高的证明标准,并排除合理怀疑。③ 行政诉讼则又与行政执法程序中的证明标准不同。普遍来说,行政诉讼中的

---

① 李浩:《证明标准新探》,《中国法学》2002年第4期,第129页。
② 王利明:《审判方式改革中的民事证据立法问题探讨》,《中国法学》2000年第4期,第112页。
③ 徐继敏:《试论行政处罚证据制度》,《中国法学》2003年第2期,第34页。

证明标准高于优势证据标准但却低于高度盖然性标准。

第二，证明标准与正当理由事实证据特点。笔者在前文曾提到，正当理由事实很多情况下都是通过经济分析意见等专家证据证明，但经济分析意见呈现以下三个特点。一是经济分析意见的"软科学"性。不能否认，经济分析意见建立在经济学科学理论之上，其科学性应当予以承认。但是它毕竟不能与物理、化学、生物学之类的"硬科学"证据相比。比如一份 DNA 鉴定可以实现近乎百分之百的准确性，但经济分析意见却很难有这样的效果。二是经济分析意见理论基础的争议性。经济分析意见建立在经济学理论上，并且很多理论也是学界通说。但是不能否认，对待同一种行为，不同的经济学理论可以作出不同的解读。比如对于掠夺性定价，芝加哥学派的普遍观点认为，掠夺性定价"既不现实也不可能"；而后芝加哥学派科瑞普斯和威尔逊则通过博弈论工具说明企业声誉的作用，初步建立声誉掠夺模型，对在位者而言，掠夺的当期成本能够维持或提高自身"强硬"声誉，从而阻止竞争者的市场进入。那么，如果根据上述不同理论进行经济分析，这就导致经济分析意见或然性增大。三是经济分析意见定量分析较多，而定性分析较少。经济分析意见广泛运用实证分析方法并吸收大量实证资料。经济专家通过访谈、调查、问卷、量表、抽样、测量、实验以及统计等方法收集、甄别数据，然后通过经济分析方法，得出相应的结论。但是，这种结论通常也是定量的，表达的通常是行为在多大"程度"上违法。因而基于上述特点，法官不可能对经济分析意见实施过高的证明标准，否则，它作为证据很难发挥证明作用。

第三，证明标准与诉讼政策。诉讼政策直接影响证据制度的设置，或者说二者是目的与工具的关系。[1] 证明标准的设置也与诉讼政策密不

---

[1] 再进一步讲，诉讼政策作为程序政策可能也会受到来自反垄断实体政策的影响。比如，反垄断政策比较严格时，就倾向于实施对经营者不利的政策。而体现在证明标准上，就会产生相应的表现。

可分。这里所指的诉讼政策包括保护诉权与防止滥诉。如果证明标准过高，将影响当事人诉权的行使；相反则以虚假的事实主张起诉的案件大量增加，进而导致讼灾。[1] 所以，法官在裁判时需要考虑这些政策。具体到正当理由事实的证明标准，笔者以为，也应当考虑诉讼政策。如果证明标准过低，经营者举证的正当理由事实就可能面临较大的虚假风险；如果证明标准过高，这就导致经营者举证的正当理由事实则很难被证实，那么正当理由抗辩制度保护经营者权利的初衷也将化为泡影。所以，证明标准的合理设置必然要与诉讼政策同步。

---

[1] 汉斯·普维庭：《现代证明责任问题》，吴越译，法律出版社 2000 年版，第 117 页。

# 第六章 滥用市场支配地位规制中的正当理由抗辩法律后果

法律后果乃规范发生作用的必然结果。法律规则能否实现其预设目标，需要法律后果的检验。而出现预期之外的后果，无论良莠，都需要对规则本身的设计目的、实施程序等进行检视。那么作为本书的研究对象，正当理由抗辩能否实现规则目的或者能够呈现何种法律后果，需要对该规则作进一步验证。同时从研究层面，法律后果的追问也能使笔者反思正当理由抗辩规则，并对其加深认识。

## 第一节 正当理由抗辩与滥用市场支配地位规制决策

决策的是否实施以及实施效果如何，较为科学的评价来源于经济分析。通过成本与收益分析，决策的必要性、可行性一目了然。显性的执法成本或者管理成本通常能被规制部门考虑，但是隐性的规制错误成本却容易被忽视。错误成本的存在将导致规制低效、无效乃至负效。因而基于规制决策优化的目标，应当在政策实施时考虑错误成本问题。而正当理由抗辩规则对治错误成本能够产生良好的效果。

## 一、规制决策的错误成本

### (一) 两类错误及成本

根据笔者对文献的梳理,伊斯特布鲁克法官较早地谈到了错误成本问题。[①] 他在《反垄断法的局限》一文中提到,法律制度设计应当降低三类成本:(1) 反竞争的行为逃脱了谴责、制裁;(2) 竞争行为受到其谴责和阻止;(3) 制度本身(的成本)。[②] 其中成本(3) 容易理解,而前两种错误常被人们忽视。同期,古德 (I. J. Good) 和塔洛克 (Gorden Tullock) 教授将第一类错误成本称为"假阴性"(false negative),将第二类错误成本称为假阳性(false positive)。[③] 错误成本发生在以下两种情境下:一是错误地认定行为无罪,导致有罪行为被放过;二是错误地认定行为有罪,导致无辜行为被定罪。评论者将这两类错误以统计学的方式表达为错误Ⅰ和错误Ⅱ。[④] 这两类错误经常发生在规制政策的实施过程中,其影响不可小觑。错误Ⅰ能够弱化法律标准的作用,伴随错误认定行为无罪的情况增加,潜在的违法者将更加倾向于不遵守法律规范。由此,法律的惩罚与补偿功能大大降低,大量的权利得不到救济。错误Ⅱ则过度提高了法律标准的影响,伴随错误认定行为有罪的情况增加,无辜的行为人将更加谨小慎微,甚至

---

[①] 当然波斯纳法官早在 1973 年《法律程序和司法管理的经济分析》一文中就曾提到"错误成本"(error costs) 和"直接成本"(direct costs) 两类成本。其中,错误成本是指"司法制度无法正确进行社会分配和担负其他社会功能所造成的社会成本"。但波斯纳法官并未明确地提出"两类错误成本",即错误Ⅰ和错误Ⅱ。波斯纳提出的错误成本相当于伊斯特布鲁克提出的错误 (1) 和 (2),波斯纳提出的直接成本相当于伊斯特布鲁克提出的错误 (3)。参见 Richard A. Posner, "An Economic Approach to Legal Procedure and Judicial Administration", *The Journal of Legal Studies* 2, 1973。

[②] Frank H. Easterbrook, "The Limits of Antitrust", *Texas Law Review* 63, 1984.

[③] I. J. Good, Gordon Tullock, "Judicial Errors and a Proposal for Reform", *The Journal of Legal Studies* 13, 1984.

[④] A. Mitchell Polinsky, Steven Shavell, "Legal Error, Litigation, and the Incentive to Obey the Law", *Journal of Law, Economics, and Organization* 5, 1989.

改变自己行为以避免被认定有罪。如此，市场行为可能会受到过度钳制而失去效率。简而言之，错误宣判无罪导致了"威慑不足"及其相关成本，而错误宣告有罪导致"威慑过度"及其相关成本。[①]

错误成本分析的意义在于"提供了一个基本的思考制度优化的路径"，即最优的反垄断规则是能够"最小化"预期的假阳性、假阴性社会成本的规则。[②] 回到滥用市场支配地位规制的情境，如果规制部门采取宽松的法律标准，那么他倾向于认可经营者的正当理由抗辩，而可能出现的结果就是经营者具有危害性的行为被放过；如果规制部门采取严格的法律标准，那么他倾向于忽视经营者的正当理由抗辩，而可能出现的结果就是经营者正常的市场行为被认定为滥用市场支配地位。由此可见，对于正当理由抗辩规则的采纳或放弃，抑或采纳的程度都会影响规制部门的出错率。而出于降低错误概率的目的，正当理由抗辩规则必须发挥其降低两类错误成本的功能。而正当理由抗辩作为优化决策的工具，能否实现其目标，就在于其功能与错误成本发生机理能否产生共鸣。

### （二）错误成本成因

错误成本与法律标准的选择一直是研究中被广泛讨论的一对关系。这就产生了显见的误区，即错误成本乃法律标准变化所致，而错误成本结果反馈修正法律标准。这无疑陷入因果循环，这样的思考并不会产生新的知识。笔者认为，二者发生关系的机理在于中间环节的实质内容，即错误成本发生的原因何在，法律规则是否具备克服这些因素的功能。而法律规则的优化或选择就在于找出这些功能，并对治规制错误，降低规制成本。

---

[①] 基斯·N. 希尔顿：《反垄断法：经济学原理和普通法演进》，赵玲译，北京大学出版社2009年版，第105页。

[②] 李剑：《中国反垄断法实施中的体系冲突与化解》，《中国法学》2014年第6期，第143页。

### 1. 信息质量

完美的决策源于完全的信息。因此，为了获得完全信息，不少反垄断执法者认为，他们不关注证据如何产生，也不关心谁来制造或提供证据，他们只关注证据本身。[1]但信息完全却不完全是个客观问题，人们在尝试认识事物的过程中，通常将事物的价值与人们的主观需要结合起来。那么在一定程度上实现了客观价值与主观目的的匹配，人们就认定获得了完全的信息，而不论其是否"浅尝辄止"。通常规制部门在作出决定时的一个假设就是信息充分的，并且在此基础上作出的决定就是正确的。[2]但话说回来，信息所导致的结果却并不由人的意志决定，它完完全全是个客观结果，只不过人们是否认识到它。因而，错误成本实际上就是这样产生的。一方面，规制部门追求完全信息，不惜动用一切手段获得尽可能获得的信息；这就"逼迫"相对人不得不尽己所能"和盘托出"或者"屈打成招"。因而，规制部门自认为获得了完全信息，但不成想，这些信息可能是虚假的。另一方面，规制部门以相应规制目标为指南，完成目标即为获得信息的目标，这种情况下，完全信息只是规制部门主观标准下的客观情况。因而此时，"完全信息"可能并未达到认识事物本质的充分程度。在大部分情况下，信息质量就是在完全不充分和完全充分之间摇摆。因而规制部门据此作出的决定很可能是错误的，起码在客观上存在瑕疵。

信息质量的摇摆应当说受到了法律标准的影响。程序设计、证明责任与标准对此影响较大。如果存在经营者信息提供激励程序，那么经营者提供的大量信息能够弥补规制部门自己调查取证的不足。如果信息拥有者没有负担证明责任，恐怕规制程序中的信息量也不会充足。

---

[1] Michael J. Mandel, "Going for the Gold: Economists as Expert Witnesses", *Journal of Economic Perspectives* 13, 1999.

[2] Robert Cooter, Thomas Ulen, *Law & Economics*, New Jersey: Pearson Education, Inc., 2008, p.391.

同时，证明标准过高，会对信息进入规制程序产生阻碍；相反，证明标准过低，则又会导致大量无效信息涌入程序。因而，法律标准制约信息的供给与质量，信息质量又影响错误成本的高低。因而，合理的规制决策应当在于激励程序的信息供给和提高信息质量。

2. 权力滥用

笔者试图以精准的词语概括即将表达的观点，但是似乎总是词不达意。简而言之，规制部门决策除了受制于客观的信息质量，有时，错误成本的发生还源于人为的原因，比如，寻租、权力专断、程序不公开、不公正等。这些词语统统表达的是权力未能正当使用的意思。所以笔者只能以一个内涵更模糊的"权力滥用"来表达错误成本发生的另一个原因。

法学语境下的寻租通常意义上被大家称为"权力租"，即权力相对人通过贿赂、政治影响等方式要求规制部门过度或者放弃权力行使，干扰权力的正当运行。任何一方当事人都存在寻租的可能。垄断者可能通过贿赂、利益输送等方式影响决策者实施宽松的政策，使有害的垄断行为继续为害。消费者群体、各种行业公会、中小企业者联合组织等，倾向于打破市场中的"垄断"。他们扛"民主"之大旗，参政议政，影响规制决策。寻租的结果则必然是要么惩罚了无辜行为，要么放过了违法行为，导致高昂的错误成本。寻租的存在严重破坏权力正当性。反垄断法制也应当公正程序、公开规则斩除寻租行为。权力滥用还存在着另外一种情况，即权力过于专断、自负，规制部门始终相信他们自己是对的。这种情况的存在源于政治结构单一、法律规则片面以及规制程序单调。规制部门有决策无监督，法律规则有义务无权利，规制程序有主张无抗辩，归根结底显示出权力的任性与过程的不民主。因而，规制决策的实施很难保证不出错，正常来讲，其出错率极高。这就像计划经济一样，其所产生的结果无疑就是低效。

### (三)两类错误与市场立场

错误 I 和错误 II 虽然都能导致成本产生,但二者并非处于同一层面,其最终危害也并非完全相同。早在近代英格兰就有"宁可让十个有罪的人逃脱,也不愿让一个无辜的人受罚"的法律思想。[1] 而刑法的"排除合理怀疑""无罪推定"等规则就是对这一思想的回应。这是因为错判一个坏人,这个坏人仍会面临"道德审判"以及"上帝审判",并且"最终的正义"仍将惩罚他;但是错判一个好人,恐怕就没有什么可供救济的了。这些思想都暗示错误 II 比错误 I 更严重。

在反垄断法中,错误 II 的影响深远,它会导致正常的市场行为被禁止,而且禁止的可能性之大足以绝灭大部分市场行为。伊斯特布鲁克法官指出,假设每个法庭犯错误 II 的概率为 10%,如果有 10 件案件进入法庭程序,那么至少有一个案件犯错误 II 的概率就高达 65%(1 - $0.9^{10} \approx 65\%$)。由于任何一个联邦法官可向全国颁布禁令,那么一次错误 II 就可以使经营者受到指控的行为绝迹。同样,每件案件错误 II 概率为 5%,10 件案件中至少一件犯错的概率也高达 40%。伊斯特布鲁克法官呼吁,出错率不降至 1% 以下,他就不会缓解对犯错误 II 的忧虑。[2] 而实际错误率远远高于此。1983 年,上诉法院推翻的民事反垄断案件高达 17.3%,而且这是在充分排除了法官和陪审团对事实的可疑、错误认定情况下。如果连单纯的法律问题犯错率都高达 17%,那么,法庭所不熟悉的复杂问题的经济学错误得多么普遍。

总的来看,允许错误 I 比允许错误 II 更可取。这是因为即使放过了有害的市场行为,但是市场力量也很容易纠正这些行为,市场虽然滞后,但不失为公正的"裁判官"。另外,除此之外还有以下几点理

---

[1] William Blackstone, *Commentaries on the Laws of England (1765-1769)*, Chicago: University of Chicago Press, 1979, p.358.

[2] Frank H. Easterbrook, "When Does Competition Improve Regulation?" *Emory Law Journal* 52, 2003.

由。[1]其一，规制部门对大部分市场行为并不了解，而这些行为可能都是有益的，而原谅一个我们所不熟知的特定行为不可能产生什么危害。诚然，经济学理论世界充满了"存在性定理"的证据，即一般被认为有益的行为也可能存在不良后果，但是世界不是靠存在性定理过日子的。发现有益行为不良后果的成本很高，阻止有益行为本身成本也很高。当一类行为中的大多数都是竞争性的情况下，我们的法律规则就应当防止为了"捉住"少部分反竞争行为而使大部分竞争行为也陷入法律"牢笼"。其二，市场经济纠正垄断行为比纠正规制错误更为容易。规制部门的错误并没有自动的方式能够纠正，一项被定罪的行为即便它存在益处也很可能始终被定罪。但垄断行为即便被原谅最终也会屈服于市场竞争，尽管是垄断高价吸引了竞争。其三，很多情况下，垄断行为被放过的成本很小，但竞争行为被定罪的成本却极大。竞争行为能够降低产出成本、增进效率，但垄断行为只有导致产出减少的程度才会带来损失。在供求弹性的一般假设下，即使一个小的生产效率获得也会抵消大幅提价以及由此带来的产出降低成本。在其他条件相同情况下，我们更应当容忍错误 I 而不是错误 II。因为错误 I 下的垄断行为仅在部分程度（情况或者范围）上降低了产出，而错误 II 下的竞争行为却因为受到禁止而不得不丧失全部产出，真可谓"一叶障目，不见森林"。

从上述理论我们可以看出清晰的市场立场，即相信市场在激励竞争和克服垄断方面的力量。笔者不提倡绝对自由主义抨击反垄断法、消灭反垄断法的主张，也反对规制能够解决一切问题的观点。在规制产生错误成本的情况下，这一问题反而完成了克服"市场失灵"到克服"规制失灵"的转变。因而，市场力量不得不信服并用之解决错误成本。这时，市场作为影响规制决策的外生变量，甚至决定了规制政

---

[1] Frank H. Easterbrook, "The Limits of Antitrust", *Texas Law Review* 63, 1984.

策的选择与优化。市场立场下，法律规则显然应当以效率为价值，经营者行为应当能够降低成本、增进福利。法律规则必须统筹考虑经营者行为效果，并从动态视角预测它能否在市场中自行纠正。

## 二、正当理由抗辩克服错误成本的立场与机理

### （一）正当理由抗辩的市场立场

经营者作为规制对象，其立场自然建立在市场基础上，坚持自由主义。但正当理由抗辩作为一条法律规则，体现了规制者对规制对象的理性认识与客观态度。而究其本质，属于对市场立场的承认、尊重与运用。这一过程体现了经营者立足市场、呼吁自由并以权利为主张，而后规制部门以法律规则的形式对经营者的市场立场和自由权利予以确认。因而，市场立场成为规制部门与经营者博弈、商谈解决这一问题的共识。

一方面，市场立场表达自治、自由与自发的意义。所谓自治，就是市场主体自主经营、自我管理，防止规制部门对经营活动过度干预。自治意味着市场有其内在的发生规律，凡在竞争机制作用下，市场总能有效发生符合价值规律的行为与效果。所谓自由，意指经营者行为不受市场之外力量的影响。市场本身为经营者提供了信号机制比如价格，也为经营者提供了作用机制比如竞争，同时也为经营者提供了激励机制比如利润。那么，在此基础上如何设计、实施经营，恐怕都由经营者说了算。而市场自由在法律上就体现为权利，权利构成保护经营者市场自由的外衣。而所谓自发则是指市场的自我纠偏能力。经营者行为难免会存在非均衡状态，那么在市场的信号机制、作用机制以及激励机制下，纠偏必然发生。

另一方面，市场立场并不反对法律规制，相反法律规制应当作为

市场内部要素参与到市场运行当中。① 因而在滥用市场支配地位规制中，我们就看到了市场立场。规制部门不能假设经营者行为是违法的，经营者能够提出行为具备正当性的抗辩。而规制部门与经营者的争议通过正当理由抗辩规则予以解决，而正当理由抗辩规则天然地具备市场立场。市场立场也要与干预立场结合起来讨论。在两类错误当中，错误Ⅱ显然比错误Ⅰ更严重。经营者涉嫌滥用市场支配地位被错误地认定合法比被错误地认定有罪能够产生更大的节约。两害相较取其轻，如果没有正当理由抗辩规则，经营者行为很可能被错误地认定有罪。因而为了降低错误Ⅰ，实施正当理由抗辩规则后即便存在错误Ⅱ的可能也是值得的。那么为何正当理由抗辩规则能够降低错误Ⅰ？这主要源于以下机理。

### （二）正当理由抗辩激励信息产出

信息不充分、不对称会造成规制决策失误，进而产生错误成本。而就信息提供而言，作为被告的经营者具有天然的优势和动机。而正当理由抗辩恰是激励经营者产出信息，弥补规制信息不足的法律规则。首先，正当理由事实较为隐蔽，而且基本为经营者所占有，如经营者不提供，消费者、竞争者和规制部门很难获知。那么正当理由信息如何进入规制程序呢？正当理由抗辩程序一方面给经营者提供动力，因为经营者可获得"豁免"；另一方面，正当理由抗辩也给经营者带来压力，即便证明责任不一定由自己负担，但面临败诉风险，经营者还是会努力提供一切有利于己的信息。正如波斯纳在《法律的经济分析》中所言，被告任何情况下都会竭力提供更多的证据对此无责任作出证明。②

---

① 我们可以说，市场外生于法律规制。但法律规制不能外生于市场，它必须作为市场的内部要素发挥作用。
② 理查德·波斯纳：《法律的经济分析》，蒋兆康译，法律出版社2012年版。

其次，正当理由事实较为复杂，单凭任何一面之词都不可能提高信息质量。因而，法律规则不仅要激励信息提供，还应当具备验证信息真伪的功能。正当理由抗辩就属于这一类规则。因为它不仅是实体规则，而且还是程序规则。简而言之，经营者通过抗辩的方式提出正当理由信息，在诉讼程序中，对方则需要反驳、辩论、交叉质证。这一过程由正当理由抗辩引出，最终实现辨明真伪的效果。

最后，正当理由抗辩激励信息产出的工具包括证明责任和证明标准。笔者曾在前文提到这两大工具的理论纷争。当然大部分争议都源于各国司法、诉讼等制度环境差异，但也存在一些共识。比如，正当理由事实的举证责任无一例外应当由经营者负担。说服责任虽然不一定由经营者负担，但是基于被告的被动地位，实际上不论经营者是否负担说服责任，他都会尽己所能提供信息。对于经营者提供的证据，在某些制度环境下，控方若不能推翻则应当承担证明责任不利后果。相反，如果经营者不提供证据，控方是无法提供证明经营者合法的证据的。[①] 当然还有证明标准。它对错误成本的产生影响较大，所以从降低错误 II 的角度讲，应当结合证明责任采取合适的证明标准。

### （三）正当理由抗辩制约权力滥用

第一，正当理由抗辩使规制由偏私到公正。规制权力受到寻租、利益干扰与输送的影响，难言公正。而正当理由抗辩为不公平的规制天平增加了平衡的砝码。在行政程序中，正当理由抗辩意味着经营者对规制行为的异议。而再偏私的规制部门也应当保障经营者的程序权利，比如陈述意见的机会、听证、复议等。在此基础上经营者获得为自己辩护的机会。在司法程序中，诉讼为经营者正当理由抗辩提供了

---

① 前文也曾述及，在此再强调一下，也就是说，一个人不可能就自己不知道的信息提供证据并证明。

机会。因而，经营者可以通过诉讼结构、诉讼层级以及司法审查等程序抗辩控方主张，制约规制部门权力的单边运行。

第二，正当理由抗辩使规制由专断到民主。专断的规制程序意味着规制部门从规制权力出发制裁垄断行为，规制过程缺乏沟通、协商与民主色彩，错误成本的发生也就不可避免。而正当理由抗辩意味着为规制部门和经营者达成共识提供了一个辩论平台。在这一程序中，经营者提出自己的利益诉求与主张，虽然不一定获得认可，但是足以为规制部门决策提供必要的信息。民主的程序虽然使规制过程成本更高一些，但它足以消除决策专断带来的错误成本，进而带来规制总成本的节约。

第三，正当理由抗辩使规制更为专业、科学。正当理由抗辩的载体表现为各种类型的证据，包括经济分析意见。经营者意在通过详细的说理，反复阐明其行为的合理性。从证据可采性来讲，规制部门必须具备更专业的能力才能识别这些行为正当理由。因而，规制部门的权力行使更为审慎和科学。

### 三、规制决策的改进

错误成本分析框架下的规制决策改进相当于由果溯因，因而，滥用市场支配地位规制必然要考虑错误成本的影响。而正当理由抗辩作为联系规制决策与错误成本的法律规则，其纽带作用无疑有助于规制决策有效避免错误成本。对于垄断行为规制决策错误成本的降低（尤其是错误Ⅱ），伊斯特布鲁克提出了"五步筛选法"（five filters）[1]。

第一个筛子是市场力量，即经营者行为违法或有责的前提很大程度依赖市场力量。由于市场力量并非本书正当理由抗辩的内容，笔者

---

[1] Frank H. Easterbrook, "The Limits of Antitrust", *Texas Law Review* 63, 1984.

在此不再赘述。

第二个筛子指的是"竞争减少与经营者获利的关系"。伊斯特布鲁克强调，经营者获利并不一定是竞争减少的结果。相反，反垄断政策应当坚定这一前提，经营者在市场的竞争能力推动其获利。如果规制部门能够分清竞争和反竞争条件下的利润，那么它必然依赖完美的信息。如果我们能够完全确定某个行为是有害的并且应当被扼杀，那么，再高的惩罚、再快的报应都是值得的。但事实上，规制部门并没有完美信息，规制过程既慢又贵。因而，规制者必须树立这样一个信念，即市场比规制更可靠。因而通过市场过程而不是规制过程处理降低竞争但未获利的行为，方为明智之举。如果行为反竞争但于私人有利，那就让它随时间去吧，市场能够消除它。如果这一行为是持续的，那么其行为于竞争必然有利。但这种好处我们尚未认清，这种情况下绝不能实施规制。

第三个筛子指的是"相同行为的广泛采用"。也就是说应该留意，被视为"垄断"的行为是否在市场上普遍采用。如果一种生产和销售方式被市场普遍采用，它要么是深受消费者欢迎，要么就是消费者别无选择。相反，如果还存在着其他经营方式，消费者有选择权，就不能指责某种经营方式是垄断的。一些经营者可能实施捆绑；一些则没有捆绑，一些人限制交易，其他人则没有。很难对反垄断历史上通过筛选的行为进行登记造册。在其他卖家使用其他销售方式的情况下，无论如何都不能把经营者实施的限制转售、独家交易、搭售等经营方式视为垄断。不同产品以及不同销售方式的存在说明竞争正在发挥作用。

第四个筛子指的是"产出和存在的影响"。如果一项行为是反竞争的，那么其产出和市场份额都应当是下降的。这是一个简单的需求原理。如果在给定质量下提高产品价格，那么其产出必然减少；反之，价格不变，提高产品质量，那么产出将会增加。因而"产出"是个典型标准，判断经营者行为是否有意，应当关注其产出是否增加，起码没有减少，这才是有效率的。而如果经营者降低产出而市场份额不变，那么说明存在市场壁垒。因而，规制者的目光应当集中于市场壁垒的高低，于是回过头来看经营者市场份额持续的时间。而从理论上讲，市场壁垒不可能永远存在，在一个较长时间内（比如 5 年内）市场壁垒必然被市场本身所打破，这就是竞争的作用。相反，如果一个行为超过 5 年仍然坚挺"存在"着，或许说明它是有效率的，证明它已经被市场接受。

第五个筛子是"原告身份"。因为反垄断诉讼本身对被告而言是一种成本，因而原告乐于以此增加被告的成本，但原告真的是竞争中的受害者吗？有时是这样，有时却未必。事实上，反垄断法像其他调整方案一样，有时可能会充当使竞争者获得庇护的工具。原因在于，反垄断损害成本高昂，如果能将这笔成本附加在被告头上，那么竞争者无疑将从中获利。因而，好的规制政策还应当审查原告是否合格，防止反垄断规制程序成为竞争者斗争的工具。

## 第二节　正当理由抗辩与滥用市场支配地位构成

正当理由抗辩属于滥用市场支配地位构成所必不可少的一部分。这一命题在前文已论述清楚，在理论和实践方面也无异议。现在的问题是，滥用市场支配地位构成要素间逻辑关系如何？彼此是否存在相互制约与矛盾？比如，在反垄断法中，应该无人反对将市场支配地位认定作为滥用市场支配地位的首要步骤。这就表明，无论在思维逻辑还是实践逻辑中，市场支配地位都是滥用市场支配地位规制的逻辑起点。同时，市场支配地位也存在"程度"的区别，有所谓独占垄断、寡头垄断、优势地位垄断等情况。那么不同的市场支配地位认定是否会对之后的构成要素判断产生影响？那么，其他构成要素呢，它们在逻辑上应当如何排列？作为逻辑中、后段的构成要素，它是否会对逻辑前段的构成要素产生影响？因此，这就是本节笔者所要解决的问题。正当理由抗辩虽说仅是滥用市场支配地位构成要素之一，但其认定也会对其他构成要素产生影响。

## 一、正当理由抗辩的逻辑地位

正当理由抗辩的逻辑地位必然依赖于滥用市场支配地位构成，而在解析滥用市场支配地位构成这一问题上，不少学者提出了自己的见解。霍温坎普教授提出一个确认反竞争行为的尝试性的"路线图"。[①]一是行为是否减产或者提价。如果答案是否定的，那么可证实行为是合法的。二是行为是"赤裸裸的"，还是附属于其他可能产生效率或者对消费者有其他好处的企业联营或协议。如果经营者行为在短期内减产提价，那么它就是赤裸裸的；而如果该行为乃附属性的，那么应当进行下一步。三是考虑经营者的市场力量。市场结构、竞争状况、进入壁垒等情况应当在这一步予以考虑。如果经营者不可能拥有、利用市场力量，那么它应当是合法的；而如果有可能利用市场力量影响竞争，那么应当进入下一步。四是行为对经营者而言，是否降低了成本、提高了产品或服务质量、产生重大效率。上述效果如果并未产生，那么行为是违法的；如果产生了上述效果，那么应当进入下一步。五是该行为是否必不可少。也就是说，是否存在可合理获得的其他方法，能够达到相同效果，但是对竞争危害要小。如是，那么行为违法；如果行为必不可少，那么就进入下一步。六是权衡。这时产生了不同法益的冲突，该行为既是反竞争的，但同时也能产生重大效率。

---

[①] 赫伯特·霍温坎普：《联邦反托拉斯政策：竞争法律及其实践》，许光耀等译，法律出版社2009年版，第283页。

上述路线图逻辑清晰,应当说能够完整地概括垄断行为认定的思路和方法。这一过程是一个决策体系,而并非纯粹的顺序流程。例如在贝克纳（Beckner）和萨洛普（Salop）看来,规制决定的过程就是一个信息发掘机制,在不同的决策阶段,获取的信息要求不同,因而根据信息获取的要求可以对规制过程作出一定安排。他们将决策过程分为七个阶段,分别是初步鉴定、案件争点化、重新定性、重新争点化、首要问题排序以及完美信息收集、次要问题排序及完美信息收集、对所有问题的决定。[①] 在一些案件中,可能也存在其他排列顺序,使得规制节约成本且更为有效。比如在"加利福尼亚牙医"[②]案中,联邦最高法院大法官布莱耶提出了这样一个分析步骤：一是发生争议的具体限制行为；二是行为反竞争效果；三是行为积极竞争效果；四是经营者是否具备足够的市场力量实施该限制竞争行为。另外,本章第一节提到的伊斯特布鲁克的"五步筛选法"也为垄断行为规制提供了相应的思路和选择。

上述规制思路和步骤皆出自美国反垄断学者或法官,其优点在于能够从司法的过程认识垄断行为并进行规制,符合实践思维,但缺点在于抽象化程度不够。在这方面,欧盟立法有关滥用市场支配地位的规制路径更为简洁且抽象。欧盟《适用欧共体条约第82条执法重点指南》针对排他行为提出了一般分析方法：首先,评估经营者市场势力,考察经营者及其竞争者的市场地位、市场进入壁垒等情况；其次,认定具体的垄断行为,主要包括损害消费者的反竞争封锁与以价格为基础的排他性行为；最后,考虑经营者行为的客观必然性及效率,即经营者行为是否具备正当理由。

不论滥用市场支配地位规制的规制步骤有何种形式,以下三点都

---

[①] Frederick Beckner III, Steven C. Salop, "Decision Theory and Antitrust Rules", *Antitrust Law Journal* 67, 1999.

[②] California Dental Ass'n v. FTC., 526 U. S. 756, 119 S. Ct. 1604, 143 L. Ed. 2d 935 (1999).

是必须要考虑的，即市场支配地位、滥用行为一般构成、滥用行为违法性。而参照犯罪行为构成理论，滥用行为一般构成属于"该当性"，滥用行为违法性属于"违法性"，而市场支配地位属于"有责性"，当然有责性还包括经营者主观恶意等意图标准等，只不过主观恶意在滥用市场支配地位规制中并非重要指标，而只是作为参考。这样看来，正当理由抗辩应当属于违法性抗辩，即违法阻却事由，这样的逻辑定位是基于以下原因。其一，正当理由的核心在于正当性判断，即对行为正当性的辩护，而这与行为违法性认定乃硬币的两面、利剑之双刃。正当理由抗辩的效果在于让规制部门看到经营者行为的合理性，从而在其自由心证上产生削减违法性的认识。其二，将正当理由抗辩作为违法阻却事由在于后者的特殊功能。凡指控必先一方主张，而后一方防御。防御有消极的否定，也有积极的抗辩，违法阻却事由乃积极防御。在事由行使相对人提出权利侵害请求权时，行使违法阻却事由的权利人当然可以与之进行对抗；但是在相对人不提出请求权的情况下，行使违法阻却事由本身对于权利人而言，标志着其在从事一种合法行为，显然具有独立的意义。[①] 其三，正当理由抗辩并非一般的抗辩事由，它不是滥用市场支配地位的一般构成进行抗辩，也不是对其责任进行抗辩，其本质在于经营者行为产生两种法益之间的冲突。两种合法的法益进行衡平，乃违法性判定的核心所在。

## 二、正当理由抗辩与滥用市场支配地位违法性

作为违法阻却事由，正当理由抗辩显然与滥用市场支配地位的违法性构成要件联系最为紧密，而违法性判定又有所谓"本身违法"和"合理原则"的区别。滥用市场支配地位行为样态较多，在司法中到底

---

[①] 王福友、高勇：《侵权违法阻却事由论纲》，《北方法学》2009年第6期，第57页。

是适用本身违法还是合理原则也还存在诸多争议，尽管笔者认为应当适用合理原则。因而，正当理由抗辩的效果实在是个复杂的问题。但根据上文关于垄断行为规制"路线图""筛选法"等规制思路的分析，在大部分情况下，合理原则都能适用于滥用市场支配地位的规制。只不过，本身违法原则在证据确凿、不需要太多分析的案件中仍有适用余地。在一些情况下，同一案件，两大原则在处理案件的不同阶段也都发挥作用。比如贝克纳和萨洛普对案件分析时强调要进行多次定性及证据收集。在初步定性后，可能会适用本身违法原则对行为进行判断，但是这时，经营者又会提出更多的信息推翻初步证据，因而，案件进入再次定性与举证。在后一个阶段，案件分析就会面临不同的法益主张，这时可能就需要适用合理原则。那么合理原则和本身违法对正当理由抗辩有何影响呢？如果在合理原则下，正当理由抗辩一旦得到确证，那么正当理由体现的法益就要和行为反竞争效果进行比较，胜者决定行为的违法性与否。而在本身违法原则下，则意味着行为尚未进入法益衡量阶段，只要行为一般构成得到确证，行为违法性就已经确定。而后，正当理由抗辩只能作为推翻初步确凿证据的依据，但它无法推翻违法性判断。因而，笔者强调，正当理由抗辩作为违法阻却事由，如果能够产生阻却违法的效果，它必然适用合理原则，或者合理原则与本身违法原则的"混合原则"，而不能单独适用本身违法原则。

由此分析，正当理由抗辩的性质应当属于绝对抗辩，意指一旦抗辩有效，那么就会发生阻却违法的效果。关于这一点，美国联邦贸易委员会和联邦法院进行过激烈交锋。比如在"标准石油公司诉FTC"[1]一案中，标准石油公司提出了"应对竞争"抗辩。但联邦贸易委员会认为，应对竞争仅能反驳表面确凿的证据，因而他仍有权认定标准石油公司价格歧视因损害竞争而违法，并发出要求其终止价格歧视的命

---

[1] Standard Oil Co. v. Federal Trade Commission, 1951, 340 U.S.231.

令。因而,在联邦贸易委员会看来,应对竞争的抗辩是相对的,它不能发生阻却违法的效果,其理由主要有两点。联邦贸易委员会指出,"立法允许卖方应对当地竞争,但不能允许他在竞争者降价前,削减当地价格,卖方超出竞争价格范围外的低价也不被允许,除非经营者对所有顾客实施同样的削价行为"。联邦贸易委员会同时还从立法的修改揣测应对竞争抗辩的适用。它强调,原《克莱顿法》第2条被后来的《罗宾逊-帕特曼法》所修正,这意味着国会意图限制应对竞争抗辩之效力。因为之前的应对竞争抗辩存在漏洞,大量的价格歧视逃脱了制裁,而修改法律就是为了弥补这一漏洞。因而,应对竞争抗辩必须以没有竞争损害为基础。针对这一点,联邦最高法院指出,《罗宾逊-帕特曼法》的修改表明国会不希望消除竞争,以防止当经营者面对价格竞争时竟然不能实施任何具有实质性的自卫能力,比如应对竞争者低价而在某一地区跟随低价。在竞争市场,经营者抵抗竞争性价格攻击的应对竞争抗辩权利和自我防卫权利一样重要。因而联邦最高法院强调应对竞争抗辩属于卖方经营者的绝对权利,联邦贸易委员会的任何命令都不能对该项权利予以减损。

联邦贸易委员会与最高法院的另一个争锋体现在对买方层次竞争损害的态度。前者认为《罗宾逊-帕特曼法》既保护卖方层次竞争,也保护买方层次竞争。但经营者应对竞争而实施价格歧视不仅会造成卖方层次的竞争,买方在获得低价的同时不可避免地使其与其他买方处于不同的竞争起点。如果应对竞争抗辩属于绝对抗辩,那么意味着卖方可以为了保护自己的竞争地位而损及买方层面的竞争,因而"应对竞争抗辩只是更清楚地表达了竞争损害这一成文法要求的含蓄表达"[1]。在联邦贸易委员会看来,应对竞争抗辩是竞争损害的另一种表

---

[1] 菲利普·阿瑞达、路易斯·卡普洛:《反垄断法精析:难点与案例》,中信出版社2003年版,第945页。

达，即强调经营者应对竞争应当是顺应竞争、适应竞争但不能损害竞争。联邦最高法院坚持从词语本身的含义理解"应对竞争"，如果应对竞争只是竞争损害的不同表达方式，那么它作为一条规则有何独立意义呢？竞争作为复杂现象，对其解释存在分歧可以理解，但是这种分歧不能冲破"确定性"的法律及其内在逻辑。显然，最高法院的态度表明其在复杂的经济现象与法律确定性之间对后者的选择。[1]

正当理由抗辩的绝对性意味着一旦正当理由事实确证，那么它就会发生阻却滥用市场支配地位违法的效果。但话说回来，实现阻却违法的效果也并非易事，关键在于正当理由事实与行为反竞争效果的衡量。而反竞争效果正是规制滥用市场支配地位的基础，如果没有十足的正当性，是难以对具有反竞争效果的行为给予合法性的。另外，由于正当理由事实的属性并不完全相同，与反竞争效果的衡量也因之呈现不同的方法。

我们首先分析一下"经营者行为""反竞争效果"以及"正当理由"三个要素的关系。第一，反竞争效果是确定滥用市场支配地位违法的基础。因而，正当理由抗辩的前提在于滥用市场支配地位发生了损害竞争的后果，否则没有损害竞争后果就没有违法性，就更没有正当理由抗辩的必要。第二，经营者行为的不可替代性。即便经营者行为具备正当理由，但如有其他没有反竞争效果或者反竞争效果较低的行为可供替代，那么说明经营者行为乃"专以损害竞争为目的"，其正当理由抗辩也不会获得认可。第三，正当理由的超越性。经营者行为不仅应当具备正当理由，而且从程度上讲，应当超越反竞争效果，即经营者行为带来的利益或者行为的重要性超越反竞争损害。

在前两项条件得到满足的情况下，需要对行为正当理由与反竞争效果进行衡量。但正当理由事实属性多元化，包括权利类型、效果类

---

[1] 肖伟志：《价格歧视的反垄断法规制》，中国政法大学出版社2012年版，第178页。

型以及客观必要类型等。不同类型的正当理由与反竞争效果的衡量也呈现不同的特点。就权利类型而言，一般并没有权利排序可供参考。而且竞争并未权利化，它只是作为一种法益受到反垄断法的保护。因此，作为正当理由的权利与反竞争效果相比，显然并不容易。目前可行的思路有两种：一是权利必要性考察，二是权利法益化。由于权利并不能获得对抗一切法益的效果，因而适当情况下的权利限制不可避免。但是作为行为正当理由的权利其要旨就在于不能因反竞争效果而受到限制。所以该权利类型必须具有充分的客观性、必要性才能对抗反竞争效果。比如，经营者对关键设施拥有所有权，但关键设施对某些客户开放将导致经营者所有权受损甚至消灭，那么该关键设施对经营者不可或缺，即便存在反竞争损害，也不应当对其所有权予以限制。权利本质乃是体现某种法益，因而将权利法益化，将其与竞争法益进行比较，不失为一种可行办法。比如，经营者为行使政治权利而产生反竞争效果，那么基于政治自由对竞争经济利益的优先性，其行为也不受禁止。

就效果类型和客观必要类型而言，二者必须结合起来分析。也就是说，经营者行为具有超越反竞争损害的效果，但它如果缺乏必要性，那么其正当性也不充分；相反，如果经营者行为具有客观必要性，但它却无法产生超越反竞争损害的效果，它同样也不能获得十足的正当性。这一思想在理论和实践中都有所体现。比如，霍温坎普教授设计的垄断行为规制"路线图"就强调经营者行为是否产生重大效率、是否存在可替代性，在此基础上再与反竞争损害进行比较。再如欧盟《适用欧共体条约第82条执法重点指南》第30段强调效率作为正当理由阻却违法性应当具备以下条件：一是效率的现实性，二是经营者行为的不可或缺性，三是效率的超越性。除此之外，欧盟还要求竞争损害不得是市场竞争被全面排除。

因此总的来看，正当理由抗辩属于绝对抗辩，即便存在竞争损害也能产生阻却违法的效果。当然实现这一点并非易事。规制部门应当适用合理原则分析正当理由阻却违法的效果。

## 三、正当理由抗辩与滥用市场支配地位其他构成要素

一般而言，正当理由抗辩在规制"路线图"当中出于逻辑的后半程，它除了对违法性产生阻却外，在逻辑上很难对前半程的市场力量等构成要素产生影响。但是事情也并非绝对。这是因为市场力量的界定存在所谓"由果导因"的方法。规制部门经常把经营者高利润作为其市场力量的证据，如果没有高利润就认定其缺乏市场力量。例如，在"美国诉杜邦"[①]案中，杜邦公司在玻璃纸上的税前利润高达31%，因而被认定为具备市场力量。高利润与市场力量间的推论建立在这一基础上：垄断市场结构必然制约竞争，由此导致垄断利润，而持续的高利润能够反证存在垄断。而持续的高利润除了反证市场力量外，还可能被经营者作为效率，进而印证其行为市场绩效突出。于是正当理由抗辩与市场力量就这样不期而遇，但其后果却容易造成规制错误。

如果经营者将持续的高利润作为效率产出来证实其行为具备正当理由，那么这一证据就同样可以被规制部门用来证实其具备市场支配地位。因而，正当理由抗辩规则出现意想不到的后果。该后果不仅不能帮助经营者逃脱违法性认定，相反会坐实其具备市场支配地位的罪名。最为关键的是，经营者可能本来不具备市场力量，其行为可能仅为一般的反竞争行为，那么市场力量作为反垄断规制前提可能本身就不存在，所以规制错误遗憾地发生了。

因而，笔者建议应当阻断正当理由抗辩与市场支配地位认定之间的关系，避免正当理由抗辩对市场支配地位认定产生影响。一是证明

---

① United States v. E. I. du Pont de Nemours & Co., 351 U. S. 377, 76 S. Ct. 994 (1956).

规则上坚持当事人"不得自证其罪"的原则，即当事人提出的于己方不利的证据不能免除对方的证明责任。虽然经营者提出其利润持续性较高的证据，但该证据仅能用作证明其行为具备正当理由，除非经营者同意，否则不能被用作证明其具备市场支配地位。因为市场支配地位构成要素属于对方当事人的证明责任。二是市场支配地位认定应当考虑多种方法，仅凭经营者持续高利润的证据不能证实其具备市场支配地位。事实上，持续高利润可能源于会计利润以及"租金"问题。[①] 前者表示一段时间内经营者收入与成本的差异，但是这一数据可能并不包含经营者固定资产投资，因而会计利润可能明显高于经营者实际利润。而租金问题在经营当中也很常见，比如，在某城市 C，甲早在 C 城建立之初就以 5000 元每月的租金承租一间铺面经营餐馆生意，租约长达 20 年。而 10 年后该地段地租已上涨了 10 倍，乙不得不以 5 万元每月的价格租赁铺面经营餐馆。在计算甲、乙两家餐馆的利润时，相同情况下甲会因租金便宜而呈现更高的利润，但这不能表示甲的利润来自于垄断。因此，以持续性高利润认定市场力量的方法应当慎之又慎。

## 第三节　正当理由抗辩与滥用市场支配地位法律责任

正当理由抗辩在发生阻却违法的效果后，就获得了不受法律制裁的权利。但是当正当理由事实并未确证，或者正当理由在法益衡量中无法超越反竞争效果，那么，经营者必然面临法律责任约束。因而，从事实上讲，正当理由抗辩必然存在三种情形：一是正当理由抗辩成

---

[①] 赫伯特·霍温坎普：《联邦反托拉斯政策：竞争法律及其实践》，许光耀等译，法律出版社 2009 年版，第 148—152 页。

功阻却违法，经营者行为无反垄断法责任；二是正当理由事实为假，经营者行为承担反垄断责任；三是正当理由事实为真，但并未超越反竞争效果，因而经营者行为仍然承担反垄断法责任。第一种情形无须赘言，问题是第二、三种情形下，经营者行为反垄断法责任是否存在差异？针对这一问题，笔者在这一节讨论正当理由抗辩对滥用市场支配地位法律责任的影响。

## 一、法律责任及其经济分析

谈及法律责任，或言义务，或言后果，或言制裁，等等。想要给法律责任下一个定义，恐怕也是见仁见智。但是从规范的角度而言，法律责任必建立在规范逻辑基础上。凯尔森就描述了作为规范的法律责任，即一个人在法律上对一定行为负责或者承担法律责任，意味着如果作出不法行为他应受制裁。[①] 由此可见规范意义上的法律责任呈现"不法行为→制裁"的逻辑。不法行为乃法律责任的归责根据，制裁乃法律责任的强制手段。如果从法律关系角度分析，我们不妨把权利加入这一逻辑关系并对其作进一步扩展。由此，法律责任的逻辑呈现为：权利（利益）→不法行为（违法行为）→制裁→权利（利益）救济。权利要素的加入可以表明法律责任的目的与当为。

法律责任的逻辑结构体现了它的两大基本功能：一是惩罚，二是救济。著名法学家庞德曾指出："以复仇或报复为形式的惩罚是一种最古老的保护利益和维护权利的方式。……当罗马人想到对损害的赔偿时，他们所想到的是一种赔偿的刑罚。"这一论断很好地表达了法律责任的惩罚与救济功能，并且惩罚与救济互为工具和目的。法律是人们理性分配财富的公平方式。人们依法律行事，则能实现正义；若违

---

[①] 凯尔森：《法与国家的一般理论》，沈宗灵译，中国大百科全书出版社1996年版，第65页。

法行事，则正义不存。因而，为实现正义，我们不仅应当从正面给予正义以公正的实现方式，还应当从消极方面通过惩罚给予不正义以报应，因而"惩罚是公正自身的保护机制。如果缺乏这种自身保护机制，公正将是不堪一击甚至不攻自破的。公正的对等性和互换性在惩罚性方面同样有效。……偿还与代价性质不同，后者意味着真正的惩罚性公正，即某种缺德行为只能换取某种相应的痛苦"。如果说惩罚是面向违法行为人的，那么救济则是面向受害人的。由于违法行为在正常的法律关系中违反了义务，又因为义务与权利的相互依存性，因而违法行为必然造成法律关系中权利的损害。不论违法行为人是否获得利益，受害人则从违法行为中受到损失。那么法律必须填补受害人损失以恢复公正的法律秩序。因而，法律责任不仅包括惩罚功能，还包括救济功能，这是由法律责任以"制裁为内容的救济权法律关系"所决定的。[1]

当然，法律责任的功能分析并不一定局限于当期法律关系的静态分析，如果将法律责任放在动态法律关系中，它还能衍生出预防功能，即法律责任对于法律关系主体的后续行为产生威慑作用。这是因为"有关某人将被视为具有责任能力的知识，将对他的行动产生影响，并使其趋向于一可欲的方向。就此一意义而言，课以责任并不是对一事实的断定。它毋宁具有了某种惯例的性质，亦即那种旨在使人们遵循某些规则的惯例之性质"，所以对某一行为科以责任就会对人们在将来采取的行动产生影响，"它旨在告之人们在未来的类似情形中采取行动时所应当考虑的各种因素"。[2]

如果再进一步分析，法律责任何以能够发挥惩罚、救济以及预防的功能？关键在于法律责任改变了行为人的成本—收益结构，使行为

---

[1] 余军、朱新力:《法律责任概念的形式构造》，《法学研究》2010年第4期，第163页。
[2] 弗里德利希·冯·哈耶克:《自由秩序原理》，邓正来译，生活·读书·新知三联书店1997年版，第89—90页。

人不因违法而获利,也不因守法而受损。① 这是因为在社会尤其是市场经济活动中,市场主体被假定为理性的经济人。经济人的本质在于趋利避害,利益算计是经济人的行为方式和决策基础,因而建构公正的法律秩序必须将行为成本、收益内部化于经济人决策。对加害人而言,它实施违法行为要么自己获利,要么他人受损,或者二者兼而有之。但共同的问题就是增加了社会成本,而加害人却从中获得直接或间接(比如竞争优势)的收益。因而对违法行为附加法律责任,就意味着将违法行为的社会成本内部化于加害人,增加其行为成本。而且这种成本的增加使得加害人不仅无法通过违法行为获利,而且还因此受损,这就是法律责任的惩罚、制裁功能。而法律责任的救济功能则与之相对。对受害人而言,如果因守法而利益受损也会改变其行为决策。因为守法在某种情况下意味着成本付出,比如我们不得不为红绿灯付出一定的等候成本。但是守法行为的成本必须得到补偿,因而法律责任的功能就在于通过给予利益弥补行为人守法的成本。法律责任的预防功能也能改变行为的成本—收益结构,只不过它是在动态法律关系中实现的。比如,法律责任先于行为之未决,通过先例使得行为人感知违法之惩罚与守法之救济,行为自然将法律责任产生的成本与收益计算到自身决策中。由此可见,法律责任设置得当,行为人必以法律责任为行为选项;相反,法律责任设置失当,则行为人不以法律责任为要领,其功能无法实现。

因而下一个问题就是,法律责任何以适当?根据法律责任对行为人成本—收益的影响分析,我们发现,惩罚应当与归咎于加害人的所得相适应,救济应当与受害人的损失相适应。至于这个适应程度,在不同法律制度中有所差异,但终归遵循"比例原则"。这在刑法中体现为"罪责刑相适应原则",在民法中体现为"填补原则"。尽管存在所

---

① 应乙、顾梅:《论后果模式与法律遵循——基于法经济分析的视角》,《法学》2001年第9期,第67页。

谓"惩罚性赔偿",它只不过把行为人后期可能违法的成本计算到当期惩罚中,使行为人丧失违法能力,因而从整体上而言还是符合"成本—收益"成比例的原则。

所以在滥用市场支配地位的责任规制中,也应当坚持惩罚违法所得,填补合法所失。但是如此合理的责任设置却不能掩盖我们长期以来的一个疏忽:经营者行为既可能造成成本,却也可能产生收益。也就是说,法律责任的归责并非"黑白分明",在黑与白之间还存在所谓"灰"的地带,即经营者行为具备正当理由,这在以往的垄断行为归责时往往被忽视。经营者行为虽然违法应受惩罚,但其行为积极效果未获认可,这意味着经营者为社会创造的利益未获补偿。那么,经营者在以后行事时可能就会"破罐破摔",专事违法而不考虑积极创造利益。如此,法律责任的归责就是失当的。而忽视的结果无疑会降低法律责任功能的发挥,同时也降低了滥用市场支配地位规制的效力。因此,法律责任的设置与归责一定要把经营者行为正当理由考虑进来。

## 二、正当理由抗辩下的滥用市场支配地位法律责任

### (一)如何理解法律责任设定中"比例原则"

比例原则最初只是作为行政行为行事的一项基本原则,它旨在控制行政权力,保障公民自由,使权力的行使手段能够符合正当目的。但是后来,比例原则的精神深入人心,日渐成为法律制定、实施的一项重要原则,甚至上升到宪法原则的地位。因而将比例原则应用于法律责任的设定也不会令人意外。比如,叶传星教授将比例原则作为法律责任设定的一般原则,它要求行为的差序格局与其相应的差别性责任安排应当是合比例的。[①] 也就是说,法律责任与行为的具体损害程度

---

① 叶传星:《论设定法律责任的一般原则》,《法律科学》1999年第2期,第15页。

相一致，行为性质有别、危害程度不同，那么相应地，法律责任的设置也应当有所差别。郭道晖教授在溯源比例原则时指出，比例原则最早体现在刑法当中的"罪刑相适应"原则。① 按照郭老的意思，历史上关于罪刑相适应的"以眼还眼""刑必当罪"等制度与思想，就是比例原则的起源。因此，将比例原则应用于法律责任并不逾矩。还有，由于法律责任内含制裁、惩罚等含义，这意味着法律责任乃公权力强制附加的一种法律后果。既然为公权力行使的一种制度，其设定、实施显然少不了比例原则的制约。另外，比例原则的适用扩张到包括法律责任在内的广泛领域，狭义比例原则功不可没。因为狭义比例强调目的均衡，这实际上是一种利益均衡或者价值均衡，而这种均衡无论在公法、私法层面，还是在立法、执法和司法层面，都具有普遍意义。无怪乎有学者指出，狭义比例原则之于比例原则起到一个扩充后者适用范围的功能，自从其扩充至比例原则中，比例原则的适用范围就从起初的警察法扩展至其他法领域，诸如，刑法、劳工法及其他公法的领域，民法中也有所染指，甚至到了立法、司法行为中。②

法律责任设定中的比例原则主要强调目的正当，手段适当、必要以及合比例。目的正当要求法律责任的设定必须是正义的，在不同法律制度中，这一目的可能有所差别。目的正当属于法律责任设定的规范评价。除了目的正当外，法律责任所体现的"手段"也必须符合比例原则，即传统的适当性、必要性以及狭义比例三原则。适当性原则要求法律责任的设置应当有助于实现立法目的；必要性原则强调手段的最佳选择，即法律责任的相应设置应当能够产生最大利益；按照经济分析原则，狭义比例原则下的法律责任产生的收益应当与责任主体造成的成本相适应。

---

① 郭道晖：《论立法的社会控制限度》，《南京大学法律评论》1997年第1期，第28页。
② 姜昕：《比例原则释义学结构构建及反思》，《法律科学》2008年第5期，第51页。

### （二）正当理由抗辩要求比例原则应用于法律责任

忽视行为的正当理由，意味着经营者创造的收益并未容纳到法律责任设置的成本—收益结构，其结果必然是"罚过其罪"，而从本质上违背比例原则。因而，正当理由抗辩规则必然要求比例原则应用于法律责任的设置与实施。比例原则相当于在正当理由抗辩规则与滥用市场支配地位法律责任间搭建了可供对话的平台，前者通过比例原则对后者的设定和实施产生影响。

第一，正当理由抗辩影响法律责任的正当目的。正当理由乃经营者抗辩反垄断规制的正当性依据，而法律责任的正当目的乃规制部门制裁经营者行为的正当性依据。虽然笔者在这一节开头就已经说过，此处的正当理由不具有反竞争效果超越性，但它毕竟以"权利"或者"收益"的形式真实存在着。因而，二者在滥用市场支配地位规制中产生冲突。在性质上，法律责任的正当目的必须具备重大性、紧迫性、实质性[①]，在整体上超越经营者行为的正当理由。在形式上，法律责任的正当目的主要表现为维护竞争。这意味着，滥用市场支配地位可能对竞争造成全面的、整体的损害，因而对竞争的救济具有紧迫性。

第二，正当理由抗辩影响法律责任设定的适当性。法律责任设定是否适当要视其主张的目的能否实现。正如上文所言，如果一项法律责任的设置并不能禁止经营者继续从事滥用市场支配地位行为，那么该项责任就是失当的。这是因为经营者行为的反竞争效果受到惩罚但正当理由事实却未获激励，那么意味着经营者承担了社会产出增加的成本但却未获补偿。因而，经营者很可能在以后的行事中不考虑为社会创造产出，这也就意味着正当理由抗辩规则在某种程度上的失效，而这种失效全赖法律责任失当所致。

第三，正当理由抗辩还影响法律责任设定的必要性。如果忽视经

---

① 刘权：《目的正当性与比例原则的重构》，《中国法学》2014年第4期，第139—144页。

营者行为正当理由，那么法律责任极易产生错误成本。比如，过重的法律责任虽然能够降低反竞争损害行为的发生，但也同时抑制了反竞争行为的积极效果。社会产出总量并非最优，并且经营者行为正当理由越充分，法律责任产生的社会产出反而越低。如此悖论皆因未考虑正当理由事实。

第四，正当理由抗辩应当成为狭义比例原则的重要参考。狭义比例原则下的法律责任应当坚持惩罚与过错相适应、救济与损失相适应，既不能罚不当罪，也不能罚过其罪。正当理由抗辩对法律责任的影响体现在，经营者行为积极效果能够抵减其反竞争效果，进而降低法律责任设定的依据。

### （三）滥用市场支配地位法律责任的承担

各国反垄断法对于滥用市场支配地位的法律责任都有所规定，比如美国规定了三倍损害赔偿责任、实际损害赔偿责任、侵权停止令、罚金与监禁等责任类型。欧盟规定了停止违法行为、罚款以及损害赔偿等责任形式。我国《反垄断法》也规定了停止违法行为、没收违法所得、罚款等行政责任。由于私人可提起反垄断诉讼，因而，行为人还应当承担相应的民事责任。各国责任形式虽略有不同，但都援用民事、行政以及刑事责任类型，不少学者也以这三种责任概括反垄断法责任。[①]但正如邓纲教授所言，借用传统法律概念术语建立经济法学（包括反垄断法）自身的理论体系时，难以清晰地界定新创立的概念术语的准确内涵及其与其他部门法相似概念术语之间的关系。[②]因此，没

---

[①] 比如丁国峰博士将反垄断法责任归结为传统的民事、行政以及刑事责任。参见丁国峰：《我国反垄断法律责任体系的完善和适用》，《安徽大学学报（哲学社会科学版）》2012年第2期，第143页。

[②] 邓纲：《争议与困惑：经济法中的法律责任研究述评》，《现代法学》2012年第1期，第192页。

有必要完全参照传统法律责任形式构建滥用市场支配地位行为的法律责任体系。因此，不少学者都提出了自己的分类方案。[1] 实际上不同的分类方案皆源于反垄断实践目的，即法律责任要服务于反垄断规制本身。笔者认为，按照本节的主题，讨论正当理由抗辩对滥用市场支配地位法律责任的影响，应当从责任形式与责任内容出发。

就形式而言，反垄断法责任有轻有重，轻者如停止违法行为等民事责任，重者如监禁等刑事责任。当然轻重具有相对性，监禁对自然人来说是重罚，而对法人来说恐怕要数拆分最为严重。但无论如何，滥用市场支配地位经营者承担何种形式的责任，其责任轻重都依赖于比例原则；而比例原则在考虑各种因素时需关注经营者正当理由抗辩。经营者行为具备正当理由事实，那么就应当选择较轻的责任，缺乏正当理由则科之以较重责任。比如，王健教授强调垄断行为的刑事责任应当防止威慑过度，并且应当仅适用于本身违法的卡特尔行为。对于滥用市场支配地位，虽然有些国家规定了刑事责任但从来未实施过，这被称为非犯罪化。[2] 而非犯罪化导向盖因合理原则在滥用市场支配地位规制中的应用，合理原则强调给予经营者提出正当理由抗辩的机会。因此，滥用市场支配地位的非犯罪化不能不说是经营者正当理由抗辩的效果。再如，被历史上的商业帝国视为"畏途"的拆分责任。从1890年到1999年，美国一共提起273件由独家企业实施的垄断化[3]案件，其中因兼并而被拆分的有29起，滥用市场支配地位被拆分的只有15起，但滥用市场支配地位案件总量却有188起。根据这一经验数

---

[1] 比如李国海教授提出的"财产责任或经济责任""经济行为责任""经济信誉责任"及"经济管理责任"等类型。王磊博士提出的"约束性责任""救济性责任"以及"惩罚性责任"提法也较有代表性。参见李国海：《反垄断法制裁手段研究》，《经济法论丛》2005年第10期，第172页；王磊：《试论对滥用市场支配地位行为的法律制裁方式》，《学术交流》2005年第6期，第29页。

[2] 王健：《威慑理念下的反垄断法刑事制裁制度——兼评〈中华人民共和国反垄断法（修改稿）〉的相关规定》，《法商研究》2006年第1期，第10页。

[3] 根据《谢尔曼法》，所谓垄断化意指滥用市场支配地位与兼并。

据，波斯纳教授指出，拆分在滥用市场支配地位案件中是非常规救济，当经营者的不法行为是由滥用市场支配地位而非兼并构成时，损害赔偿和行为禁令通常就是足够的救济。[①] 虽然人们在观念中视"滥用"为恶行，但从实践看来，滥用市场支配地位的责任形式通常并不包括最为严厉的刑事责任以及拆分责任。如此结果恐怕离不开对经营者行为的合理分析以及法律责任的比例适用。

就内容而言，正当理由抗辩显然会影响法律责任适用的自由裁量。考虑到垄断行为的不确定性，立法通常也设置弹性较大的责任内容。比如我国《反垄断法》第57条规定，滥用市场支配地位应处上一年度销售额1%—10%的行政罚款。由于垄断企业销售额动辄几十亿，乃至上百亿，行政罚款的比例弹性之大足以让罚款数额千差万别，但"裁量之运用既可能是仁行，亦可能是暴政，既有正义，亦有非正义，既可能是通情达理，亦可能是任意专断"[②]。如何保证经营者行为法律责任避免裁量失当呢？正当理由抗辩的影响不容小觑。且不谈正当理由抗辩对法律责任适用的程序约束作用[③]，但就正当理由事实产生的积极效果就足以让滥用市场支配地位法律责任保持在较低水平。如果正当理由事实表现为数值化的效率产出，那么它就可以作为与惩罚或救济数值相衡量的因素而被抵消；如果表现为非数值化的事实因素，那么也可以作为行为归责的"从轻或减轻情节"而予以考虑。因而，法律责任内容的自由裁量也与正当理由抗辩有关，并最终合于比例原则。

---

① 理查德·波斯纳：《反托拉斯法》，孙秋宁译，中国政法大学出版社2003年版，第122—124页。

② 肯尼斯·卡尔普·戴维斯：《裁量正义——一项初步的研究》，毕洪海译，商务印书馆2009年版，第1页。

③ 这在正当理由抗辩的程序问题一章已作过充分论述。

# 结 论

作为滥用市场支配地位规制中的一项法律规则，正当理由抗辩虽是微小的存在，但并不妨碍它成为反垄断法中价值争鸣、规则制衡的典型场域。但遗憾的是，正当理由抗辩无论在理论还是在实践上都未获应有的重视，以至该规则的形式与内容仍然模糊，其实施程序也付之阙如。因而，笔者以滥用市场支配地位规制中的正当理由抗辩研究为题，旨在探讨正当理由抗辩规则的理论基础、具体内容、实施程序以及法律后果等问题。沿着这一思路，通过法解释学、经济分析、比较分析以及案例分析等研究方法，得出以下五点主要结论。

第一，正当理由抗辩规则以"正当理由"为实质内容，并通过抗辩形式实现。对于正当理由的解释有规范性范式和经验性范式。从规范性范式来看，所谓"正当理由"应当符合反垄断法价值要求。对竞争有所裨益，体现自由价值，或者能够产生社会福利的行为才能获得反垄断法的"正当性"评价。总之，正当理由的内涵离不开价值哲学的指导。而从经验性范式出发，"正当理由"是经营者行为实现生产与收益均衡的客观因素，无论赋予任何价值诉求，这些客观因素都不可或缺。换句话说，经验范式下的"正当理由"是实现市场主体经营自发秩序的外在表现，这些"正当理由"或来自商业习惯，或遵循商业规则。正当理由以经营者"抗辩"的形式提出，主要源于经营者在滥用市场支配地位规制中的被动地位、正当理由信息分布不对称以及现代当事人主义诉讼模式。正当理由抗辩在规则构造上表现为"非 P，则 Q"和"若 P，则非 Q"两种逻辑形式。

第二，正当理由抗辩规则的构建离不开价值关照、经验验证以及方法支撑。就价值论而言，价值多元化是正当理由抗辩的理论基础，同时正当理由抗辩也为反垄断法多元价值冲突提供协调机制。从认识论上讲，正当理由抗辩规则应当坚持价值"平等"观、正义优先论和价值"辩证法"；从方法论上讲，协调反垄断法领域的价值冲突应当秉持合理原则，由此构建起包含自由、公平和效率的价值体系。就经验论而言，正当理由抗辩规则的实质理性要求它以经验为基础。对竞争本质的澄析表明，完全竞争并不可靠，所谓的"垄断"很大程度上是市场经济的常态。并且在一些行业、部门中，所谓"垄断"不过是经营者通行的商业习惯。制定法固然应当信仰，但是脱离经验的法律规则并不值得尊重。因而，正当理由抗辩应当尊重经验事实。就方法论而言，比例原则能够限制执法机构的自由裁量，给经营者行为提供正当性抗辩的契机。合理原则在保证经营者行为合理空间的同时，还能为经营者行为正当性证成提供路径。产业组织理论在反垄断法中的引入不可避免地提供了经济分析方法的应用。

第三，作为正当理由抗辩规则的实体内容，正当理由认定应当坚持功利原则和历史原则。功利原则以福利最大化为正当，而历史原则则以"事出有据"为正当。功利原则和历史原则进而衍生出正当理由认定的两项标准：效果标准和权利标准。效果标准就是以经营者行为效果为评价标准，判断行为合法性。因而，经营者行为如果具备积极效果，则可被视为具备正当理由。权利标准则是指经营者行为是否具备权利根据、是否超越权利边界，在此基础上可将正当理由划分为权利类型、效率类型以及客观必要类型。如果经营者在市场中的生产、交易以及竞争活动背后有相应的权利支撑，那么即便涉嫌垄断也可以据此提出抗辩。而且法律本身就是以权利和义务为基础的理性建构，因此没有比权利更"正当"的抗辩理由了。正当理由的权利类型包括知识产权、所有权和政治权利。效率作为正当理由类型既符合反垄断规范要求,又具备反垄断实践基础,问题则主要体现为对效率内涵的界定。笔者采用广义的效率概念,将正当理由的效率类型进一步划分为生产效率、配置效率和动态效率。正当理由的客观必要类型意味着从事某项行为对经营者而言是必不可少的,其着眼点在于维护市场主体的正常经营。客观必要类型又包括成本合理化、应对竞争、情势变迁以及商业模式。

第四,正当理由抗辩规则的实现需要理顺实施程序、明确公正程序以及提供保障程序。正当理由抗辩的实施程序一般包括:事前申请程序、陈述、说明程序、听证程序、异议程序以及私人诉讼程序。正当理由抗辩程序公正的实现应当立足于改变执法的理念,塑造权威、独立的反垄断执法机构,应当着眼于保护垄断案件裁判者的中立性,加强经营者正当理由抗辩的权利救济。证据规则是正当理由抗辩实现的有力保障。就证据来源而言,经济分析意见应当成为经营者提出正当理由抗辩的重要载体,其可采性规则应当坚持专家适格规则、可靠性规则以及相关性规则。正当理由事实的证明责任问题应当处理好以下几种关系:一是举证责任和说服责任;二是控方承担证明责任与"没有正当理由"逻辑矛盾;三是滥用市场支配地位作为行政违法行为与民事侵权行为的区别。正当理由事实的证明标准则与滥用市场支配地位案件性质、正当理由事实证据特点以及诉讼政策有关。

第五,法律后果是验证规则的试金石,对于完善正当理由抗辩规则不可或缺。正当理由抗辩能够降低滥用市场支配地位规制决策的错误成本,而这一效果的产生主要得益于正当理由抗辩的市场立场以及正当理由抗辩激励信息产出、制约权力滥用的机理。正当理由抗辩在滥用市场支配地位构成中属于违法阻却事由。正当理由抗辩的性质应当属于绝对抗辩,意指一旦抗辩有效,那么就会发生阻却违法的效果。

但是正当理由抗辩发生阻却违法的效果还应当满足以下条件：一是经营者行为存在反竞争效果，否则正当理由抗辩没必要发生；二是经营者行为的不可替代性；三是正当理由具有超越性。正当理由抗辩也会对滥用市场支配地位的法律责任产生影响。正当理由抗辩下的法律责任应当秉持比例原则，实现"罪责相适应"。就形式而言，经营者行为具备正当理由事实，那么就应当选择较轻的责任，缺乏正当理由则科之以较重责任。法律责任内容的自由裁量也与正当理由抗辩有关，并最终合于比例原则。

正当理由抗辩规则的研究虽然"精细"，但要做到"精致""精准"却并非易事。受制于主客观因素，笔者的研究还可能存在以下不足之处。一是理论分析可能不够透彻、精准。正当理由抗辩的理论基础既涉及政治哲学，又涉及经济分析。限于笔者自身知识水平的局限，正当理由抗辩理论基础的构建可能并不圆融自洽。二是案例资料可能不够全面。笔者选用美国的案例资料较多，而选用欧盟、日本、澳大利亚等地区国家的案例资料较少，因而从全球反垄断法视野来看，笔者的研究可能不够全面。三是正当理由抗辩规则的本土化研究力度不够。虽然中国《反垄断法》实施仅有 15 年，但也产生了一些规范和案例，对于正当理由抗辩的中国问题还需要进一步挖掘、深入。由此看来，笔者的这一研究尚处于 1.0 版本，存在的问题也督促笔者在后续研究中不断深入挖掘和弥补。

# 参考文献

## 一、中文著作

陈瑞华：《刑事审判原理论》，北京：北京大学出版社，1997年。

种明钊：《竞争法》，北京：法律出版社，2018年。

戴宾、兰磊：《反垄断法民事救济制度比较研究》，北京：法律出版社，2010年。

范建得、庄春发：《公平交易法：不公平竞争》，台北：台湾汉兴书局，1994年。

高鸿钧：《现代法治的出路》，北京：清华大学出版社，2003年。

顾培东：《社会冲突与诉讼机制》，成都：四川人民出版社，1991年。

韩赤风：《中外反垄断法经典案例》，北京：知识产权出版社，2010年。

黄茂荣：《法学方法与现代民法》，北京：中国政法大学出版社，2000年。

黄勇、董灵：《反垄断法经典判例解析》，北京：人民法院出版社，2002年。

金碚：《竞争秩序与竞争政策》，北京：社会科学文献出版社，2005年。

孔祥俊：《反不正当竞争法的创新性适用》，北京：中国法制出版社，2014年。

李成刚：《从 AT&T 到微软——美国反垄断透析》，北京：经济日报出版社，2004 年。

李剑：《搭售的经济效果与法律规制》，北京：中国检察出版社，2007 年。

梁慧星：《民法总论》，北京：法律出版社，2001 年。

刘杨：《法律正当性观念的转变》，北京：北京大学出版社，2008 年。

卢现祥：《西方新制度经济学》，北京：中国发展出版社，2003 年。

沈敏荣：《法律的不确定性——反垄断法规则分析》，北京：法律出版社，2001 年。

沈四宝、刘彤：《美国反垄断法原理与典型案例研究》，北京：法律出版社，2006 年。

时建中：《反垄断法——法典释评与学理探源》，北京：中国人民大学出版社，2008 年。

王传辉：《反垄断的经济学分析》，北京：中国人民大学出版社，2004 年。

王名扬：《英国行政法》，北京：中国政法大学出版社，1987 年。

王晓晔：《反垄断法实施中的重大问题》，北京：社会科学文献出版社，2010 年。

王晓晔：《反垄断法》，北京：法律出版社，2011 年。

王晓晔主编：《〈中华人民共和国反垄断法〉详解》，北京：知识产权出版社，2008 年。

文学国：《滥用与规制——反垄断法对企业滥用市场优势地位行为之规制》，北京：法律出版社，2003 年。

吴汉东主编：《知识产权制度基础理论研究》，北京：知识产权出版社，2009 年。

肖伟志：《价格歧视的反垄断法规制》，北京：中国政法大学出版社，2012 年。

许光耀：《欧共体竞争法通论》，武汉：武汉大学出版社，2006年。

许光耀：《欧共体竞争法经典判例研究》，武汉：武汉大学出版社，2008年。

薛兆丰：《商业无边界：反垄断法的经济学革命》，北京：法律出版社，2008年。

杨仁寿：《法学方法论》，北京：中国政法大学出版社，1999年。

叶明：《经济法实质化研究》，北京：法律出版社，2005年。

叶卫平：《反垄断法价值问题研究》，北京：北京大学出版社，2012年。

余东华：《横向并购反垄断控制中的效率抗辩研究》，北京：北京大学出版社，2014年。

张保胜：《网络产业：技术创新与竞争》，北京：经济管理出版社，2007年。

张千帆：《宪法学导论》，北京：法律出版社，2004年。

张文显：《法学基本范畴研究》，北京：中国政法大学出版社，1993年。

赵栋：《反垄断民事证据制度研究》，北京：中国政法大学出版社，2014年。

郑成思：《知识产权论》，北京：法律出版社，2005年。

郑鹏程：《反垄断法专题研究》，北京：法律出版社，2008年。

钟刚：《反垄断法豁免制度研究》，北京：北京大学出版社，2012年。

## 二、中文论文

陈兵：《我国〈反垄断法〉"滥用市场支配地位"条款适用问题辨识》，《法学》2011年第1期。

邓纲：《争议与困惑：经济法中的法律责任研究述评》，《现代法学》2012年第1期。

丁国峰：《我国反垄断法律责任体系的完善和适用》，《安徽大学学报（哲学社会科学版）》2012年第2期。

段文波：《利益裁量与要件规制：美国民事证明责任理论与启示》，《南京社会科学》2009年第3期。

高翔：《利益衡量的具体方法》，《人民法院报》2007年1月9日第6版。

葛结根：《价格歧视战略与福利效应分析》，《中南财经政法大学学报》2003年第3期。

胡甲庆：《反垄断的法律经济分析》，西南政法大学2005年博士论文。

胡铭：《专家辅助人：模糊身份与短缺证据——以新〈刑事诉讼法〉司法解释为中心》，《法学论坛》2014年第1期。

胡卫平：《专家证据的可采性——美国法上的判例和规则及其法理分析》，《环球法律评论》2005年第6期。

黄武双：《技术标准反垄断的特征及其对我国反垄断立法的启示——从微软垄断案说起》，《科技与法律》2007年第3期。

黄勇：《中国反垄断民事诉讼若干问题的思考》，《人民司法》2008年第19期。

季涛：《程序理性反抗价值虚无主义的徒劳——就"新程序主义法学范式及其对中国法学发展之意义"和季卫东教授商榷》，《浙江社会科学》2006年第5期。

季卫东：《法律程序的意义——对中国法制建设的另一种思考》，《中国社会科学》1993年第1期。

季卫东：《法律程序的形式性与实质性——以对程序理论的批判和批判理论的程序化为线索》，《北京大学学报（哲学社会科学版）》2006年第1期。

姜昕：《比例原则释义学结构构建及反思》，《法律科学》2008年第 5 期。

蒋传海:《网络效应、转移成本和竞争性价格歧视》,《经济研究》2010 年第 9 期。

蒋岩波:《美国的反垄断司法及其对我国的几点启示》,《经济法研究》2007 年第 1 期。

蒋岩波:《我国反垄断法的司法制度构想》,《法学家》2008 年第 1 期。

李国海:《反垄断法制裁手段研究》,《经济法论丛》2005 年第 10 期。

李怀、高良谋:《新经济的冲击与竞争性垄断市场结构的出现——观察微软案例的一个理论框架》,《经济研究》2001 年第 10 期。

李剑:《百度"竞价排名"非滥用市场支配地位行为》,《法学》2009 年第 3 期。

李剑:《论反垄断法的实质理性》,《学习与探索》2013 年第 12 期。

李剑:《中国反垄断法实施中的体系冲突与化解》,《中国法学》2014 年第 6 期。

李可:《类型思维及其法学方法论意义——以传统抽象思维作为参照》,《金陵法律评论》2003 年第 2 期。

李小明:《反垄断法中滥用市场支配地位的违法认定问题研究》,《河北法学》2007 年第 11 期。

刘东亮:《什么是正当法律程序》,《中国法学》2010 年第 4 期。

刘凯湘、张云平:《意思自治原则的变迁及其经济分析》,《中外法学》1997 年第 4 期。

刘权:《论比例原则的规范逻辑》,《广东行政学院学报》2014 年第 2 期。

刘权:《目的正当性与比例原则的重构》,《中国法学》2014 年第 4 期。

刘水林:《经济法基本范畴的整体主义解释》,西南政法大学 2006

年博士论文。

刘水林:《反垄断诉讼的价值定位与制度建构》,《法学研究》2010年第4期。

刘水林、王波:《反垄断法实施的"结点"问题研究》,《上海财经大学学报》2010年第5期。

龙宗智、孙末非:《非鉴定专家制度在我国刑事诉讼中的完善》,《吉林大学社会科学学报》2014年第1期。

马怀德:《论行政听证程序的基本原则》,《政法论坛》1998年第2期。

孟雁北:《拒绝交易权的限制问题研究》,《广东商学院学报》2005年第1期。

孟雁北:《搭售行为中的拒绝交易问题研究——由美国 Kodak(1992)案谈起》,《中国人民大学学报》2008年第6期。

钱弘道:《法律的经济分析方法评判》,《法制与社会发展》2005年第3期。

任剑新:《美国反垄断思想的新发展———芝加哥学派与后芝加哥学派的比较》,《环球法律评论》2004年第2期。

盛杰民、袁祝杰:《动态竞争观与我国竞争立法的路向》,《中国法学》2002年第2期。

时建中、陈鸣:《反垄断法中的准司法制度构造》,《东方法学》2008年第3期。

唐要家:《策略性掠夺性定价及反垄断规则》,《财经问题研究》2005年第8期。

陶爱萍:《网络产业的结构、行为与绩效研究》,上海社会科学院2009年博士论文。

万俊人:《论价值一元论与价值多元论》,《哲学研究》1990年第2期。

王福友、高勇：《侵权违法阻却事由论纲》，《北方法学》2009年第6期。

王继平、高娜：《科瓦西克菜单与我国反垄断执法机构改革》，《天津商业大学学报》2015年第4期。

王健：《威慑理念下的反垄断法刑事制裁制度——兼评〈中华人民共和国反垄断法（修改稿）〉的相关规定》，《法商研究》2006年第1期。

王健：《关于推进我国反垄断私人诉讼的思考》，《法商研究》2010年第3期。

王磊：《试论对滥用市场支配地位行为的法律制裁方式》，《学术交流》2005年第6期。

王利明：《审判方式改革中的民事证据立法问题探讨》，《中国法学》2000年第4期。

王先林：《论滥用市场支配地位行为的法律规制——〈中华人民共和国反垄断法（草案）〉相关部分评析》，《法商研究》2007年第4期。

王先林：《我国反垄断法适用于知识产权领域的再思考》，《南京大学学报（哲学、人文科学、社会科学版）》2013年第1期。

王先林：《理想与现实中的中国反垄断法——写在〈反垄断法〉实施五年之际》，《交大法学》2013年第2期。

王晓晔：《我国最新反垄断法草案中的若干问题》，《上海交通大学学报（哲学社会科学版）》2007年第1期。

王晓晔：《滥用知识产权限制竞争的法律问题》，《中国社会科学》2007年第4期。

王晓晔：《〈中华人民共和国反垄断法〉析评》，《法学研究》2008年第4期。

王晓晔：《标准必要专利反垄断诉讼问题研究》，《中国法学》2015年第6期。

王玉霞：《价格歧视理论中的若干问题》，《财经问题研究》2001年第 11 期。

王卓君、吴玉岭：《是图谋垄断，还是行使宪法权利——从律师联盟案看美国宪法权利的冲突与协调》，《政法论坛》2004 年第 4 期。

吴莉娟：《互联网不正当竞争案件中商业模式的保护》，《竞争政策研究》2015 年第 1 期。

吴元元：《反垄断司法的知识生产——一个知识社会学的视角》，《现代法学》2014 年第 6 期。

肖江平：《滥用市场支配地位行为认定中的"正当理由"》，《法商研究》2009 年第 5 期。

徐孟洲：《论我国反垄断法的价值与核心价值》，《法学家》2008年第 1 期。

徐伟敏：《美国〈谢尔曼法〉研究》，山东大学 2009 年博士论文。

许光耀：《价格歧视行为的反垄断法分析》，《法学杂志》2011 年第 11 期。

严存生：《西方分析法学的法与价值无涉观念剖析》，《金陵法律评论》2011 年第 2 期。

杨文明：《论互联网企业市场支配地位认定的非结构因素》，《河北法学》2014 年第 12 期。

杨文明：《互联网平台企业免费定价反垄断规制批判》，《广东财经大学学报》2015 年第 1 期。

杨文明：《滥用市场支配地位规制中的正当理由规则研究》，《河南财经政法大学学报》2015 年第 5 期。

叶传星：《论设定法律责任的一般原则》，《法律科学》1999 年第 2 期。

叶高芬：《认定违法价格歧视行为的既定框架及其思考》，《法商研究》2013 年第 6 期。

叶明、商登珲：《互联网企业搭售行为的反垄断法规制》，《山东社会科学》2014 年第 7 期。

叶卫平：《反垄断法的价值构造》，《中国法学》2012 年第 3 期。

叶卫平：《平台经营者超高定价的反垄断法规制》，《法律科学》2014 年第 3 期。

应飞虎：《信息失灵的制度克服研究》，西南政法大学 2002 年博士论文。

应乙、顾梅：《论后果模式与法律遵循——基于法经济分析的视角》，《法学》2001 年第 9 期。

游钰：《论反垄断执法之规范与比例原则》，《甘肃政法学院学报》2010 年第 3 期。

游钰：《论反垄断执法的司法审查》，《中国法学》2013 年第 6 期。

于馨淼：《搜索引擎与滥用市场支配地位》，《中国法学》2012 年第 3 期。

余军、朱新力：《法律责任概念的形式构造》，《法学研究》2010 年第 4 期。

臧旭恒、尹莉：《美国现行反垄断法对软件产业的适用性探析——以搭售和掠夺性定价为例》，《中国工业经济》2005 年第 5 期。

臧旭恒：《从哈佛学派、芝加哥学派到后芝加哥学派——反托拉斯与竞争政策的产业经济学理论基础的发展与展望》，《东岳论丛》2007 年第 1 期。

张国清：《在善与善之间：伯林的价值多元论难题及其批判》，《哲学研究》2004 年第 7 期。

张明楷：《违法阻却事由与犯罪构成体系》，《法学家》2010 年第 1 期。

张千帆：《合众国诉微软公司——法官、媒介与司法公正》，《南京大学法律评论》2001 年第 1 期。

张伟强：《利益衡量及其理论的反思——一个经济分析的视角》，《法学论坛》2012年第4期。

张永忠：《反垄断法中的消费者福利标准：理论确证与法律适用》，《政法论坛》2013年第3期。

郑文通：《我国反垄断诉讼对"滥用市场支配地位"规定的误读》，《法学》2010年第3期。

周旺生：《法的功能和法的作用辨异》，《政法论坛》2006年第5期。

**三、中文译作**

〔美〕昂格尔：《现代社会中的法律》，吴玉章、周汉华译，北京：中国政法大学出版社，1994年。

〔美〕奥利弗·布莱克：《反垄断的哲学基础》，向国成等译，大连：东北财经大学出版社，2010年。

〔美〕博登海默：《法理学：法律哲学与法律方法》，邓正来译，北京：中国政法大学出版社，2004年。

〔美〕波林斯基：《法和经济学导论》，郑戈译，北京：法律出版社，2009年。

〔美〕戴维·格伯尔：《全球竞争：法律、市场和全球化》，陈若鸿译，北京：中国法制出版社，2012年。

〔美〕丹尼尔·F. 史普博：《管制与市场》，余晖等译，上海：格致出版社、上海三联书店、上海人民出版社，1999年。

〔美〕道格拉斯·C. 诺思：《经济史中的结构与变迁》，陈郁等译，上海：上海人民出版社，1994年。

〔美〕格兰特·吉尔莫：《契约的死亡》，曹士兵等译，北京：中国法制出版社，2005年。

〔美〕赫伯特·霍温坎普：《联邦反托拉斯政策：竞争法律及其实践》，许光耀等译，北京：法律出版社，2009年。

〔美〕基斯·N. 希尔顿:《反垄断法:经济学原理和普通法演进》,赵玲译,北京:北京大学出版社,2009年。

〔美〕J. E. 克伍卡、L. J. 怀特编著:《反托拉斯革命——经济学、竞争与政策》,林平、臧旭恒译,北京:经济科学出版社,2007年。

〔美〕杰里米·阿塔克、彼得·帕塞尔:《新美国经济史:从殖民地时期到1940年》,罗涛等译,北京:中国社会科学出版社,2000年。

〔美〕理查德·波斯纳:《反托拉斯法》,孙秋宁译,北京:中国政法大学出版社,2003年。

〔美〕理查德·波斯纳:《法律的经济分析》,蒋兆康译,北京:法律出版社,2012年。

〔美〕列奥·施特劳斯:《自然权利与历史》,彭刚译,北京:生活·读书·新知三联书店,2003年。

〔美〕罗伯特·诺齐克:《无政府、国家与乌托邦》,何怀宏等译,北京:中国社会科学出版社,1991年。

〔美〕罗伯特·皮托夫斯基等:《超越芝加哥学派——保守经济分析对美国反托拉斯的影响》,林平、臧旭恒译,北京:经济科学出版社,2013年。

〔美〕罗斯科·庞德:《普通法的精神》,唐前宏等译,北京:法律出版社,2001年。

〔美〕迈克尔·波特:《竞争战略》,陈小悦译,北京:华夏出版社,1997年。

〔美〕麦克尼尔:《新社会契约论》,雷喜宁、潘勤译,北京:中国政法大学出版社,1994年。

〔美〕美国司法部反托拉斯局:《美国反托拉斯手册》,文学国、黄晋译,北京:知识产权出版社,2012年。

〔美〕米尔顿·弗里德曼:《资本主义与自由》,张瑞玉译,北京:商务印书馆,2004年。

〔美〕米尔建·R. 达马斯卡：《漂移的证据法》，李学军等译，北京：中国政法大学出版社，2003年。

〔美〕欧内斯特·盖尔霍恩等：《反垄断法与经济学》，任勇等译，北京：法律出版社，2009年。

〔美〕P. 诺内特、P. 塞尔兹尼克：《转变中的法律与社会：迈向回应型法》，张志铭译，北京：中国政法大学出版社，2004年。

〔美〕R. 科斯等：《财产权利与制度变迁——产权学派与新制度学派译文集》，刘守英译，上海：上海三联书店，1994年。

〔美〕约翰·V. 奥尔特：《正当法律程序简史》，杨明成、陈霜玲译，北京：商务印书馆，2006年。

〔美〕约翰·W. 斯特龙主编：《麦考密克论证据》，汤维建等译，北京：中国政法大学出版社，2004年。

〔美〕约瑟夫·熊彼特：《资本主义、社会主义与民主》，吴良健译，北京：商务印书馆，1999年。

〔英〕彼得·戴维斯、伊莲娜·迦瑟斯：《竞争与反垄断中的数量技术》，周德发、李三译，北京：中国人民大学出版社，2013年。

〔英〕彼得·斯坦、约翰·香德：《西方社会的法律价值》，王献平译，北京：中国人民公安大学出版社，1990年。

〔英〕弗里德利希·冯·哈耶克：《自由秩序原理》，邓正来译，北京：生活·读书·新知三联书店，1997年。

〔英〕迈克尔·曼：《社会权力的来源》第一卷，刘北成、李少军译，上海：上海人民出版社，2002年。

〔英〕以赛亚·伯林：《自由论》，胡传胜译，北京：译林出版社，2003年。

〔英〕约瑟夫·拉兹：《实践理性与规范》，朱学平译，北京：中国法制出版社，2011年。

〔德〕阿图尔·考夫曼：《类推与事物本质——兼论类型理论》，

吴从周译，台北：台湾学林文化事业有限公司，1999年。

〔德〕伯恩·魏德士：《法理学》，丁小春、吴越译，北京：法律出版社，2003年。

〔德〕曼弗里德·诺伊曼：《竞争政策——历史、理论与实践》，谷爱俊译，北京：北京大学出版社，2003年。

〔德〕卡尔·拉伦茨：《法学方法论》，陈爱娥译，北京：商务印书馆，2003年。

〔德〕鲁道夫·冯·耶林：《为权利而斗争》，胡宝海译，北京：中国法制出版社，2004年。

〔德〕罗纳德·德沃金：《认真对待权利》，信春鹰、吴玉章译，北京：中国大百科全书出版社，1998年。

〔德〕马克斯·韦伯：《论经济与社会中的法律》，张乃根译，北京：中国大百科全书出版社，1998年。

〔德〕马克斯·韦伯：《学术与政治》，冯克利译，北京：生活·读书·新知三联书店，1998年。

〔德〕马克斯·韦伯：《社会科学方法论》，杨富斌译，北京：华夏出版社，1999年。

〔德〕乌尔里希·施瓦尔贝、丹尼尔·齐默尔：《卡特尔法与经济学》，顾一泉、刘旭译，北京：法律出版社，2014年。

〔法〕E.迪尔凯姆：《社会学方法的准则》，狄玉明译，北京：商务印书馆，1995年。

〔比〕保罗·纽尔：《竞争与法律：权力机构、企业和消费者所处的地位》，刘利译，北京：法律出版社，2004年。

〔奥〕凯尔森：《法与国家的一般理论》，沈宗灵译，北京：中国大百科全书出版社，1996年。

〔西〕马西莫·莫塔：《竞争政策——理论与实践》，沈国华译，上海：上海财经大学出版社，2006年。

〔日〕柳川隆、川滨升：《竞争策略与竞争政策》，胡秋阳、李玥译，北京：中国人民大学出版社，2013年。

### 四、外文著作

Herbert Hovenkamp, *Economics and Federal Antitrust Law*, New York: West Publishing Co., 1985.

Isaiah Berlin, *Four Essays on Liberty*, London: Oxford University Press, 1969.

Karl N. Llewelyn, *The Bramble Bush*, New York: Oxford University Press, 2008.

Richard A. Posner, *Antitrust Law*, Chicago: University of Chicago Press, 2001.

Robert Cooter, Thomas Ulen, *Law & Economics*, New Jersey: Pearson Education, Inc., 2008.

Robert H. Bork, *The Antitrust Paradox: A Policy at War with Itself*, New York: Free Press, 1993.

T. J. Grout, *Public Law*, London: Macdonald & Evans, 1998.

Vincent Blasi (ed.), *The Burger Court: The Counter-Revolution That Wasn't*, New Haven: Yale University Press, 1983.

William A. Galston, *Liberal Pluralism: The Implications of Value Pluralism for Political Theory and Practice*, New York: Cambridge University Press, 2002.

William Blackstone, *Commentaries on the Laws of England (1765-1769)*, Chicago: University of Chicago Press, 1979.

### 五、外文论文

A. Mitchell Polinsky, Steven Shavell, "Legal Error, Litigation, and the

Incentive to Obey the Law", *Journal of Law, Economics, and Orgnization* 5, 1989.

Armen A. Alchain, Harold Demsetz, "Production, Information Costs, and Economic Organization", *The American Economic Review* 62, 1972.

Andrew Altman, "Legal Realism, Critical Legal Studies, and Dworkin", *Philosophy and Public Affairs* 15, 1986.

Benjamin Klein, Lester F. Saft, "The Law and Economics of Franchise Tying Contracts", *The Journal of La & Economics* 28, 1985.

Damien M. B. Gerard, "Breaking the EU Antitrust Enforcement Deadlock: Re-Empowering the Courts?" *European Law Review* 36, 2011.

David M. Kreps, Robert Wilson, "Reputation and Imperfect Information", *Journal of Economic Theory* 27, 1982.

David M. Trubek, "Max Weber on Law and the Rise of Capitalism", *Wisconsin Law Review* 3, 1972.

David S. Evans, "The Antitrust Economics of Multi-Sided Platform Markets", *Yale Journal on Regulation* 20, 2003.

Eugene Volokh, "Tort Liability and the Original Meaning of the Freedom of Speech, Press and Petition", *Iowa Law Review* 96, 2010.

Frank H. Easterbrook, "Predatory Strategies and Counter Strategies", *University of Chicago Law Review* 48, 1981.

Frank H. Easterbrook, "The Limits of Antitrust", *Texas Law Review* 63, 1984.

Frank H. Easterbrook, "When Does Competition Improve Regulation?" *Emory Law Journal* 52, 2003.

Frederick Beckner III, Steven C. Salop, "Decision Theory and Antitrust Rules", *Antitrust Law Journal* 67, 1999.

H. L. A. Hart, "Positivism and the Separation of Law and Morals", *Harvard Law Review* 4, 1958.

Henry N. Butler, et al., "The Futility of Antitrust Attacks on Tie-in Sales: An Economics and Legal Analysis", *Hastings Law Journal* 36, 1984.

I. J. Good, Gordon Tullock, "Judicial Errors and a Proposal for Reform", *The Journal of Legal Studies* 13, 1984.

Julian Wright, "One-Sided Logic in Two-Sided Markets", *Review of Network Economics* 3, 2004.

Michael L. Katz, Carl Shapiro, "Network Externalities, Competition, and Compatibility", *The American Economic Review* 75, 1985.

Keith K.Wollenberg, "An Economic Analysis of Tie-in Sale: Re-examining The Leverage Theory", *Stanford Law Review* 39, 1987.

Benjiamin Klein, Robert G. Crawford, Armen A. Alchain, "Vertical Integration, Appropriable Rents, and the Competitive Contracting Process", *The Journal of Law and Economics* 21, 1978.

Louis B. Schwartz, "'Justice' and other Non-Economic Goals of Antitrust", *University of Pennsylvania Law Review* 127, 1979.

Marius Schwarts, Gregory J. Werden, "A Quality-Signaling Rationale for Aftermarket Tying", *Antitrust Law Journal* 62, 1996.

Mark Armstrong, "Competition in Two-Sided Markets", *Rand Journal of Economics* 37, 2006.

Michael J. Mandel, "Going for the Gold: Economists as Expert Witnesses", *Journal of Economic Perspectives* 13, 1999.

Michael Rappa, "The Utility Business Model and the Future of Computing Services", *IBM Systems Journal* 1, 2004.

Oliver Wendell Holmes, "The Path of the Law", *Harvard Law Review* 10, 1897.

Patrick Bolton, Joseph F. Brodley, Michael H. Riordan, "Predatory Pricing: Strategic Theory and Legal Policy", *Georgetown Law Journal*

88, 2000.

Richard A. Posner, "An Economic Approach to Legal Procedure and Judicial Administration", *The Journal of Legal Studies* 2, 1973.

Richard Schmalensee, "Another Look at Market Power in Antitrust", *Harvard Law Review* 95, 1982.

Robert H. Bork, "Legislative Intent and the Policy of the Sherman Act", *Journal of Law and Economic* 9, 1966.

Robert H. Lande, "Beyond Chicago: Will Activist Antitrust Arise again?" *Antitrust Bulletin* 39, 1994.

Robert H. Lande, "Wealth Transfers as the Original and Primary Concern of Antitrust: the Efficiency Interpretation Challenged", *Hastings Law Journal* 34, 1982.

Robert T. Joseph, Blake T. Harrop, "Proof of the Meeting Competition Defense: Investigation and Verification of Reported Competing Offers", *Antitrust Law Journal* 62, 1993.

Sean M. Royall, "Symposium: Post-Chicago Economics", *Antitrust Law Journal* 63, 1995.

Ulrich Springer, "Meeting Competition: Justification of Price Discrimination under E. C. and U. S. Antitrust Law", *European Competition Law Review* 18, 1997.

W. Liebeler, "Antitrust Law and the New Federal Trade Commission", *Sw. U. L. Rev.* 12, 1981.

Ward S. Bowman, "Tying Arrangements and the Leverage Problem", *Yale Law Journal* 19, 1957.